MISAL 2007
para todos los domingos
y fiestas del año

Carlos Vigil Ávalos, S.I.
Miguel Romero Pérez, S.I.
Rafael Moya García

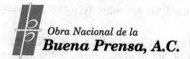

Obra Nacional de la
Buena Prensa, A.C.

Obra de los jesuitas de México
al servicio de la misión de la Iglesia

Misal 2007 para todos los domingos y fiestas del año

Portada: Mi gloria es la cruz de Cristo: san Pablo.

Diseño: Fray Gabriel Chávez de la Mora, O.S.B. - Realizado por el Arq. Jaime Domínguez (de la colección Arte Religioso Contemporáneo).

Dibujos en la apertura de cada Misa y dibujos de los comentarios al Evangelio: P. Antonio Serrano Pérez, S.J.

Imprimatur:
† Jonás Guerrero Corona,
Obispo auxiliar de la Arquidiócesis de México
Presidente de la Comisión Episcopal de Pastoral Litúrgica

Certificados de Licitud de Título y Contenido, Nos. 6283 y 4953 respectivamente, otorgados por la Comisión Calificadora de Publicaciones y Revistas Ilustradas. Certificado de Reserva de Derechos de Autor No. 04-2002-060516105700-102.

 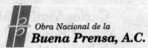
Orozco y Berra 180, Col. Sta. María la Ribera, 06400 México, D.F.
Apartado M-2181, 06000 México, D.F.
ventas@buenaprensa.com • www.buenaprensa.com

Librerías
México, D.F.: • Ribera de San Cosme 5, Col. Santa María la Ribera. Tels. 5592 6928 y 5592 6948 • **Miguel Agustín Pro, S.J.,** Orizaba 39 bis, Col. Roma. Tels. 5207 7407 y 5207 8062
Librerías San Ignacio
México, D.F.: • Congreso 8, Tlalpan. Tels. 5513 6387 y 5513 6388 • Donceles 105-D, Centro. Tels. 5702 1818 y 5702 1648
Guadalajara, Jal.: • Madero y Pavo, Sector Juárez. Tels. 3658 1170 y 3658 0936
Monterrey, N.L.: • Washington 816 Pte. Tels. 8343 1112 y 8343 1121
Torreón, Coah.: • Calz. Cuauhtémoc 750 Nte., Centro. Tels. 793 1451 y 793 1452
Chihuahua, Chih.: • Díaz Ordaz 1209, Col. Santa Rita. Tel. (614) 415 0092
Distribuidora oficial
Uruapan, Mich.: • Juan Ayala 4, Centro. Tel. (452) 524 0448

Edita y distribuye OBRA NACIONAL DE LA BUENA PRENSA, A.C.
Orozco y Berra 180, Col. Sta. María la Ribera, 06400 México, D.F.

Se terminó de imprimir el 31 de julio de 2006, festividad de san Ignacio de Loyola, en los talleres de Offset Multicolor, S.A. de C.V., Calz. de la Viga 1332, Col. El Triunfo, 09430 México, D.F. Tel. 5633 1182.

ORDINARIO DE LA MISA

RITOS INICIALES

Ante la asamblea reunida, al terminar el canto de entrada, el sacerdote dice:

En el nombre del Padre, y del Hijo, y del Espíritu Santo.

El pueblo responde:

Amén.

SALUDO

El sacerdote saluda al pueblo con una de las fórmulas siguientes:

El Señor esté con ustedes.

O bien:

**La gracia de nuestro Señor Jesucristo,
el amor del Padre
y la comunión del Espíritu Santo
estén con todos ustedes.**

O bien:

**La gracia y la paz de parte de Dios, nuestro Padre,
y de Jesucristo, el Señor,
estén con todos ustedes.**

El sacerdote puede emplear otro saludo de los que se encuentran en el misal de altar.

RESPUESTA

El pueblo responde:

Y con tu espíritu.

ACTO PENITENCIAL

El sacerdote invita a los fieles al arrepentimiento:

**Hermanos:
Para celebrar dignamente estos sagrados misterios,
reconozcamos nuestros pecados.**

El sacerdote puede emplear otra invitación de las que se encuentran en el misal de altar.

Se hace una breve pausa en silencio.

Después, hacen todos en común la confesión de sus pecados:

**Yo confieso ante Dios todopoderoso
y ante ustedes, hermanos,
que he pecado mucho
de pensamiento, palabra, obra y omisión.**

Golpeándose el pecho, dicen:

Por mi culpa, por mi culpa, por mi gran culpa.

Luego prosiguen:

**Por eso ruego a santa María, siempre Virgen,
a los ángeles, a los santos
y a ustedes, hermanos,
que intercedan por mí ante Dios, nuestro Señor.**

El sacerdote concluye con la siguiente plegaria:

Dios todopoderoso
tenga misericordia de nosotros,
perdone nuestros pecados
y nos lleve a la vida eterna.

El pueblo responde:

Amén.

El sacerdote puede emplear otra fórmula de arrepentimiento, de las que se encuentran en el misal de altar. También puede usarse el Rito para la bendición y aspersión del agua.

Siguen las invocaciones **Señor, ten piedad,** a no ser que ya se hayan utilizado en alguna de las fórmulas del acto penitencial.

℣. Señor, ten piedad.   ℟. **Señor, ten piedad.**
℣. Cristo, ten piedad.   ℟. **Cristo, ten piedad.**
℣. Señor, ten piedad.   ℟. **Señor, ten piedad.**

GLORIA

A continuación, si la Liturgia del día lo prescribe, se canta o se dice el himno:

**Gloria a Dios en el cielo,
y en la tierra paz a los hombres
que ama el Señor.
Por tu inmensa gloria
te alabamos,
te bendecimos,**

te adoramos,
te glorificamos,
te damos gracias,
Señor Dios, Rey celestial,
Dios Padre todopoderoso.
Señor, Hijo único, Jesucristo.
Señor Dios, Cordero de Dios,
Hijo del Padre;
tú que quitas el pecado del mundo,
ten piedad de nosotros;
tú que quitas el pecado del mundo,
atiende nuestra súplica;
tú que estás sentado a la derecha del Padre,
ten piedad de nosotros;
porque sólo tú eres Santo,
sólo tú, Señor,
sólo tú, Altísimo Jesucristo,
con el Espíritu Santo
en la gloria de Dios Padre.
Amén.

ORACIÓN COLECTA

Acabado el himno, el sacerdote, con las manos juntas, dice:

Oremos.

Y todos, junto con el sacerdote, oran en silencio durante unos momentos.

Después el sacerdote, con las manos extendidas, dice la oración colecta.

La colecta termina con la conclusión:

... por los siglos de los siglos.

El pueblo aclama:

Amén.

LITURGIA DE LA PALABRA

PRIMERA LECTURA

El lector va al ambón y lee la primera lectura, que todos escuchan sentados.

Para indicar el fin de la lectura, el lector dice:

Palabra de Dios.

Todos aclaman:

Te alabamos, Señor.

SALMO

El salmista o el cantor proclama el salmo, y el pueblo intercala la respuesta, a no ser que el salmo se diga seguido sin estribillo del pueblo.

SEGUNDA LECTURA

La segunda lectura, como la primera, se lee en el ambón.

Para indicar el fin de la lectura, el lector dice:

Palabra de Dios.

Todos aclaman:

Te alabamos, Señor.

ACLAMACIÓN ANTES DEL EVANGELIO

Sigue el **Aleluya** o, en Tiempo de Cuaresma, el **Honor y gloria a ti.**

EVANGELIO

Después el diácono (o el sacerdote) va al ambón, y dice:

El Señor esté con ustedes.

El pueblo responde:

Y con tu espíritu.

El diácono (o el sacerdote):

Del santo Evangelio según san N.

El pueblo aclama:

Gloria a ti, Señor.

Luego el diácono (o el sacerdote) proclama el evangelio.

Acabado el evangelio, el diácono (o el sacerdote) dice:

Palabra del Señor.

Todos aclaman:

Gloria a ti, Señor Jesús.

HOMILÍA

Luego tiene lugar la homilía.

CREDO

Acabada la homilía, se hace la profesión de fe.

Creo en un solo Dios,
Padre todopoderoso,
Creador del cielo y de la tierra,
de todo lo visible y lo invisible.

**Creo en un solo Señor, Jesucristo, Hijo único de Dios,
nacido del Padre antes de todos los siglos:
Dios de Dios, Luz de Luz,
Dios verdadero de Dios verdadero,
engendrado, no creado,
de la misma naturaleza del Padre,
por quien todo fue hecho;
que por nosotros, los hombres,
y por nuestra salvación bajó del cielo,**

En las palabras que siguen, hasta **se hizo hombre,** todos se inclinan:

**y por obra del Espíritu Santo
se encarnó de María, la Virgen, y se hizo hombre;
y por nuestra causa fue crucificado
en tiempos de Poncio Pilato,
padeció y fue sepultado,
y resucitó al tercer día, según las Escrituras,
y subió al cielo, y está sentado a la derecha del Padre;
y de nuevo vendrá con gloria
para juzgar a vivos y muertos,
y su reino no tendrá fin.
Creo en el Espíritu Santo, Señor y dador de vida,
que procede del Padre y del Hijo,
que con el Padre y el Hijo
recibe una misma adoración y gloria,
y que habló por los profetas.
Creo en la Iglesia,
que es una, santa, católica y apostólica.
Confieso que hay un solo bautismo
para el perdón de los pecados.
Espero la resurrección de los muertos
y la vida del mundo futuro.
Amén.**

Para utilidad de los fieles, en lugar del símbolo niceno-constantinopolitano, la profesión de fe se puede hacer, especialmente en el Tiempo de Cuaresma y en la Cincuentena pascual, con el siguiente símbolo, llamado "de los apóstoles":

Creo en Dios, Padre todopoderoso,
Creador del cielo y de la tierra.
Creo en Jesucristo, su único Hijo, nuestro Señor,

En las palabras que siguen, hasta **María Virgen**, todos se inclinan:

que fue concebido por obra y gracia del Espíritu Santo,
nació de santa María Virgen,
padeció bajo el poder de Poncio Pilato,
fue crucificado, muerto y sepultado,
descendió a los infiernos,
al tercer día resucitó de entre los muertos,
subió a los cielos
y está sentado a la derecha de Dios, Padre todopoderoso.
Desde allí ha de venir a juzgar a vivos y muertos.

Creo en el Espíritu Santo,
la santa Iglesia católica,
la comunión de los santos,
el perdón de los pecados,
la resurrección de la carne
y la vida eterna.
Amén.

PLEGARIA UNIVERSAL

Invitatorio
El sacerdote invita a los fieles a orar, por medio de una breve monición.

Intenciones
Las intenciones son propuestas por un diácono o, en su defecto, por un lector o por otra persona idónea.
El pueblo manifiesta su participación con una invocación u orando en silencio.

Conclusión
El sacerdote termina la plegaria común con una oración conclusiva.

LITURGIA EUCARÍSTICA

PRESENTACIÓN DE LAS OFRENDAS

Durante la presentación puede ejecutarse un canto adecuado.

Conviene que los fieles expresen su participación en la ofrenda, bien sea llevando el pan y el vino para la celebración de la Eucaristía, bien aportando otros dones para las necesidades de la Iglesia o de los pobres.

PRESENTACIÓN DEL PAN Y DEL VINO

El sacerdote se acerca al altar, toma la patena con el pan y, manteniéndola un poco elevada sobre el altar, dice en secreto:

Bendito seas, Señor, Dios del universo,
por este pan, fruto de la tierra y del trabajo del hombre,
que recibimos de tu generosidad y ahora te presentamos;
él será para nosotros pan de vida.

Si no se canta durante la presentación de las ofrendas, el sacerdote puede decir en voz alta estas palabras; al final el pueblo puede aclamar:

Bendito seas por siempre, Señor.

Después el sacerdote toma el cáliz y, manteniéndolo un poco elevado sobre el altar, dice en secreto:

Bendito seas, Señor, Dios del universo,
por este vino, fruto de la vid y del trabajo del hombre,
que recibimos de tu generosidad y ahora te presentamos;
él será para nosotros bebida de salvación.

Si no se canta durante la presentación de las ofrendas, el sacerdote puede decir en voz alta estas palabras; al final el pueblo puede aclamar:

Bendito seas por siempre, Señor.

LAVABO

Luego el sacerdote, de pie a un lado del altar, se lava las manos.

ORACIÓN SOBRE LAS OFRENDAS

Invitación

El sacerdote, de pie en el centro del altar, dice:

Oren, hermanos,
para que este sacrificio, mío y de ustedes,
sea agradable a Dios, Padre todopoderoso.

El sacerdote puede emplear alguna otra de las fórmulas que se encuentran en el misal de altar.

El pueblo responde:

El Señor reciba de tus manos este sacrificio, para alabanza y gloria de su nombre, para nuestro bien y el de toda su santa Iglesia.

Oración
Luego el sacerdote dice la oración sobre las ofrendas.

La oración sobre las ofrendas termina siempre con la conclusión breve.

Por Jesucristo, nuestro Señor.

O bien:

... por los siglos de los siglos.

El pueblo aclama:

Amén.

PLEGARIA EUCARÍSTICA

DIÁLOGO INTRODUCTORIO AL PREFACIO

El sacerdote comienza la plegaria eucarística con el prefacio. Dice:

El Señor esté con ustedes.

El pueblo responde:

Y con tu espíritu.

El sacerdote prosigue:

Levantemos el corazón.

El pueblo responde:

Lo tenemos levantado hacia el Señor.

El sacerdote añade:

Demos gracias al Señor, nuestro Dios.

El pueblo responde:

Es justo y necesario.

El sacerdote prosigue el prefacio.

PREFACIO DE ADVIENTO II

En verdad es justo y necesario, es nuestro deber y salvación darte gracias siempre y en todo lugar, Señor, Padre santo, Dios todopoderoso y eterno, por Cristo, Señor nuestro.

A quien todos los profetas anunciaron y la Virgen esperó con inefable amor de madre; Juan lo proclamó ya próximo y lo señaló después entre los hombres.

Él es quien nos concede ahora prepararnos con alegría al misterio de su nacimiento, para encontrarnos así cuando llegue, velando en oración y cantando su alabanza.

Por eso, con los ángeles y los arcángeles y con todos los coros celestiales, cantamos sin cesar el himno de tu gloria: **Santo, Santo, Santo...**

PREFACIO DE NAVIDAD II

En verdad es justo y necesario, es nuestro deber y salvación darte gracias siempre y en todo lugar, Señor, Padre santo, Dios todopoderoso y eterno, por Cristo, Señor nuestro.

El cual, en el misterio santo que hoy celebramos, se hizo presente entre nosotros sin dejar la gloria del Padre; siendo invisible en su naturaleza divina, se hizo visible al asumir la nuestra y, engendrado antes de todo tiempo, comenzó a existir en el tiempo para reintegrar en la unidad a la creación entera, reconstruyendo en su persona cuanto en el mundo yacía derrumbado y para llamar de nuevo al hombre caído al Reino de los cielos.

Por eso, unidos a los coros angélicos, te aclamamos, llenos de alegría: **Santo, Santo, Santo...**

PREFACIO DE CUARESMA V

En verdad es justo bendecir tu nombre, Padre rico en misericordia, ahora que, en nuestro itinerario hacia la luz pascual, seguimos los pasos de Cristo, maestro y modelo de la humanidad reconciliada en el amor.

Tú abres a la Iglesia el camino de un nuevo éxodo a través del desierto cuaresmal, para que, llegados a la montaña santa, con el corazón contrito y humillado, reavivemos nuestra vocación de pueblo de la alianza, convocado para bendecir tu nombre, escuchar tu palabra, y experimentar con gozo tus maravillas.

Por estos signos de salvación, unidos a los ángeles, ministros de tu gloria, proclamamos el canto de tu alabanza: **Santo, Santo, Santo...**

PREFACIO DE PASCUA I

En verdad es justo y necesario, es nuestro deber y salvación glorificarte siempre, Señor, pero más que nunca (en esta noche) (en este día) (en este tiempo), en que Cristo, nuestra Pascua, fue inmolado.

Porque Él es el Cordero de Dios que quitó el pecado del mundo: muriendo, destruyó nuestra muerte, y resucitando, restauró la vida.

Por eso, con esta efusión de gozo pascual, el mundo entero se desborda de alegría y también los coros celestiales, los ángeles y los arcángeles, cantan sin cesar el himno de tu gloria: **Santo, Santo, Santo...**

PREFACIO DOMINICAL I
El misterio pascual y el pueblo de Dios

En verdad es justo y necesario, es nuestro deber y salvación darte gracias siempre y en todo lugar, Señor, Padre santo, Dios todopoderoso y eterno, por Cristo, Señor nuestro.

Quien, por su misterio pascual, realizó la obra maravillosa de llamarnos del pecado y de la muerte al honor de ser estirpe elegida, sacerdocio real, nación consagrada, pueblo de su propiedad, para que, trasladados de las tinieblas a tu luz admirable, proclamemos ante el mundo tus maravillas.

Por eso, con los ángeles y los arcángeles y con todos los coros celestiales, cantamos sin cesar el himno de tu gloria: **Santo, Santo, Santo...**

PREFACIO DOMINICAL VII
La salvación por la obediencia de Cristo

En verdad es justo y necesario, es nuestro deber y salvación darte gracias siempre y en todo lugar, Señor, Padre santo, Dios todopoderoso y eterno.

Porque tu amor al mundo fue tan misericordioso, que no sólo nos enviaste como redentor a tu propio Hijo, sino que lo quisiste en todo semejante a nosotros, menos en el pecado, para poder así amar en nosotros lo que en él amabas.

Y con su obediencia nos devolviste aquellos dones que por nuestra desobediencia habíamos perdido.

Por eso, ahora nosotros, llenos de alegría, te aclamamos con los ángeles y los santos, diciendo: **Santo, Santo, Santo...**

SANTO
En unión con el pueblo, concluye el prefacio, cantando o diciendo en voz alta:

**Santo, Santo, Santo es el Señor,
Dios del Universo.
Llenos están el cielo y la tierra de tu gloria.
Hosanna en el cielo.
Bendito el que viene en nombre del Señor.
Hosanna en el cielo.**

PLEGARIA EUCARÍSTICA II

℣. El Señor esté con ustedes.

℟. **Y con tu espíritu.**

℣. Levantemos el corazón.

℟. **Lo tenemos levantado hacia el Señor.**

℣. Demos gracias al Señor, nuestro Dios.

℟. **Es justo y necesario.**

En verdad es justo y necesario,
es nuestro deber y salvación
darte gracias, Padre santo,
siempre y en todo lugar,
por Jesucristo, tu Hijo amado.

Por él, que es tu Palabra, hiciste todas las cosas;
tú nos lo enviaste
para que, hecho hombre por obra del Espíritu Santo
y nacido de María, la Virgen,
fuera nuestro Salvador y Redentor.
Él, en cumplimiento de tu voluntad,
para destruir la muerte
y manifestar la resurrección,
extendió sus brazos en la cruz,
y así adquirió para ti un pueblo santo.

Por eso,
con los ángeles y los santos,
proclamamos tu gloria, diciendo:
Santo, Santo, Santo...

El sacerdote dice:

Santo eres en verdad,
Señor, fuente de toda santidad;
por eso te pedimos que santifiques estos dones
con la efusión de tu Espíritu,
de manera que sean para nosotros
Cuerpo y + Sangre
de Jesucristo, nuestro Señor.

El cual,
cuando iba a ser entregado a su Pasión,
voluntariamente aceptada,
tomó pan, dándote gracias, lo partió
y lo dio a sus discípulos, diciendo:

Tomad y comed todos de él,
porque esto es mi Cuerpo,
que será entregado por vosotros.

Hace genuflexión y prosigue:

Del mismo modo, acabada la cena,
tomó el cáliz,
y, dándote gracias de nuevo,
lo pasó a sus discípulos, diciendo:

Tomad y bebed todos de él,
porque éste es el cáliz de mi Sangre,
Sangre de la alianza nueva y eterna,
que será derramada por vosotros
y por todos los hombres
para el perdón de los pecados.
Haced esto en conmemoración mía.

Hace genuflexión. Luego dice una de las siguientes fórmulas:

1

Éste es el Sacramento de nuestra fe.

O bien:

Éste es el Misterio de la fe.

Y el pueblo prosigue, aclamando:

Anunciamos tu muerte,
proclamamos tu resurrección.
¡Ven, Señor Jesús!

2

Aclamen el Misterio de la redención.

Y el pueblo prosigue, aclamando:

Cada vez que comemos de este pan
y bebemos de este cáliz,
anunciamos tu muerte, Señor,
hasta que vuelvas.

3

Cristo se entregó por nosotros.

y el pueblo prosigue, aclamando:

Por tu cruz y resurrección
nos has salvado, Señor.

Después, el sacerdote, con las manos extendidas, dice:

Así, pues, Padre,
al celebrar ahora el memorial
de la muerte y resurrección de tu Hijo,
te ofrecemos
el pan de vida y el cáliz de salvación,
y te damos gracias
porque nos haces dignos de servirte en tu presencia.
Te pedimos humildemente
que el Espíritu Santo congregue en la unidad
a cuantos participamos
del Cuerpo y Sangre de Cristo.

Acuérdate, Señor,
de tu Iglesia extendida por toda la tierra;

En los domingos, cuando no hay otra conmemoración más propia, puede decirse:

Acuérdate, Señor,
de tu Iglesia extendida por toda la tierra
y reunida aquí en el domingo,
día en que Cristo ha vencido a la muerte
y nos ha hecho partícipes de su vida inmortal;

y con el Papa N.,
con nuestro Obispo N.,
y todos los pastores que cuidan de tu pueblo,
llévala a su perfección por la caridad.

II

Acuérdate también de nuestros hermanos
que se durmieron en la esperanza
de la resurrección,
y de todos los que han muerto en tu misericordia;
admítelos a contemplar la luz de tu rostro.
Ten misericordia de todos nosotros,
y así, con María, la Virgen Madre de Dios,
los apóstoles
y cuantos vivieron en tu amistad
a través de los tiempos,
merezcamos, por tu Hijo Jesucristo,
compartir la vida eterna
y cantar tus alabanzas.

Toma la patena con el pan consagrado y el cáliz y, sosteniéndolos elevados, dice:

Por Cristo, con él y en él,
a ti, Dios Padre omnipotente,
en la unidad del Espíritu Santo,
todo honor y toda gloria
por los siglos de los siglos.

El pueblo aclama:

Amén.

Después sigue el rito de la comunión, pág. 21

PLEGARIA EUCARÍSTICA III

Después del prefacio el sacerdote dice:

Santo eres en verdad, Padre,
y con razón te alaban todas tus criaturas,
ya que por Jesucristo, tu Hijo, Señor nuestro,
con la fuerza del Espíritu Santo,
das vida y santificas todo,
y congregas a tu pueblo sin cesar,
para que ofrezca en tu honor
un sacrificio sin mancha
desde donde sale el sol hasta el ocaso.

Por eso, Padre, te suplicamos
que santifiques por el mismo Espíritu
estos dones que hemos separado para ti,
de manera que sean
Cuerpo y + Sangre de Jesucristo,
Hijo tuyo y Señor nuestro,
que nos mandó celebrar estos misterios.

Porque él mismo,
la noche en que iba a ser entregado,
tomó pan,
y dando gracias te bendijo,
lo partió
y lo dio a sus discípulos, diciendo:

**Tomad y comed todos de él,
porque esto es mi Cuerpo,
que será entregado por vosotros.**

Después prosigue.

Del mismo modo, acabada la cena,
tomó el cáliz,
dando gracias te bendijo,
y lo pasó a sus discípulos, diciendo:

Tomad y bebed todos de él,
porque éste es el cáliz de mi Sangre,
Sangre de la alianza nueva y eterna,
que será derramada por vosotros
y por todos los hombres
para el perdón de los pecados.
Haced esto en conmemoración mía.

Hace genuflexión. Luego dice una de las siguientes fórmulas:

1   Éste es el Sacramento de nuestra fe.

O bien:

Éste es el Misterio de la fe.

Y el pueblo prosigue, aclamando:

Anunciamos tu muerte,
proclamamos tu resurrección.
¡Ven, Señor Jesús!

2   Aclamen el Misterio de la redención.

Y el pueblo prosigue, aclamando:

Cada vez que comemos de este pan
y bebemos de este cáliz,
anunciamos tu muerte, Señor,
hasta que vuelvas.

3   Cristo se entregó por nosotros.

Y el pueblo prosigue, aclamando:

Por tu cruz y resurrección
nos has salvado, Señor.

Después el sacerdote dice:

Así, pues, Padre,
al celebrar ahora el memorial
de la pasión salvadora de tu Hijo,
de su admirable resurrección y ascensión al cielo,
mientras esperamos su venida gloriosa,
te ofrecemos, en esta acción de gracias,
el sacrificio vivo y santo.

Dirige tu mirada sobre la ofrenda de tu Iglesia,
y reconoce en ella la Víctima
por cuya inmolación quisiste devolvernos tu amistad,
para que, fortalecidos con el Cuerpo y la Sangre de tu Hijo
y llenos de su Espíritu Santo,
formemos en Cristo un solo cuerpo y un solo espíritu.

Que él nos transforme en ofrenda permanente,
para que gocemos de tu heredad
junto con tus elegidos:
con María, la Virgen Madre de Dios,
los apóstoles y los mártires,
    [san N.: Santo del día o patrono]
y todos los santos,
por cuya intercesión
confiamos obtener siempre tu ayuda.

Te pedimos, Padre, que esta Víctima de reconciliación
traiga la paz y la salvación al mundo entero.

III

Confirma en la fe y en la caridad
a tu Iglesia, peregrina en la tierra:
a tu servidor, el Papa N., a nuestro Obispo N.,
al orden episcopal, a los presbíteros y diáconos,
y a todo el pueblo redimido por ti.

Atiende los deseos y súplicas de esta familia
que has congregado en tu presencia.

En los domingos, cuando no hay otro recuerdo más propio, puede
decirse:
Atiende los deseos y súplicas de esta familia
que has congregado en tu presencia,
en el domingo, día en que Cristo
ha vencido a la muerte
y nos ha hecho partícipes de su vida inmortal.

Reúne en torno a ti, Padre misericordioso,
a todos tus hijos dispersos por el mundo.

+ A nuestros hermanos difuntos
y a cuantos murieron en tu amistad
recíbelos en tu reino,
donde esperamos gozar todos juntos
de la plenitud eterna de tu gloria,
por Cristo, Señor nuestro,
por quien concedes al mundo todos los bienes.

Cuando esta Plegaria se utiliza en las misas de difuntos, puede decirse:

+ Recuerda a tu hijo (hija) N.,
a quien llamaste (hoy)
de este mundo a tu presencia:
concédele que, así como ha compartido ya
la muerte de Jesucristo,
comparta también con él
la gloria de la resurrección,
cuando Cristo haga resurgir de la tierra a los muertos,
y transforme nuestro cuerpo frágil
en cuerpo glorioso como el suyo.
Y a todos nuestros hermanos difuntos
y a cuantos murieron en tu amistad
recíbelos en tu reino,
donde esperamos gozar todos juntos
de la plenitud eterna de tu gloria;
allí enjugarás las lágrimas de nuestros ojos,
porque, al contemplarte como tú eres, Dios nuestro,
seremos para siempre semejantes a ti
y cantaremos eternamente tus alabanzas.
Por Cristo, Señor nuestro,
por quien concedes al mundo todos los bienes.

Por Cristo, con él y en él,
a ti, Dios Padre omnipotente,
en la unidad del Espíritu Santo,
todo honor y toda gloria
por los siglos de los siglos.

El pueblo aclama:

Amén.

RITO DE LA COMUNIÓN

Una vez que ha dejado el cáliz y la patena, el sacerdote, con las manos juntas, dice:

Fieles a la recomendación del Salvador
y siguiendo su divina enseñanza,
nos atrevemos a decir:

O bien:

Llenos de alegría por ser hijos de Dios,
digamos confiadamente
la oración que Cristo nos enseñó:

O bien:

El amor de Dios ha sido derramado en nuestros corazones
con el Espíritu Santo que se nos ha dado;
digamos con fe y esperanza:

O bien:

Antes de participar en el banquete de la Eucaristía,
signo de reconciliación
y vínculo de unión fraterna,
oremos juntos como el Señor nos ha enseñado:

Junto con el pueblo, continúa:

**Padre nuestro, que estás en el cielo,
santificado sea tu nombre;
venga a nosotros tu reino;
hágase tu voluntad en la tierra como en el cielo.
Danos hoy nuestro pan de cada día;
perdona nuestras ofensas,
como también nosotros perdonamos
a los que nos ofenden;
no nos dejes caer en la tentación,
y líbranos del mal.**

El sacerdote prosigue él solo:

Líbranos de todos los males, Señor,
y concédenos la paz en nuestros días,
para que, ayudados por tu misericordia,
vivamos siempre libres de pecado
y protegidos de toda perturbación,
mientras esperamos la gloriosa venida
de nuestro Salvador Jesucristo.

El pueblo concluye la oración, aclamando:

Tuyo es el reino,
tuyo el poder y la gloria, por siempre, Señor.

Después el sacerdote dice en voz alta:

Señor Jesucristo, que dijiste a tus apóstoles:
"La paz les dejo, mi paz les doy",
no tengas en cuenta nuestros pecados, sino la fe de tu Iglesia
y, conforme a tu palabra, concédele la paz y la unidad.
Tú que vives y reinas por los siglos de los siglos.

El pueblo responde:

Amén.

El sacerdote añade:

La paz del Señor esté siempre con ustedes.

El pueblo responde:

Y con tu espíritu.

Luego el diácono o el sacerdote añade:

Dense fraternalmente la paz.

O bien:

Como hijos de Dios, intercambien ahora
un signo de comunión fraterna.

O bien:

En Cristo, que nos ha hecho hermanos con su cruz,
dense la paz como signo de reconciliación.

O bien:

En el Espíritu de Cristo resucitado,
dense fraternalmente la paz.

Y todos, según la costumbre del lugar, se dan la paz.

Se canta o se dice:

**Cordero de Dios, que quitas el pecado del mundo,
ten piedad de nosotros.
Cordero de Dios, que quitas el pecado del mundo,
ten piedad de nosotros.
Cordero de Dios, que quitas el pecado del mundo,
danos la paz.**

El sacerdote hace genuflexión, toma el pan consagrado y, sosteniéndolo un poco elevado sobre la patena, lo muestra al pueblo, diciendo:

**Éste es el Cordero de Dios, que quita el pecado del mundo.
Dichosos los invitados a la cena del Señor.**

Y, juntamente con el pueblo, añade:

**Señor, no soy digno de que entres en mi casa,
pero una palabra tuya bastará para sanarme.**

Después de comulgar, el sacerdote se acerca a los que quieren comulgar y les presenta el pan consagrado, diciendo a cada uno de ellos:

El Cuerpo de Cristo.

El que va a comulgar responde:

Amén.

Y comulga.

Si se comulga bajo las dos especies, se observa el rito descrito en el misal de altar.

Cuando el sacerdote comulga el Cuerpo de Cristo, comienza el canto de comunión.

Después, el sacerdote puede ir a la sede. Si se juzga oportuno, se pueden guardar unos momentos de silencio o cantar un salmo o cántico de alabanza.

Luego, de pie en la sede o en el altar, el sacerdote dice:

Oremos.

Y todos, junto con el sacerdote, oran en silencio durante unos momentos, a no ser que este silencio ya se haya hecho antes.

Después el sacerdote, con las manos extendidas, dice la oración después de la comunión.

La oración después de la comunión termina con la conclusión breve.

Si la oración se dirige al Padre:

Por Jesucristo, nuestro Señor.

O bien:

... por los siglos de los siglos.

El pueblo aclama:

Amén.

RITO DE CONCLUSIÓN

En este momento se hacen, si es necesario y con brevedad, los oportunos anuncios o advertencias al pueblo.

BENDICIÓN FINAL

Después tiene lugar la despedida. El sacerdote extiende las manos hacia el pueblo y dice:

El Señor esté con ustedes.

El pueblo responde:

Y con tu espíritu.

El sacerdote bendice al pueblo, diciendo:

La bendición de Dios todopoderoso, Padre, Hijo + y Espíritu Santo, descienda sobre ustedes.

El pueblo responde:

Amén.

En algunas ocasiones y en determinadas misas rituales puede usarse una de las bendiciones solemnes o de las oraciones sobre el pueblo.

Luego el diácono, o el sacerdote, despide al pueblo con una de las fórmulas siguientes:

Pueden ir en paz.

O bien:

La alegría del Señor sea nuestra fuerza. Pueden ir en paz.

O bien:

Glorifiquen al Señor con su vida. Pueden ir en paz.

O bien:

En el nombre del Señor, pueden ir en paz.

O bien, especialmente en los domingos de Pascua:

Anuncien a todos la alegría del Señor resucitado. Pueden ir en paz.

El pueblo responde:

Demos gracias a Dios.

Después el sacerdote se retira a la sacristía.

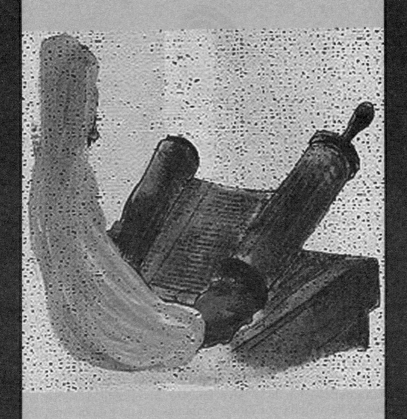

El Espíritu del Señor está sobre mí, porque me ha ungido para llevar a los pobres la buena nueva...

Lc 4, 17-18

Misas dominicales y festivas de 2007

1º de enero
Lunes

Santa María, Madre de Dios
(Blanco)

ANTÍFONA DE ENTRADA   Sedulio

Te aclamamos, santa Madre de Dios, porque has dado a luz al Rey que gobierna cielo y tierra por los siglos de los siglos.

Se dice Gloria

ORACIÓN COLECTA

Señor Dios, que por la fecunda virginidad de María diste al género humano el don de la salvación eterna, concédenos sentir la intercesión de aquella por quien recibimos al autor de la vida, Jesucristo, Señor nuestro, que vive y reina contigo…

Ocho días después de su nacimiento (EVANGELIO), Jesús fue circuncidado de acuerdo con la ley de Moisés y recibió el nombre de Jesús. Eso es lo que nos relata san Lucas; pero antes hace alusión a la visita de los pastores al establo de Belén y, al mismo tiempo, hace una evocación de María, la Madre de Dios, completamente recogida en oración. También san Pablo la evoca (SEGUNDA LECTURA), cuando dice que Dios envió a su Hijo "nacido de una mujer", como si quisiera subrayar el papel que desempeñó María en el desarrollo del misterio de la salvación. El pasaje del Antiguo Testamento, por su parte (PRIMERA LECTURA), invoca el nombre del Señor sobre el nuevo año y le pide la paz.

PRIMERA LECTURA
Invocarán mi nombre y yo los bendeciré.

Del libro de los Números
6, 22-27

En aquel tiempo, el Señor habló a Moisés y le dijo:
"Di a Aarón y a sus hijos:
'De esta manera bendecirán a los israelitas:
El Señor te bendiga y te proteja,
haga resplandecer su rostro sobre ti y te conceda su favor.
Que el Señor te mire con benevolencia
y te conceda la paz'.
    Así invocarán mi nombre sobre los israelitas
y yo los bendeciré".

Palabra de Dios.   ℟. **Te alabamos, Señor.**

SALMO RESPONSORIAL
Del salmo 66

B. Carrillo B.P. 1671

Ten pie - dad de no - so - tros, Se - ñor, y ben - dí - ce - nos.

℟.   Ten piedad de nosotros, Señor, y bendícenos.

Ten piedad de nosotros y bendícenos;
vuelve, Señor, tus ojos a nosotros.
Que conozca la tierra tu bondad
y los pueblos tu obra salvadora. ℟.

    Las naciones con júbilo te canten,
porque juzgas al mundo con justicia;
con equidad tú juzgas a los pueblos
y riges en la tierra a las naciones. ℟.

    Que te alaben, Señor, todos los pueblos,
que los pueblos te aclamen todos juntos.
Que nos bendiga Dios
y que le rinda honor el mundo entero. ℟.

SEGUNDA LECTURA
Dios envió a su Hijo, nacido de una mujer.

De la carta del apóstol san Pablo a los gálatas
4, 4-7

Hermanos: Al llegar la plenitud de los tiempos, envió Dios a su Hijo, nacido de una mujer, nacido bajo la ley, para rescatar a los que estábamos bajo la ley, a fin de hacernos hijos suyos.

Puesto que ya son ustedes hijos, Dios envió a sus corazones el Espíritu de su Hijo, que clama "¡Abbá!", es decir, ¡Padre! Así que ya no eres siervo, sino hijo; y siendo hijo, eres también heredero por voluntad de Dios.

Palabra de Dios.   ℟. **Te alabamos, Señor.**

ACLAMACIÓN ANTES DEL EVANGELIO
Heb 1, 1-2

B.P. 1258 Sosa.

A - le - lu - ya.   A - le - lu - ya.

℟. Aleluya, aleluya.
En distintas ocasiones y de muchas maneras
habló Dios en el pasado a nuestros padres, por boca de los profetas.
Ahora, en estos tiempos, nos ha hablado por medio de su Hijo.
℟. Aleluya, aleluya.

EVANGELIO
Encontraron a María, a José y al niño. Al cumplirse los ocho días, le pusieron por nombre Jesús.

✝✝✝ Del santo Evangelio según san Lucas
2, 16-21

En aquel tiempo, los pastores fueron a toda prisa hacia Belén y encontraron a María, a José y al niño, recostado en el pesebre. Después de verlo, contaron lo que se les había dicho de aquel niño y cuantos los oían quedaban maravillados. María, por su parte, guardaba todas estas cosas y las meditaba en su corazón.

Los pastores se volvieron a sus campos, alabando y glorificando a Dios por todo cuanto habían visto y oído, según lo que se les había anunciado.

Cumplidos los ocho días, circuncidaron al niño y le pusieron el nombre de Jesús, aquel mismo que había dicho el ángel, antes de que el niño fuera concebido.

Palabra del Señor.   ℟. **Gloria a ti, Señor Jesús.**

Se dice Credo

ORACIÓN SOBRE LAS OFRENDAS

Señor, tú que eres el origen de todos los bienes y quien los lleva a su pleno desarrollo, concede a quienes celebramos en la Virgen María, Madre de Dios, las primicias de nuestra redención, alcanzar la plenitud de sus frutos. Por Jesucristo, nuestro Señor.

ANTÍFONA DE LA COMUNIÓN   Heb 13, 8

Jesucristo es el mismo ayer, hoy y por todos los siglos.

ORACIÓN DESPUÉS DE LA COMUNIÓN

Señor, que estos sacramentos celestiales que hemos recibido con alegría, sean fuente de vida eterna para nosotros, que nos gloriamos de proclamar a la siempre Virgen María como Madre de tu Hijo y Madre de la Iglesia. Por Jesucristo, nuestro Señor.

MARÍA, MADRE DE DIOS

❁ Es la fiesta en la que celebramos el dogma que nos identifica plenamente como católicos.

❁ El dogma que nos permite entender por qué Jesús, siendo verdadero Dios, es también verdadero hombre, y pudo así redimirnos.

❁ El dogma que fundamenta y nos hace claros como la mañana, el dogma de la Inmaculada Concepción y el de la Asunción.

❁ El dogma, después del de la resurrección de Jesucristo, más consolador de todos, porque la Madre que él nos dio en la cruz es su verdadera Madre.

❁ El dogma que justifica el que los católicos le demos a María un culto superior al que damos a los ángeles y a los santos, sólo inferior al que le damos a Dios.

❁ El dogma que explica el amor y la devoción que los católicos le tenemos a la Virgen, y la ilimitada confianza que ponemos en ella.

❁ El dogma que expone la razón por la que no hay pecador, por grande que sea, que pueda desesperar de su salvación, ni hay desamparado en pleno y total desamparo.

❁ El dogma que al no ser captado por las Iglesias protestantes, las priva del consuelo y la ternura de una Madre.

❁ El dogma cuya celebración nos permite hoy empezar un nuevo año llenos de alegría y de confianza, puesto que lo empezamos bajo la mirada protectora de nuestra Madre del cielo.

7 de enero   La Epifanía del Señor

(Blanco)

ANTÍFONA DE ENTRADA   Cfr Mal 3, 1; 1 Crón 19, 12

Miren: ya viene el Señor de los ejércitos; en su mano están el reino y la potestad y el imperio.

ORACIÓN COLECTA

Señor, Dios nuestro, que por medio de una estrella diste a conocer en este día, a todos los pueblos, el nacimiento de tu Hijo, concede a los que ya te conocemos por la fe, llegar a contemplar, cara a cara, la hermosura de tu inmensa gloria. Por nuestro Señor Jesucristo...

Todos los hombres estamos llamados a formar un solo cuerpo con Cristo y a vivir juntos cerca de Dios. En esto consiste, según san Pablo (SEGUNDA LECTURA), el misterio oculto desde siempre. Sólo algunos profetas, como Isaías (PRIMERA LECTURA), alcanzaron a presentarlo. Luego pasaron los siglos. Y he aquí que el nacimiento de Cristo transforma la esperanza en realidad. Con la llegada de los magos a Belén, el misterio comienza a revelarse: los pueblos paganos se ponen en camino hacia Cristo (EVANGELIO).

PRIMERA LECTURA

La gloria del Señor alborea sobre ti.

Del libro del profeta Isaías
60, 1-6

Levántate y resplandece, Jerusalén,
porque ha llegado tu luz
y la gloria del Señor alborea sobre ti.
Mira: las tinieblas cubren la tierra
y espesa niebla envuelve a los pueblos;
pero sobre ti resplandece el Señor
y en ti se manifiesta su gloria.
Caminarán los pueblos a tu luz
y los reyes, al resplandor de tu aurora.
    Levanta los ojos y mira alrededor:
todos se reúnen y vienen a ti;
tus hijos llegan de lejos, a tus hijas las traen en brazos.
Entonces verás esto radiante de alegría;
tu corazón se alegrará, y se ensanchará,
cuando se vuelquen sobre ti los tesoros del mar
y te traigan las riquezas de los pueblos.
Te inundará una multitud de camellos y dromedarios,
procedentes de Madián y de Efá.
Vendrán todos los de Sabá
trayendo incienso y oro
y proclamando las alabanzas del Señor.

Palabra de Dios.   ℞. **Te alabamos, Señor.**

SALMO RESPONSORIAL
Del salmo 71

B. Carrillo B.P. 1673

Que te_a - do - ren, Se - ñor,   to - dos los pue - blos.

℞.   Que te adoren, Señor, todos los pueblos.

Comunica, Señor, al rey tu juicio,
y tu justicia al que es hijo de reyes;
así tu siervo saldrá en defensa de tus pobres
y regirá a tu pueblo justamente. ℞.
    Florecerá en sus días la justicia
y reinará la paz, era tras era.
De mar a mar se extenderá su reino
y de un extremo al otro de la tierra. ℞.

[℟. Que te adoren, Señor, todos los pueblos.]

Los reyes de occidente y de las islas
le ofrecerán sus dones.
Ante él se postrarán todos los reyes
y todas las naciones. ℟.

Al débil librará del poderoso
y ayudará al que se encuentra sin amparo;
se apiadará del desvalido y pobre
y salvará la vida al desdichado. ℟.

SEGUNDA LECTURA
También los paganos participan de la misma herencia que nosotros.

De la carta del apóstol san Pablo a los efesios
3, 2-3. 5-6

Hermanos: Han oído hablar de la distribución de la gracia de Dios, que se me ha confiado en favor de ustedes. Por revelación se me dio a conocer este misterio, que no había sido manifestado a los hombres en otros tiempos, pero que ha sido revelado ahora por el Espíritu a sus santos apóstoles y profetas: es decir, que por el Evangelio, también los paganos son coherederos de la misma herencia, miembros del mismo cuerpo y partícipes de la misma promesa en Jesucristo.
Palabra de Dios.   ℟. **Te alabamos, Señor.**

ACLAMACIÓN ANTES DEL EVANGELIO
Mt 2, 2

B.P. 1258 Sosa.

A - le - lu - ya. A - le - lu - ya.

℟. Aleluya, aleluya.
Hemos visto su estrella en el oriente
y hemos venido a adorar al Señor.
℟. Aleluya, aleluya.

EVANGELIO
Hemos venido de oriente para adorar al rey de los judíos.

Del santo Evangelio según san Mateo
2, 1-12

Jesús nació en Belén de Judá, en tiempos del rey Herodes. Unos magos de oriente llegaron entonces a Jerusalén y preguntaron: "¿Dónde está el rey de los judíos que acaba de nacer? Porque vimos surgir su estrella y hemos venido a adorarlo".

Al enterarse de esto, el rey Herodes se sobresaltó y toda Jerusalén con él. Convocó entonces a los sumos sacerdotes y a los escribas del pueblo y les preguntó dónde tenía que nacer el Mesías. Ellos le contestaron: "En Belén de Judá, porque así lo ha escrito el profeta: *Y tú, Belén, tierra de Judá, no eres en manera alguna la menor entre las ciudades ilustres de Judá, pues de ti saldrá un jefe, que será el pastor de mi pueblo, Israel*".

Entonces Herodes llamó en secreto a los magos, para que le precisaran el tiempo en que se les había aparecido la estrella y los mandó a Belén, diciéndoles: "Vayan a averiguar cuidadosamente qué hay de ese niño y, cuando lo encuentren, avísenme para que yo también vaya a adorarlo".

Después de oír al rey, los magos se pusieron en camino, y de pronto la estrella que habían visto surgir, comenzó a guiarlos, hasta que se detuvo encima de donde estaba el niño. Al ver de nuevo la estrella, se llenaron de inmensa alegría. Entraron en la casa y vieron al niño con María, su madre, y postrándose, lo adoraron. Después, abriendo sus cofres, le ofrecieron regalos: oro, incienso y mirra. Advertidos durante el sueño de que no volvieran a Herodes, regresaron a su tierra por otro camino.

Palabra del Señor.   ℟. **Gloria a ti, Señor Jesús.**

ORACIÓN SOBRE LAS OFRENDAS

Mira, Señor, con bondad los dones de tu Iglesia, que no consisten ya en oro, incienso y mirra, sino en tu mismo Hijo, Jesucristo, que, bajo las apariencias de pan y de vino, va a ofrecerse en sacrificio y a dársenos en alimento, él, que vive y reina por los siglos de los siglos.

ANTÍFONA DE LA COMUNIÓN   Cfr Mt 2, 2

Hemos visto su estrella en el Oriente y venimos con regalos a adorar al Señor.

ORACIÓN DESPUÉS DE LA COMUNIÓN

Que tu luz, Señor, nos guíe y nos acompañe siempre para que comprendamos, cada día más, este sacramento en el que hemos participado y podamos recibirlo con mayor amor. Por Jesucristo, nuestro Señor.

14 de enero 2º Domingo Ordinario

(Verde)

ANTÍFONA DE ENTRADA Sal 65, 4

Que se postre ante ti, Señor, la tierra entera; que todos canten himnos en tu honor y alabanzas a tu nombre.

ORACIÓN COLECTA

Dios todopoderoso y eterno, que con amor gobiernas los cielos y la tierra, escucha paternalmente las súplicas de tu pueblo y haz que los días de nuestra vida transcurran en tu paz. Por nuestro Señor Jesucristo...

El milagro en las bodas de Caná (EVANGELIO), el primero de los signos realizados por Jesús, fue un vaticinio de la Eucaristía y la bendición del matrimonio humano por parte de Cristo. El profeta Isaías (PRIMERA LECTURA) se refiere también a la santidad del matrimonio.

San Pablo, en su carta a los corintios (SEGUNDA LECTURA), que por entonces andaban muy divididos, les recuerda que si bien en la Iglesia son muy diversos los ministerios, todos ellos proceden de un mismo Espíritu

PRIMERA LECTURA
Como el esposo se alegra con la esposa.

Del libro del profeta Isaías
62, 1-5

Por amor a Sión no me callaré
y por amor a Jerusalén no me daré reposo,
hasta que surja en ella esplendoroso el justo
y brille su salvación como una antorcha.

Entonces las naciones verán tu justicia,
y tu gloria todos los reyes.
Te llamarán con un nombre nuevo,
pronunciado por la boca del Señor.
Serás corona de gloria en la mano del Señor
y diadema real en la palma de su mano.

Ya no te llamarán "Abandonada",
ni a tu tierra, "Desolada";
a ti te llamarán "Mi complacencia"
y a tu tierra, "Desposada",
porque el Señor se ha complacido en ti
y se ha desposado con tu tierra.

Como un joven se desposa con una doncella,
se desposará contigo tu hacedor;
como el esposo se alegra con la esposa,
así se alegrará tu Dios contigo.

Palabra de Dios.   ℟. **Te alabamos, Señor.**

SALMO RESPONSORIAL
Del salmo 95

C.M. Gálvez B.P. 1701

Can - te - mos   la gran - de - za   del Se - ñor.

℟.   Cantemos la grandeza del Señor.

Cantemos al Señor un nuevo canto,
que le cante al Señor toda la tierra;
cantemos al Señor y bendigámoslo. ℟.

Proclamemos su amor día tras día,
su grandeza anunciemos a los pueblos;
de nación en nación, sus maravillas. ℟.

Alaben al Señor, pueblos del orbe,
reconozcan su gloria y su poder
y tribútenle honores a su nombre. ℟.

[℟. Cantemos la grandeza del Señor.]

Caigamos en su templo de rodillas.
Tiemblen ante el Señor los atrevidos.
"Reina el Señor", digamos a los pueblos,
gobierna a las naciones con justicia. ℟.

SEGUNDA LECTURA

Uno solo y el mismo Espíritu distribuye sus dones según su voluntad.

De la primera carta del apóstol san Pablo a los corintios
12, 4-11

Hermanos: Hay diferentes dones, pero el Espíritu es el mismo.
Hay diferentes servicios, pero el Señor es el mismo. Hay diferentes actividades, pero Dios, que hace todo en todos, es el mismo.

En cada uno se manifiesta el Espíritu para el bien común. Uno recibe el don de la sabiduría; otro, el don de la ciencia. A uno se le concede el don de la fe; a otro, la gracia de hacer curaciones, y a otro más, poderes milagrosos. Uno recibe el don de profecía, y otro, el de discernir los espíritus. A uno se le concede el don de lenguas, y a otro, el de interpretarlas. Pero es uno solo y el mismo Espíritu el que hace todo eso, distribuyendo a cada uno sus dones, según su voluntad.

Palabra de Dios.   ℟. **Te alabamos, Señor.**

ACLAMACIÓN ANTES DEL EVANGELIO
Cfr 2 Tes 2, 14

B.P. 1258 Sosa.

A - le - lu - ya.   A - le - lu - ya.

℟. Aleluya, aleluya.
Dios nos ha llamado, por medio del Evangelio,
a participar de la gloria de nuestro Señor Jesucristo.
℟. Aleluya, aleluya.

EVANGELIO
El primer signo de Jesús, en Caná de Galilea.

✠ **Del santo Evangelio según san Juan**
2, 1-11

E n aquel tiempo, hubo una boda en Caná de Galilea, a la cual asistió la madre de Jesús. Éste y sus discípulos también fueron invitados. Como llegara a faltar el vino, María le dijo a Jesús: "Ya no tienen vino". Jesús le contestó: "Mujer, ¿qué podemos hacer tú y yo? Todavía no llega mi hora". Pero ella dijo a los que servían: "Hagan lo que él les diga".

Había allí seis tinajas de piedra, de unos cien litros cada una, que servían para las purificaciones de los judíos. Jesús dijo a los que servían: "Llenen de agua esas tinajas". Y las llenaron hasta el borde. Entonces les dijo: "Saquen ahora un poco y llévenselo al encargado de la fiesta". Así lo hicieron, y en cuanto el encargado de la fiesta probó el agua convertida en vino, sin saber su procedencia, porque sólo los sirvientes la sabían, llamó al novio y le dijo: "Todo el mundo sirve primero el vino mejor, y cuando los invitados ya han bebido bastante, se sirve el corriente. Tú, en cambio, has guardado el vino mejor hasta ahora".

Esto que Jesús hizo en Caná de Galilea fue el primero de sus signos. Así manifestó su gloria y sus discípulos creyeron en él.

Palabra del Señor.   ℟. **Gloria a ti, Señor Jesús.**

ORACIÓN SOBRE LAS OFRENDAS

Concédenos, Señor, participar dignamente en esta Eucaristía, porque cada vez que celebramos el memorial del sacrificio de tu Hijo, se lleva a cabo la obra de nuestra redención. Por Jesucristo, nuestro Señor.

ANTÍFONA DE LA COMUNIÓN   Sal 22, 5

Para mí, Señor, has preparado la mesa y has llenado la copa hasta los bordes.

ORACIÓN DESPUÉS DE LA COMUNIÓN

Infúndenos, Señor, el espíritu de tu caridad para que, alimentados del mismo pan del cielo, permanezcamos siempre unidos por el mismo amor. Por Jesucristo, nuestro Señor.

...Y SUS DISCÍPULOS CREYERON EN ÉL

◆ Gracias al milagro de Jesús en las bodas de Caná, sus discípulos creyeron en él.

◆ Gracias a los "milagros" que debemos hacer los matrimonios cristianos:

— **el milagro del amor,** que no es convertir el agua en vino, sino el egoísmo humano en amor conyugal y en amor paterno y materno...

— **el milagro de los hijos,** que son algo más maravilloso y estimulante que el vino de las bodas de Caná y de cualquier otra parte...

— **el milagro de un hombre y de una mujer** que se convierten primero en **cocreadores con el Padre,** que más tarde tendrán que ser **redentores como el Hijo,** y que siempre tendrán que ser los mejores **consoladores con el Espíritu Santo.**

— **el milagro de quererse y perdonarse** que, al fin y al cabo, es el milagro de que no se acabe el vino de las bodas.

— **y el milagro de llegar juntos hasta el fin,** gracias al cual, muchos de nuestros contemporáneos podrán creer en Dios, porque (como leemos en un prefacio de la misa matrimonial): "...en la unión del hombre y la mujer (Dios) ha dejado la imagen verdadera de su amor".

◆ Milagros todos estos realizables si nosotros ponemos el "agua" de nuestro esfuerzo, pues Dios nos tiene prometido el poder de su gracia.

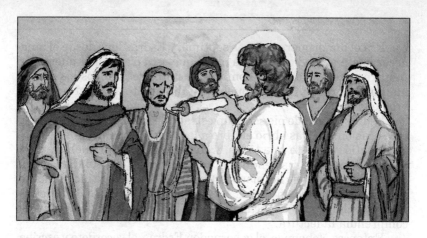

21 de enero

3er Domingo Ordinario

(Verde)

ANTÍFONA DE ENTRADA   Sal 95, 1. 6

Canten al Señor un cántico nuevo, hombres de toda la tierra, canten al Señor. Hay brillo y esplendor en su presencia y en su templo, belleza y majestad.

ORACIÓN COLECTA

Dios eterno y todopoderoso, conduce nuestra vida por el camino de tus mandamientos para que, unidos a tu Hijo amado, podamos producir frutos abundantes. Por nuestro Señor Jesucristo...

San Lucas nos muestra a Jesús explicando las Sagradas Escrituras en la sinagoga de Nazaret (EVANGELIO) y, como indica el profeta Nehemías, esa misma proclamación de la Palabra de Dios, la inició el sacerdote Esdras, cinco siglos antes de Cristo (PRIMERA LECTURA).

San Pablo quiere inculcar a los cristianos la unidad del influjo que procede de Cristo y recurre a la parábola de los varios miembros de un solo cuerpo, señalando que todos los cristianos son "el cuerpo de Cristo" (SEGUNDA LECTURA).

PRIMERA LECTURA

El pueblo comprendía la lectura del libro de la ley.

Del libro de Nehemías
8, 2-4. 5-6. 8-10

En aquellos días, Esdras, el sacerdote, trajo el libro de la ley ante la asamblea, formada por los hombres, las mujeres y todos los que tenían uso de razón.

Era el día primero del mes séptimo, y Esdras leyó desde el amanecer hasta el mediodía, en la plaza que está frente a la puerta del Agua, en presencia de los hombres, las mujeres y todos los que tenían uso de razón. Todo el pueblo estaba atento a la lectura del libro de la ley.

Esdras estaba de pie sobre un estrado de madera, levantado para esta ocasión. Esdras abrió el libro a la vista del pueblo, pues estaba en un sitio más alto que todos, y cuando lo abrió, el pueblo entero se puso de pie. Esdras bendijo entonces al Señor, el gran Dios, y todo el pueblo, levantando las manos, respondió: "¡Amén!", e inclinándose, se postraron rostro en tierra. Los levitas leían el libro de la ley de Dios con claridad y explicaban el sentido, de suerte que el pueblo comprendía la lectura.

Entonces Nehemías, el gobernador, Esdras, el sacerdote y escriba, y los levitas que instruían a la gente, dijeron a todo el pueblo: "Éste es un día consagrado al Señor, nuestro Dios. No estén ustedes tristes ni lloren (porque todos lloraban al escuchar las palabras de la ley). Vayan a comer espléndidamente, tomen bebidas dulces y manden algo a los que nada tienen, pues hoy es un día consagrado al Señor, nuestro Dios. No estén tristes, porque celebrar al Señor es nuestra fuerza".

Palabra de Dios.   ℟. **Te alabamos, Señor.**

SALMO RESPONSORIAL
Del salmo 18

J. Sosa B.P. 1702

Tú tie - nes, Se - ñor, pa - la - bras de vi - da_e - ter - na.

℟.   Tú tienes, Señor, palabras de vida eterna.

La ley del Señor es perfecta del todo
y reconforta el alma;
inmutables son las palabras del Señor
y hacen sabio al sencillo. ℟.

En los mandamientos del Señor hay rectitud
y alegría para el corazón;
son luz los preceptos del Señor
para alumbrar el camino. ℟.

La voluntad de Dios es santa
y para siempre estable;
los mandamientos del Señor son verdaderos
y enteramente justos. ℟.

Que sean gratas las palabras de mi boca
y los anhelos de mi corazón.
Haz, Señor, que siempre te busque,
pues eres mi refugio y salvación. ℟.

SEGUNDA LECTURA

Ustedes son el cuerpo de Cristo y cada uno es un miembro de él.

De la primera carta del apóstol san Pablo a los corintios
12, 12-30

Hermanos: Así como el cuerpo es uno y tiene muchos miembros y todos ellos, a pesar de ser muchos, forman un solo cuerpo, así también es Cristo. Porque todos nosotros, seamos judíos o no judíos, esclavos o libres, hemos sido bautizados en un mismo Espíritu, para formar un solo cuerpo, y a todos se nos ha dado a beber del mismo Espíritu.

El cuerpo no se compone de un solo miembro, sino de muchos. Si el pie dijera: "No soy mano, entonces no formo parte del cuerpo", ¿dejaría por eso de ser parte del cuerpo? Y si el oído dijera: "Puesto que no soy ojo, no soy del cuerpo", ¿dejaría por eso de ser parte del cuerpo? Si todo el cuerpo fuera ojo, ¿con qué oiríamos? Y si todo el cuerpo fuera oído, ¿con qué oleríamos? Ahora bien, Dios ha puesto los miembros del cuerpo cada uno en su lugar, según lo quiso. Si todos fueran un solo miembro, ¿dónde estaría el cuerpo?

Cierto que los miembros son muchos, pero el cuerpo es uno solo. El ojo no puede decirle a la mano: "No te necesito"; ni la cabeza a los pies: "Ustedes no me hacen falta". Por el contrario, los miembros que parecen más débiles son los más necesarios. Y a los más íntimos los tratamos con mayor decoro, porque los demás no lo necesitan. Así formó Dios el cuerpo, dando más honor a los miembros que carecían de él, para que no haya división en el cuerpo y para que cada miembro se preocupe de los demás. Cuando un miembro sufre, todos sufren con él; y cuando recibe honores, todos se alegran con él.

Pues bien, ustedes son el cuerpo de Cristo y cada uno es un miembro de él. En la Iglesia, Dios ha puesto en primer lugar a los apóstoles; en segundo lugar, a los profetas; en tercer lugar, a los maestros; luego, a los que hacen milagros, a los que tienen el don de curar a los enfermos, a los que ayudan, a los que administran, a los que tienen el don de lenguas y el de interpretarlas. ¿Acaso son todos apóstoles? ¿Son todos profetas? ¿Son todos maestros? ¿Hacen todos milagros? ¿Tienen todos el don de curar? ¿Tienen todos el don de lenguas y todos las interpretan?

Palabra de Dios.   ℞. **Te alabamos, Señor.**

ACLAMACIÓN ANTES DEL EVANGELIO
Lc 4, 18

B.P. 1258 Sosa.

A - le - lu - ya. A - le - lu - ya.

℞. Aleluya, aleluya.
El Señor me ha enviado
para llevar a los pobres la buena nueva
y anunciar la liberación a los cautivos.
℞. Aleluya, aleluya.

EVANGELIO
Hoy se ha cumplido este pasaje de la Escritura.

✠ Del santo Evangelio según san Lucas
1, 1-4; 4, 14-21

Muchos han tratado de escribir la historia de las cosas que pasaron entre nosotros, tal y como nos las trasmitieron los que las vieron desde el principio y que ayudaron en la predicación. Yo también, ilustre Teófilo, después de haberme informado minuciosamente de todo, desde sus principios, pensé escribírtelo por orden, para que veas la verdad de lo que se te ha enseñado.

(Después de que Jesús fue tentado por el demonio en el desierto), impulsado por el Espíritu, volvió a Galilea. Iba enseñando en las sinagogas; todos lo alababan y su fama se extendió por toda la región. Fue también a Nazaret, donde se había criado. Entró en la sinagoga, como era su costumbre hacerlo los sábados, y se levantó para hacer la lectura. Se le dio el volumen del profeta Isaías, lo desenrolló y encontró el pasaje en que estaba escrito: *El Espíritu del Señor está sobre mí, porque me ha ungido para llevar a los pobres la buena nueva, para anunciar la liberación a los cautivos y la curación a los ciegos, para dar libertad a los oprimidos y proclamar el año de gracia del Señor.*

Enrolló el volumen, lo devolvió al encargado y se sentó. Los ojos de todos los asistentes a la sinagoga estaban fijos en él. Entonces comenzó a hablar, diciendo: "Hoy mismo se ha cumplido este pasaje de la Escritura que acaban de oír".

Palabra del Señor.   ℟. **Gloria a ti, Señor Jesús.**

ORACIÓN SOBRE LAS OFRENDAS

Acepta, Señor, con bondad, los dones que te presentamos y santifícalos por medio de tu Espíritu, para que se nos conviertan en sacramento de salvación. Por Jesucristo, nuestro Señor.

ANTÍFONA DE LA COMUNIÓN   Jn 8, 12

Yo soy la luz del mundo, dice el Señor; el que me sigue no caminará en tinieblas, sino que tendrá la luz de la vida.

ORACIÓN DESPUÉS DE LA COMUNIÓN

Te damos gracias, Señor, por habernos alimentado con el Cuerpo y la Sangre de tu Hijo y te pedimos que este don tuyo sea para nosotros fuente inagotable de vida. Por Jesucristo, nuestro Señor.

HOY MISMO VA A EMPEZAR A CUMPLIRSE...

Cristo –nos dice el evangelio de hoy– tomó la Sagrada Escritura y leyó: "**El Espíritu Santo está sobre mí, porque me ha ungido para llevar a los pobres la buena nueva, para anunciar la liberación a los cautivos y la curación a los ciegos, para dar libertad a los oprimidos y proclamar el año de gracia del Señor**".

Al terminar, se sentó y dijo: "**Hoy mismo se ha cumplido este pasaje de la Escritura que acaban de oír**".

Si no éstas, al menos unas palabras sumamente parecidas a éstas son las que deberíamos pronunciar en nuestro corazón, luego de escuchar en nuestra Misa

de todos los domingos la Palabra de Dios en el Evangelio: "**Hoy mismo, vamos a empezar a cumplir en nuestra vida el mensaje del pasaje que escuchamos hoy en la Misa**".

28 de enero

4º Domingo Ordinario

(Verde)

ANTÍFONA DE ENTRADA   Sal 105, 47
Sálvanos, Señor y Dios nuestro; reúnenos de entre las naciones, para que podamos agradecer tu poder santo y sea nuestra gloria el alabarte.

ORACIÓN COLECTA

Concédenos, Señor, Dios nuestro, amarte con todo el corazón y, con el mismo amor, amar a nuestros prójimos. Por nuestro Señor Jesucristo…

El profeta Jeremías nos cuenta cómo el Señor le reveló que lo había escogido para que fuera un profeta y cómo le dio a entender que su vocación iba a encontrar la oposición y la hostilidad de muchos (PRIMERA LECTURA). También Jesús encontró una oposición y una hostilidad semejantes dentro de su propio pueblo de Nazaret. Por eso resolvió Jesús ir a predicar a otro pueblo la buena nueva, ya que la gente del lugar donde había nacido, lo rechazaba (EVANGELIO). San Pablo recuerda a los fieles de la Iglesia de Corinto, que entre las virtudes de la fe, la esperanza y el amor, ésta es la mayor de todas y la ley de la vida en común (SEGUNDA LECTURA).

PRIMERA LECTURA

Te consagré profeta para las naciones.

Del libro del profeta Jeremías
1, 4-5. 17-19

En tiempo de Josías, el Señor me dirigió estas palabras: "Desde antes de formarte en el seno materno, te conozco;
desde antes de que nacieras,
te consagré como profeta para las naciones.
Cíñete y prepárate;
ponte en pie y diles lo que yo te mando.
No temas, no titubees delante de ellos,
para que yo no te quebrante.

Mira: hoy te hago ciudad fortificada,
columna de hierro y muralla de bronce,
frente a toda esta tierra,
así se trate de los reyes de Judá, como de sus jefes,
de sus sacerdotes o de la gente del campo.
Te harán la guerra, pero no podrán contigo,
porque yo estoy a tu lado para salvarte".

Palabra de Dios.   ℟. **Te alabamos, Señor.**

SALMO RESPONSORIAL
Del salmo 70

B.P. 1703

℟.   Señor, tú eres mi esperanza.

Señor, tú eres mi esperanza,
que no quede yo jamás defraudado.
Tú, que eres justo, ayúdame y defiéndeme;
escucha mi oración y ponme a salvo. ℟.

Sé para mí un refugio,
ciudad fortificada en que me salves.
Y pues eres mi auxilio y mi defensa,
líbrame, Señor, de los malvados. ℟.

Señor, tú eres mi esperanza;
desde mi juventud en ti confío.
Desde que estaba en el seno de mi madre,
yo me apoyaba en ti y tú me sostenías. ℟.

[℟. Señor, tú eres mi esperanza.]

Yo proclamaré siempre tu justicia
y a todas horas, tu misericordia.
Me enseñaste a alabarte desde niño
y seguir alabándote es mi orgullo. ℟.

SEGUNDA LECTURA

Entre estas tres virtudes: la fe, la esperanza y el amor, el amor es la mayor de las tres.

De la primera carta del apóstol san Pablo a los corintios
12, 31—13, 13

Hermanos: Aspiren a los dones de Dios más excelentes. Voy a mostrarles el camino mejor de todos. Aunque yo hablara las lenguas de los hombres y de los ángeles, si no tengo amor, no soy más que una campana que resuena o unos platillos que aturden. Aunque yo tuviera el don de profecía y penetrara todos los misterios, aunque yo poseyera en grado sublime el don de ciencia y mi fe fuera tan grande como para cambiar de sitio las montañas, si no tengo amor, nada soy. Aunque yo repartiera en limosna todos mis bienes y aunque me dejara quemar vivo, si no tengo amor, de nada me sirve.

El amor es comprensivo, el amor es servicial y no tiene envidia; el amor no es presumido ni se envanece; no es grosero ni egoísta; no se irrita ni guarda rencor; no se alegra con la injusticia, sino que goza con la verdad. El amor disculpa sin límites, confía sin límites, espera sin límites, soporta sin límites.

El amor dura por siempre; en cambio, el don de profecía se acabará; el don de lenguas desaparecerá y el don de ciencia dejará de existir, porque nuestros dones de ciencia y de profecía son imperfectos. Pero cuando llegue la consumación, todo lo imperfecto desaparecerá.

Cuando yo era niño, hablaba como niño, sentía como niño y pensaba como niño; pero cuando llegué a ser hombre, hice a un lado las cosas de niño. Ahora vemos como en un espejo y oscuramente, pero después será cara a cara. Ahora sólo conozco de una manera imperfecta, pero entonces conoceré a Dios como él me conoce a mí. Ahora tenemos estas tres virtudes: la fe, la esperanza y el amor; pero el amor es la mayor de las tres.

Palabra de Dios.   ℟. **Te alabamos, Señor.**

ACLAMACIÓN ANTES DEL EVANGELIO
Lc 4, 18

B.P. 1259

A - le - lu - ya,   A - le - lu - ya,   A - le - lu - ya.

℟. Aleluya, aleluya.
El Señor me ha enviado
para llevar a los pobres la buena nueva
y anunciar la liberación a los cautivos.
℟. Aleluya, aleluya.

EVANGELIO
Jesús, como Elías y Eliseo, no fue enviado tan sólo a los judíos.

✝ Del santo Evangelio según san Lucas
4, 21-30

En aquel tiempo, después de que Jesús leyó en la sinagoga un pasaje del libro de Isaías, dijo: "Hoy mismo se ha cumplido este pasaje de la Escritura que acaban de oír". Todos le daban su aprobación y admiraban la sabiduría de las palabras que salían de sus labios, y se preguntaban: "¿No es éste el hijo de José?"

Jesús les dijo: "Seguramente me dirán aquel refrán: 'Médico, cúrate a ti mismo' y haz aquí, en tu propia tierra, todos esos prodigios que hemos oído que has hecho en Cafarnaúm". Y añadió: "Yo les aseguro que nadie es profeta en su tierra. Había ciertamente en Israel muchas viudas en los tiempos de Elías, cuando faltó la lluvia durante tres años y medio, y hubo un hambre terrible en todo el país; sin embargo, a ninguna de ellas fue enviado Elías, sino a una viuda que vivía en Sarepta, ciudad de Sidón. Había muchos leprosos en Israel, en tiempos del profeta Eliseo; sin embargo, ninguno de ellos fue curado sino Naamán, que era de Siria".

Al oír esto, todos los que estaban en la sinagoga se llenaron de ira, y levantándose, lo sacaron de la ciudad y lo llevaron hasta una saliente del monte, sobre el que estaba construida la ciudad, para despeñarlo. Pero él, pasando por en medio de ellos, se alejó de allí.

Palabra del Señor.   ℟. **Gloria a ti, Señor Jesús.**

ORACIÓN SOBRE LAS OFRENDAS

Acepta, Señor, estos dones que te presentamos en señal de sumisión a ti, y conviértelos en el sacramento de nuestra redención. Por Jesucristo, nuestro Señor.

ANTÍFONA DE LA COMUNIÓN   Sal 30, 17-18

Ven, Señor, en ayuda de tu siervo y sálvame por tu misericordia. Que no me arrepienta nunca de haberte invocado.

ORACIÓN DESPUÉS DE LA COMUNIÓN

Que el sacramento del Cuerpo y la Sangre de tu Hijo que acabamos de recibir, nos ayude, Señor, a vivir más profundamente nuestra fe. Por Jesucristo, nuestro Señor.

NADIE ES PROFETA EN SU TIERRA

Lo sabía Jesús.

☞ Es más, lo experimentó en carne propia cuando sus paisanos quisieron despeñarlo en Nazaret.

☞ Lo sabemos y lo hemos experimentado también nosotros, especialmente los padres de familia que cada vez que intentamos predicar a nuestros hijos lo que hay que hacer y lo que no hay que hacer, a éstos les entran unas ganas nazarenas de despeñarnos... aunque sea por una ventana.

☞ Lo saben los trabajadores que intentan disuadir a sus compañeros de irse a gastar en las "cheves" lo que tanta falta les hace a sus "chavos" y a su esposa.

☞ Lo saben las organizaciones y las personas que se manifiestan en favor de la vida.

☞ Lo saben los legisladores honestos que luchan para que se aprueben leyes más justas y democráticas.

☞ Lo saben los médicos y enfermeras que defienden la vida de los niños por nacer.

Nadie es profeta en su tierra, pero esto a nadie exime de la obligación de serlo, hablando y actuando como cristianos, alentados por el ejemplo de Cristo, aunque muchos quisieran despeñarnos o guisarnos en escabeche.

4 de febrero 5º Domingo Ordinario

(Verde)

ANTÍFONA DE ENTRADA Sal 94, 6-7

Entremos y adoremos de rodillas al Señor, creador nuestro, porque él es nuestro Dios.

ORACIÓN COLECTA

Señor, que tu amor incansable cuide y proteja siempre a estos hijos tuyos, que han puesto en tu gracia toda su esperanza. Por nuestro Señor Jesucristo…

Este domingo, el profeta Isaías nos cuenta de qué manera fue llamado por Dios (PRIMERA LECTURA); de este modo podremos comprender mejor la vocación de Pedro, Santiago y Juan, a quienes Jesús llamó para convertirlos en "pescadores de hombres" (EVANGELIO). Así es como los apóstoles pasan, en el Nuevo Testamento, a ocupar el sitio de los profetas en el Antiguo.

San Pablo sigue adoctrinando a los corintios y les expone lo esencial de su misión de apóstol: anunciar la resurrección de Cristo (SEGUNDA LECTURA).

PRIMERA LECTURA

Aquí estoy, Señor, envíame.

Del libro del profeta Isaías
6, 1-2. 3-8

El año de la muerte del rey Ozías, vi al Señor, sentado sobre un trono muy alto y magnífico. La orla de su manto llenaba el templo. Había dos serafines junto a él, con seis alas cada uno, que se gritaban el uno al otro:

"Santo, santo, santo es el Señor, Dios de los ejércitos; su gloria llena toda la tierra".

Temblaban las puertas al clamor de su voz y el templo se llenaba de humo. Entonces exclamé:

"¡Ay de mí!, estoy perdido, porque soy un hombre de labios impuros, que habito en medio de un pueblo de labios impuros, porque he visto con mis ojos al Rey y Señor de los ejércitos".

Después voló hacia mí uno de los serafines. Llevaba en la mano una brasa, que había tomado del altar con unas tenazas. Con la brasa me tocó la boca, diciéndome:

"Mira: Esto ha tocado tus labios. Tu iniquidad ha sido quitada y tus pecados están perdonados".

Escuché entonces la voz del Señor que decía: "¿A quién enviaré? ¿Quién irá de parte mía?" Yo le respondí: "Aquí estoy, Señor, envíame".

Palabra de Dios.   ℟. **Te alabamos, Señor.**

SALMO RESPONSORIAL
Del salmo 137

C.M. Gálvez B.P. 1704

Cuan - do te_in - vo - ca - mos, Se - ñor, nos es - cu - chas - te.

℟.   Cuando te invocamos, Señor, nos escuchaste.

De todo corazón te damos gracias,
Señor, porque escuchaste nuestros ruegos.
Te cantaremos delante de tus ángeles.
Te adoraremos en tu templo. ℟.

Señor, te damos gracias
por tu lealtad y por tu amor:
siempre que te invocamos nos oíste
y nos llenaste de valor. ℟.

Que todos los reyes de la tierra te reconozcan
al escuchar tus prodigios.
Que alaben tus caminos,
porque tu gloria es inmensa. ℟.

Tu mano, Señor, nos pondrá a salvo,
y así concluirás en nosotros tu obra.
Señor, tu amor perdura eternamente;
obra tuya soy, no me abandones. ℟.

SEGUNDA LECTURA

Esto es lo que hemos predicado y lo que ustedes han creído.

De la primera carta del apóstol san Pablo a los corintios
15, 1-11

Hermanos: Les recuerdo el Evangelio que yo les prediqué y que ustedes aceptaron y en el cual están firmes. Este Evangelio los salvará, si lo cumplen tal y como yo lo prediqué. De otro modo, habrán creído en vano.

Les transmití, ante todo, lo que yo mismo recibí: que Cristo murió por nuestros pecados, como dicen las Escrituras; que fue sepultado y que resucitó al tercer día, según estaba escrito; que se le apareció a Pedro y luego a los Doce; después se apareció a más de quinientos hermanos reunidos, la mayoría de los cuales vive aún y otros ya murieron. Más tarde se le apareció a Santiago y luego a todos los apóstoles.

Finalmente, se me apareció también a mí, que soy como un aborto. Porque yo perseguí a la Iglesia de Dios y por eso soy el último de los apóstoles e indigno de llamarme apóstol. Sin embargo, por la gracia de Dios, soy lo que soy, y su gracia no ha sido estéril en mí; al contrario, he trabajado más que todos ellos, aunque no he sido yo, sino la gracia de Dios, que está conmigo. De cualquier manera, sea yo, sean ellos, esto es lo que nosotros predicamos y esto mismo lo que ustedes han creído.

Palabra de Dios.   ℟. **Te alabamos, Señor.**

ACLAMACIÓN ANTES DEL EVANGELIO
Mt 4, 19

B.P. 1259

A - le - lu - ya,   A - le - lu - ya,   A - le - lu - ya.

℟. Aleluya, aleluya.
Síganme, dice el Señor,
y yo los haré pescadores de hombres.
℟. Aleluya, aleluya.

EVANGELIO
Dejándolo todo, lo siguieron.

✠ Del santo Evangelio según san Lucas
5, 1-11

En aquel tiempo, Jesús estaba a orillas del lago de Genesaret y la gente se agolpaba en torno suyo para oír la palabra de Dios. Jesús vio dos barcas que estaban junto a la orilla. Los pescadores habían desembarcado y estaban lavando las redes. Subió Jesús a una de las barcas, la de Simón, le pidió que la alejara un poco de tierra, y sentado en la barca, enseñaba a la multitud.

Cuando acabó de hablar, dijo a Simón: "Lleva la barca mar adentro y echen sus redes para pescar". Simón replicó: "Maestro, hemos trabajado toda la noche y no hemos pescado nada; pero, confiado en tu palabra, echaré las redes". Así lo hizo y cogieron tal cantidad de pescados, que las redes se rompían. Entonces hicieron señas a sus compañeros, que estaban en la otra barca, para que vinieran a ayudarlos. Vinieron ellos y llenaron tanto las dos barcas, que casi se hundían.

Al ver esto, Simón Pedro se arrojó a los pies de Jesús y le dijo: "¡Apártate de mí, Señor, porque soy un pecador!" Porque tanto él como sus compañeros estaban llenos de asombro al ver la pesca que habían conseguido. Lo mismo les pasaba a Santiago y a Juan, hijos de Zebedeo, que eran compañeros de Simón.

Entonces Jesús le dijo a Simón: "No temas; desde ahora serás pescador de hombres". Luego llevaron las barcas a tierra, y dejándolo todo, lo siguieron.

Palabra del Señor.   ℟. **Gloria a ti, Señor Jesús.**

ORACIÓN SOBRE LAS OFRENDAS
Señor, Dios nuestro, tú que nos has dado este pan y este vino para reparar nuestras fuerzas, conviértelos para nosotros en sacramento de vida eterna. Por Jesucristo, nuestro Señor.

ANTÍFONA DE LA COMUNIÓN   Sal 106, 8-9

Demos gracias al Señor por su misericordia, por las maravillas que hace por su pueblo; porque da de beber al que tiene sed y les da de comer a los hambrientos.

ORACIÓN DESPUÉS DE LA COMUNIÓN

Señor, tú que has querido hacernos participar de un mismo pan y de un mismo cáliz, concédenos vivir de tal manera unidos en Cristo, que nuestro trabajo sea eficaz para la salvación del mundo. Por Jesucristo, nuestro Señor.

Y SUBIÓ   A LA BARCA DE PEDRO

Jesús vio dos barcas junto a la orilla y se subió a la de Pedro, y desde allí enseñaba a la multitud.

✔ Cristo quiso, pues, enseñarnos su doctrina desde la barca de Pedro.

✔ En estos tiempos no sólo hay dos barcas, sino cientos de embarcaciones desde las que se pretende enseñar a las multitudes.

✔ Un buen día se nos presentan en la puerta de nuestra casa los Testigos de Jehová... y nos dejan sus revistas.

✔ Otro día, son los mormones los que quieren enseñarnos su religión.

✔ Y no faltan ocasiones en que se nos acerque en la calle una persona vestida con una túnica bu-

dista o que en alguna estación de autobuses nos repartan propaganda de otra secta.

✔ Y esto, para no hablar de esa otra "barcota" (llamada T.V.) que casi todos tenemos en casa, y desde la que diariamente se nos quiere enseñar a ver la vida y sus problemas (el aborto, la sexualidad, las relaciones sexuales extramatrimoniales o prematrimoniales, el divorcio, el control de la natalidad...) con ojos muy diferentes a los de Cristo.

En la orilla había entonces dos barcas y ahora hay otras muchas, pero a la que quiso subir Cristo para enseñarnos su doctrina, fue a la Pedro y a la de sus sucesores, los Papas.

11 de febrero 6º Domingo Ordinario

(Verde)

ANTÍFONA DE ENTRADA Sal 30, 3-4

Sírveme de defensa, Dios mío, de roca y fortaleza salvadoras; y pues eres mi baluarte y mi refugio, acompáñame y guíame.

ORACIÓN COLECTA

Señor nuestro, que prometiste venir y hacer tu morada en los corazones rectos y sinceros, concédenos la rectitud y sinceridad de vida que nos hagan dignos de esa presencia tuya. Por nuestro Señor Jesucristo…

Las bienaventuranzas según san Lucas, van acompañadas de sus correspondientes maldiciones: "Dichosos ustedes los pobres"… "Ay de ustedes, los ricos"… (EVANGELIO). La forma como nuestro Señor se expresa es muy parecida a la que escuchamos en la PRIMERA LECTURA: "Maldito el hombre que confía en el hombre"… "Bendito el hombre que confía en el Señor" (PRIMERA LECTURA). Todo esto representa para nosotros una invitación a huir de los compromisos y la mediocridad. San Pablo, que el domingo anterior recordaba las manifestaciones de Cristo resucitado, se apoya ahora en eso para afirmar categóricamente la resurrección de todos los muertos (SEGUNDA LECTURA).

PRIMERA LECTURA

Maldito el que confía en el hombre; bendito el que confía en el Señor.

Del libro del profeta Jeremías
17, 5-8

E sto dice el Señor:
"Maldito el hombre que confía en el hombre,
que en él pone su fuerza
y aparta del Señor su corazón.
Será como un cardo en la estepa,
que nunca disfrutará de la lluvia.
Vivirá en la aridez del desierto,
en una tierra salobre e inhabitable.

Bendito el hombre que confía en el Señor
y en él pone su esperanza.
Será como un árbol plantado junto al agua,
que hunde en la corriente sus raíces;
cuando llegue el calor, no lo sentirá
y sus hojas se conservarán siempre verdes;
en año de sequía no se marchitará
ni dejará de dar frutos".

Palabra de Dios. ℟. **Te alabamos, Señor.**

SALMO RESPONSORIAL
Del salmo 1

M. Fulbio B.P. 1705

Di - cho - so el hom - bre que con - fí - a en
el Se - ñor, que con - fí - a en el Se - ñor.

℟. Dichoso el hombre que confía en el Señor.

Dichoso aquel que no se guía
por mundanos criterios,
que no anda en malos pasos
ni se burla del bueno,
que ama la ley de Dios
y se goza en cumplir sus mandamientos. ℟.

Es como un árbol plantado junto al río,
que da fruto a su tiempo
y nunca se marchita.
En todo tendrá éxito. ℟.

[℟. Dichoso el hombre que confía en el Señor.]

En cambio los malvados
serán como la paja barrida por el viento.
Porque el Señor protege el camino del justo
y al malo sus caminos acaban por perderlo. ℟.

SEGUNDA LECTURA
Si Cristo no resucitó, es vana la fe de ustedes.

De la primera carta del apóstol san Pablo a los corintios
15, 12. 16-20

Hermanos: Si hemos predicado que Cristo resucitó de entre los muertos, ¿cómo es que algunos de ustedes andan diciendo que los muertos no resucitan? Porque si los muertos no resucitan, tampoco Cristo resucitó. Y si Cristo no resucitó, es vana la fe de ustedes; y por lo tanto, aún viven ustedes en pecado, y los que murieron en Cristo, perecieron. Si nuestra esperanza en Cristo se redujera tan sólo a las cosas de esta vida, seríamos los más infelices de todos los hombres. Pero no es así, porque Cristo resucitó, y resucitó como la primicia de todos los muertos.

Palabra de Dios.   ℟. **Te alabamos, Señor.**

ACLAMACIÓN ANTES DEL EVANGELIO
Lc 6, 23

B.P. 1259

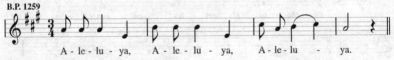

A - le - lu - ya,   A - le - lu - ya,   A - le - lu - ya.

℟.   Aleluya, aleluya.
Alégrense ese día y salten de gozo,
porque su recompensa será grande en el cielo, dice el Señor.
℟.   Aleluya, aleluya.

EVANGELIO
Dichosos los pobres. - ¡Ay de ustedes los ricos!

✠   Del santo Evangelio según san Lucas
6, 17. 20-26

En aquel tiempo, Jesús descendió del monte con sus discípulos y sus apóstoles y se detuvo en un llano. Allí se encontraba mucha gente, que había venido tanto de Judea y de Jerusalén, como de la costa de Tiro y de Sidón.

Mirando entonces a sus discípulos, Jesús les dijo:
"Dichosos ustedes los pobres,
porque de ustedes es el Reino de Dios.
Dichosos ustedes los que ahora tienen hambre,
porque serán saciados.
Dichosos ustedes los que lloran ahora,
porque al fin reirán.

Dichosos serán ustedes cuando los hombres los aborrezcan y los expulsen de entre ellos, y cuando los insulten y maldigan por causa del Hijo del hombre. Alégrense ese día y salten de gozo, porque su recompensa será grande en el cielo. Pues así trataron sus padres a los profetas.

Pero, ¡ay de ustedes, los ricos,
porque ya tienen ahora su consuelo!
¡Ay de ustedes, los que se hartan ahora,
porque después tendrán hambre!
¡Ay de ustedes, los que ríen ahora,
porque llorarán de pena!
¡Ay de ustedes, cuando todo el mundo los alabe,
porque de ese modo trataron sus padres a los falsos profetas!"

Palabra del Señor.   ℟. **Gloria a ti, Señor Jesús.**

ORACIÓN SOBRE LAS OFRENDAS

Que este sacrificio, Señor, que vamos a ofrecerte, nos purifique, nos renueve y nos ayude a obtener la recompensa eterna, prometida a quienes cumplen tu voluntad. Por Jesucristo, nuestro Señor.

ANTÍFONA DE LA COMUNIÓN   Jn 3, 16

Tanto amó Dios al mundo, que le dio a su Hijo único para que todo el que crea en él no perezca, sino que tenga la vida eterna.

ORACIÓN DESPUÉS DE LA COMUNIÓN

Señor, aviva cada vez más en nosotros el deseo de recibir este pan eucarístico, por medio del cual nos comunicas tú la vida verdadera. Por Jesucristo, nuestro Señor.

¡AY DE NOSOTROS, LOS POBRES... CON ESPÍRITU DE RICOS!

Porque ni somos bienaventurados o dichosos como los verdaderos pobres, ni tenemos nuestro consuelo en esta vida, como los verdaderos ricos.

18 de febrero

7º Domingo Ordinario

(Verde)

ANTÍFONA DE ENTRADA   Sal 12, 6
Confío, Señor, en tu misericordia; alegra mi corazón con tu auxilio. Cantaré al Señor por el bien que me ha hecho.

ORACIÓN COLECTA
Concédenos, Señor, ser dóciles a las inspiraciones de tu Espíritu para que realicemos siempre en nuestra vida tu santa voluntad. Por nuestro Señor Jesucristo…

El sermón del monte, según san Lucas, con el cual Jesús comienza su predicación, insiste sobre la ley del amor: a los enemigos, mutua ayuda, perdón… (EVANGELIO). Nuestro Señor plantea como una ley la virtud que habían practicado los mejores hombres del Antiguo Testamento. Por ejemplo, David, quien no se quiso vengar de Saúl, que pretendía matarlo (PRIMERA LECTURA). San Pablo sigue adelante con su predicación de la resurrección de todos los hombres en Cristo. Nos presenta a Jesús como el Señor de una nueva humanidad, que vive para Dios (SEGUNDA LECTURA).

PRIMERA LECTURA
David no quiso atentar contra el ungido del Señor.

Del primer libro de Samuel
26, 2. 7-9. 12-13. 22-23

En aquellos días, Saúl se puso en camino con tres mil soldados israelitas, bajó al desierto de Zif en persecución de David y acampó en Jakilá.

David y Abisay fueron de noche al campamento enemigo y encontraron a Saúl durmiendo entre los carros; su lanza estaba clavada en tierra, junto a su cabecera, y en torno a él dormían Abner y su ejército. Abisay dijo entonces a David: "Dios te está poniendo al enemigo al alcance de tu mano. Deja que lo clave ahora en tierra con un solo golpe de su misma lanza. No hará falta repetirlo". Pero David replicó: "No lo mates. ¿Quién puede atentar contra el ungido del Señor y quedar sin pecado?"

Entonces cogió David la lanza y el jarro de agua de la cabecera de Saúl y se marchó con Abisay. Nadie los vio, nadie se enteró y nadie despertó; todos siguieron durmiendo, porque el Señor les había enviado un sueño profundo.

David cruzó de nuevo el valle y se detuvo en lo alto del monte, a gran distancia del campamento de Saúl. Desde ahí gritó: "Rey Saúl, aquí está tu lanza, manda a alguno de tus criados a recogerla. El Señor le dará a cada uno según su justicia y su lealtad, pues él te puso hoy en mis manos, pero yo no quise atentar contra el ungido del Señor".

Palabra de Dios. ℟. **Te alabamos, Señor.**

SALMO RESPONSORIAL
Del salmo 102

F. Picón B.P. 1706

El Se-ñor es com-pa-si-vo y mi-se-ri-cor-dio-so.

℟. El Señor es compasivo y misericordioso.

Bendice al Señor, alma mía,
que todo mi ser bendiga su santo nombre.
Bendice al Señor, alma mía,
y no te olvides de sus beneficios. ℟.

El Señor perdona tus pecados
y cura tus enfermedades;
él rescata tu vida del sepulcro
y te colma de amor y de ternura. ℟.

[℟. El Señor es compasivo y misericordioso.]

El Señor es compasivo y misericordioso,
lento para enojarse y generoso para perdonar.
No nos trata como merecen nuestras culpas,
ni nos paga según nuestros pecados. ℟.

Como dista el oriente·del ocaso,
así aleja de nosotros nuestros delitos;
como un padre es compasivo con sus hijos,
así es compasivo el Señor con quien lo ama. ℟.

SEGUNDA LECTURA
Fuimos semejantes al hombre terreno y seremos semejantes al hombre celestial.

De la primera carta del apóstol san Pablo a los corintios
15, 45-49

H ermanos: La Escritura dice que *el* primer *hombre,* Adán, *fue un ser que tuvo vida;* el último Adán es espíritu que da la vida. Sin embargo, no existe primero lo vivificado por el Espíritu, sino lo puramente humano; lo vivificado por el Espíritu viene después.

El primer hombre, hecho de tierra, es terreno; el segundo viene del cielo. Como fue el hombre terreno, así son los hombres terrenos; como es el hombre celestial, así serán los celestiales. Y del mismo modo que fuimos semejantes al hombre terreno, seremos también semejantes al hombre celestial.

Palabra de Dios.   ℟. **Te alabamos, Señor.**

ACLAMACIÓN ANTES DEL EVANGELIO
Jn 13, 34

B.P. 1259

A - le - lu - ya,   A - le - lu - ya,   A - le - lu - ya.

℟. Aleluya, aleluya.
Les doy un mandamiento nuevo, dice el Señor,
que se amen los unos a los otros, como yo los he amado.
℟. Aleluya, aleluya.

EVANGELIO

Sean misericordiosos, como su Padre es misericordioso.

✝ Del santo Evangelio según san Lucas
6, 27-38

En aquel tiempo, Jesús dijo a sus discípulos: "Amen a sus enemigos, hagan el bien a los que los aborrecen, bendigan a quienes los maldicen y oren por quienes los difaman. Al que te golpee en una mejilla, preséntale la otra; al que te quite el manto, déjalo llevarse también la túnica. Al que te pida, dale; y al que se lleve lo tuyo, no se lo reclames.

Traten a los demás como quieran que los traten a ustedes; porque si aman sólo a los que los aman, ¿qué hacen de extraordinario? También los pecadores aman a quienes los aman. Si hacen el bien sólo a los que les hacen el bien, ¿qué tiene de extraordinario? Lo mismo hacen los pecadores. Si prestan solamente cuando esperan cobrar, ¿qué hacen de extraordinario? También los pecadores prestan a otros pecadores, con la intención de cobrárselo después.

Ustedes, en cambio, amen a sus enemigos, hagan el bien y presten sin esperar recompensa. Así tendrán un gran premio y serán hijos del Altísimo, porque él es bueno hasta con los malos y los ingratos. Sean misericordiosos, como su Padre es misericordioso.

No juzguen y no serán juzgados; no condenen y no serán condenados; perdonen y serán perdonados. Den y se les dará: recibirán una medida buena, bien sacudida, apretada y rebosante en los pliegues de su túnica. Porque con la misma medida con que midan, serán medidos".

Palabra del Señor. ℟. **Gloria a ti, Señor Jesús.**

ORACIÓN SOBRE LAS OFRENDAS

Que este sacrificio de acción de gracias y de alabanza que vamos a ofrecerte, nos ayude, Señor, a conseguir nuestra salvación eterna. Por Jesucristo, nuestro Señor.

ANTÍFONA DE LA COMUNIÓN   Jn 11, 27

Señor, yo creo que tú eres el Mesías, el Hijo de Dios vivo, que ha venido a este mundo.

ORACIÓN DESPUÉS DE LA COMUNIÓN

Que el Cuerpo y la Sangre de Cristo, que nos has dado, Señor, en este sacramento, sean para todos nosotros una prenda segura de vida eterna. Por Jesucristo, nuestro Señor.

¿QUÉ CHISTE TIENE?

Desde luego, no es que sea malo ni que tengamos que dejar de hacerlo, pero ¿qué tiene de extraordinario, como dice Jesucristo, o qué "chiste" tiene, como decimos nosotros:

❖ amar al cónyuge que es todo comprensión, amabilidad, servicialidad y abnegación?

❖ ser amables con los compañeros de trabajo que son simpáticos y "a todo dar"?

❖ prestarle a aquella persona que sabemos que nos pagará con toda puntualidad, sin pretexto ni excusa?

❖ ofrecer nuestros servicios profesionales (médicos, jurídicos o de cualquier otro tipo) a quienes pueden pagar por ellos?

❖ tratar respetuosamente a quienes nos tratan con respeto?

❖ hablar bien de todos los que nos elogian?

❖ hacer un favor a aquel que algún día puede hacérnoslo a nosotros?

❖ estimar a quienes tienen las mismas ideas políticas o religiosas que nosotros?

El "chiste" –lo extraordinario que en los cristianos debe tender a ser lo ordinario– es:

❖ ampliar los límites de nuestro amor a todos los que no son tan buenos, simpáticos, comprensivos o bien intencionados...

❖ querer a los demás, sin intereses comerciales o de otra índole...

❖ hacer el bien más allá de toda prudencia humana.

LO QUE ORDINARIAMENTE SOLEMOS HACER, NO TIENE CHISTE. ESO LO HACE CUALQUIERA.

21 de febrero — Miércoles de Ceniza

(Morado)

Debemos creer en el Evangelio, no solamente diciendo que "estamos de acuerdo" con lo que dice el Evangelio, sino con un compromiso para toda la vida. ¿Cómo emplearé este tiempo de Cuaresma para ver si vivo conforme a lo que creo?

En la Misa de este día se bendice y se impone la ceniza hecha de ramas de olivo o de otros árboles, bendecidas el Domingo de Ramos del año anterior.

RITOS DE INTRODUCCIÓN Y LITURGIA DE LA PALABRA

ANTÍFONA DE ENTRADA
Sab 11, 24-25. 27

Señor, tú tienes misericordia de todos y nunca odias a tus creaturas; borras los pecados de los hombres que se arrepienten y los perdonas, porque tú, Señor, eres nuestro Dios.

Se omite el acto penitencial, que es sustituido por el rito de la imposición de la ceniza.

ORACIÓN COLECTA

Que el día de ayuno con el que iniciamos, Señor, esta Cuaresma, sea el principio de una verdadera conversión a ti y que nuestros actos de penitencia nos ayuden a vencer al espíritu del mal. Por nuestro Señor Jesucristo…

Oímos el llamado que hace el profeta Joel al pueblo de Dios (PRIMERA LEC-
TURA), invitándonos a la penitencia y a la conversión íntima. Ese llamado
nos prepara a escuchar la invitación de san Pablo (SEGUNDA LECTURA),
que nos pide, en nombre de Cristo, que nos reconciliemos con Dios, porque
"ahora es el día de la salvación". Después vemos en Jesús (EVANGELIO) el
espíritu con que se deben hacer la limosna, la oración y el ayuno, y así lle-
gamos a descubrir que no es la Iglesia la que ha elaborado las diversas mo-
dalidades de la penitencia, sino que las ha recibido de su Señor.

PRIMERA LECTURA

Enluten su corazón y no sus vestidos.

Del libro del profeta Joel
2, 12-18

E sto dice el Señor:
   "Todavía es tiempo.
Conviértanse a mí de todo corazón,
con ayunos, con lágrimas y llanto;
enluten su corazón y no sus vestidos.

Vuélvanse al Señor Dios nuestro,
porque es compasivo y misericordioso,
lento a la cólera, rico en clemencia,
y se conmueve ante la desgracia.

Quizá se arrepienta, se compadezca de nosotros
y nos deje una bendición,
que haga posibles las ofrendas y libaciones
al Señor, nuestro Dios.

Toquen la trompeta en Sión, promulguen un ayuno,
convoquen la asamblea, reúnan al pueblo,
santifiquen la reunión, junten a los ancianos,
convoquen a los niños, aun a los niños de pecho.
Que el recién casado deje su alcoba
y su tálamo la recién casada.

Entre el vestíbulo y el altar lloren los sacerdotes,
ministros del Señor, diciendo:
'Perdona, Señor, perdona a tu pueblo.
No entregues tu heredad a la burla de las naciones.
Que no digan los paganos: ¿Dónde está el Dios de Israel?' "

Y el Señor se llenó de celo por su tierra
y tuvo piedad de su pueblo.

Palabra de Dios.   R. **Te alabamos, Señor.**

SALMO RESPONSORIAL
Del salmo 50

B.P. 1001 Carrillo.

Mi - se - ri - cor - dia, Se - ñor, he - mos pe - ca - do.

℟. Misericordia, Señor, hemos pecado.

Por tu inmensa compasión y misericordia,
Señor, apiádate de mí y olvida mis ofensas.
Lávame bien de todos mis delitos
y purifícame de mis pecados. ℟.

    Puesto que reconozco mis culpas,
tengo siempre presentes mis pecados.
Contra ti solo pequé, Señor,
haciendo lo que a tus ojos era malo. ℟.

    Crea en mí, Señor, un corazón puro,
un espíritu nuevo para cumplir tus mandamientos.
No me arrojes, Señor, lejos de ti,
ni retires de mí tu santo espíritu. ℟.

    Devuélveme tu salvación, que regocija,
y mantén en mí un alma generosa.
Señor, abre mis labios
y cantará mi boca tu alabanza. ℟.

SEGUNDA LECTURA
Aprovechen este tiempo favorable para reconciliarse con Dios.

De la segunda carta del apóstol san Pablo a los corintios
5, 20–6, 2

Hermanos: Somos embajadores de Cristo, y por nuestro medio, es como si Dios mismo los exhortara a ustedes. En nombre de Cristo les pedimos que se dejen reconciliar con Dios. Al que nunca cometió pecado, Dios lo hizo "pecado" por nosotros, para que, unidos a él, recibamos la salvación de Dios y nos volvamos justos y santos.

    Como colaboradores que somos de Dios, los exhortamos a no echar su gracia en saco roto. Porque el Señor dice: *En el tiempo favorable te escuché y en el día de la salvación te socorrí.* Pues bien, ahora es el tiempo favorable; ahora es el día de la salvación.

Palabra de Dios.   ℟. **Te alabamos, Señor.**

ACLAMACIÓN ANTES DEL EVANGELIO
Cfr Sal 94, 8

B.P. 1030 Sosa.

Ho - nor y glo - ria a ti, Se - ñor Je - sús.

℞. Honor y gloria a ti, Señor Jesús.
Hagámosle caso al Señor, que nos dice:
"No endurezcan su corazón".
℞. Honor y gloria a ti, Señor Jesús.

EVANGELIO
Tu Padre, que ve lo secreto, te recompensará.

✠ Del santo Evangelio según san Mateo
6, 1-6. 16-18

En aquel tiempo, Jesús dijo a sus discípulos: "Tengan cuidado de no practicar sus obras de piedad delante de los hombres para que los vean. De lo contrario, no tendrán recompensa con su Padre celestial.

Por lo tanto, cuando des limosna, no lo anuncies con trompeta, como hacen los hipócritas en las sinagogas y por las calles, para que los alaben los hombres. Yo les aseguro que ya recibieron su recompensa. Tú, en cambio, cuando des limosna, que no sepa tu mano izquierda lo que hace la derecha, para que tu limosna quede en secreto; y tu Padre, que ve lo secreto, te recompensará.

Cuando ustedes hagan oración, no sean como los hipócritas, a quienes les gusta orar de pie en las sinagogas y en las esquinas de las plazas, para que los vea la gente. Yo les aseguro que ya recibieron su recompensa. Tú, en cambio, cuando vayas a orar, entra en tu cuarto, cierra la puerta y ora ante tu Padre, que está allí, en lo secreto; y tu Padre, que ve lo secreto, te recompensará.

Cuando ustedes ayunen, no pongan cara triste, como esos hipócritas que descuidan la apariencia de su rostro, para que la gente note que están ayunando. Yo les aseguro que ya recibieron su recompensa. Tú, en cambio, cuando ayunes, perfúmate la cabeza y lávate la cara, para que no sepa la gente que estás ayunando, sino tu Padre, que está en lo secreto; y tu Padre, que ve lo secreto, te recompensará".

Palabra del Señor.   ℞. **Gloria a ti, Señor Jesús.**

BENDICIÓN DE LA CENIZA

Después de la homilía, el sacerdote, de pie y con las manos juntas, dice:

Hermanos, pidamos humildemente a Dios Padre, que bendiga con su gracia esta ceniza que, en señal de penitencia, vamos a imponer sobre nuestras cabezas.

Y después de un breve momento de oración en silencio, prosigue:

Tú que no quieres la muerte del pecador, sino su arrepentimiento, escucha, Señor, con bondad nuestras súplicas y bendice + esta ceniza que vamos a imponer sobre nuestra cabeza en reconocimiento de que somos polvo y al polvo hemos de volver, a fin de que el ejercicio de la penitencia cuaresmal nos obtenga el perdón de los pecados y una vida nueva a imagen de tu Hijo resucitado. Por Jesucristo, nuestro Señor.

℟. **Amén.**

Y rocía la ceniza con agua bendita, sin decir nada.

IMPOSICIÓN DE LA CENIZA

Enseguida el sacerdote impone la ceniza a todos los presentes que se acercan a él, y dice a cada uno:

Arrepiéntete y cree en el Evangelio. Mc 1, 15

O bien:

Acuérdate de que eres polvo y al polvo has de volver. Cfr Gén 3, 19

Mientras tanto, se entona un canto apropiado.

ANTÍFONA Cfr Joel 2, 13
Renovemos nuestra vida con un espíritu de humildad y penitencia; ayunemos y lloremos delante del Señor, porque la misericordia de nuestro Dios está siempre dispuesta a perdonar nuestros pecados.

RESPONSORIO **Cfr Bar 3, 2**
℟. Escúchanos, Señor, y ten piedad, porque hemos pecado contra ti.

Renovémonos y reparemos los males que por ignorancia hemos cometido; no sea que, sorprendidos por el día de la muerte, busquemos, sin poder encontrarlo, el tiempo de hacer penitencia. ℟.

Ven en nuestra ayuda, Dios salvador nuestro; por el honor de tu nombre, líbranos, Señor. ℟.

Terminada la imposición de la ceniza, el sacerdote se lava las manos. La ceremonia termina con la oración universal o de los fieles.

No se dice Credo

ORACIÓN SOBRE LAS OFRENDAS

Acepta, Señor, este sacrificio con el que iniciamos solemnemente la Cuaresma, y concédenos que, por medio de las obras de caridad y penitencia, venzamos nuestros vicios y, libres de pecado, podamos unirnos mejor a la pasión de tu Hijo, que vive y reina por los siglos de los siglos.

ANTÍFONA DE LA COMUNIÓN   Sal 1, 2. 3
El que medita la ley del Señor día y noche, dará fruto a su tiempo.

ORACIÓN DESPUÉS DE LA COMUNIÓN

Que esta comunión abra, Señor, nuestro corazón a la justicia y a la caridad, para que observemos el único ayuno que tú quieres y que conduce a nuestra salvación. Por Jesucristo, nuestro Señor.

CUARESMA NO ES DEJAR DE COMER CARNE

Contra lo que un gran número de católicos cómodamente creemos, la Cuaresma es algo mucho más serio que todo esto.

■ Cuaresma es dejar de **"comer prójimo"** en nuestras conversaciones.

■ Cuaresma es dejar **"de mordernos los unos a los otros"** en nuestras relaciones conyugales, familiares, laborales…

■ Cuaresma es, en una palabra, **"arrepentirnos"** con hechos, de nuestro enorme egoísmo, de nuestra falta de amor y respeto por los demás y **"creer en el Evangelio"**, que significa esforzarnos por ajustar nuestra vida diaria a los criterios, enseñanzas y ejemplos de Cristo.

25 de febrero 1ᵉʳ Domingo de Cuaresma

(Morado)

ANTÍFONA DE ENTRADA Sal 90, 15-16
   Me invocará y yo lo escucharé; lo libraré y lo glorificaré; prolongaré los días de su vida.

No se dice Gloria

ORACIÓN COLECTA
   Concédenos, Dios todopoderoso, que las prácticas anuales propias de la Cuaresma nos ayuden a progresar en el conocimiento de Cristo y a llevar una vida más cristiana. Por nuestro Señor Jesucristo…

El propósito de la Cuaresma es el de ayudarnos a vivir con mayor plenitud el misterio de Cristo (ORACIÓN COLECTA). A ese misterio se entra por la fe. Por eso, el libro del Deuteronomio (PRIMERA LECTURA) nos habla de la fe del pueblo escogido de Dios, que lo había salvado de la opresión. Éste es el resumen de nuestra fe de cristianos en Jesús resucitado (SEGUNDA LECTURA); ese mismo Jesús, a quien vemos manifestarse como Hijo de Dios (EVANGELIO), no porque sea capaz de realizar los milagros que le sugiere el diablo, sino por reivindicar el honor de Dios.

PRIMERA LECTURA
Profesión de fe del pueblo escogido.

Del libro del Deuteronomio
26, 4-10

En aquel tiempo, dijo Moisés al pueblo: "Cuando presentes las primicias de tus cosechas, el sacerdote tomará el cesto de tus manos y lo pondrá ante el altar del Señor, tu Dios. Entonces tú dirás estas palabras ante el Señor, tu Dios:

'Mi padre fue un arameo errante, que bajó a Egipto y se estableció allí con muy pocas personas; pero luego creció hasta convertirse en una gran nación, potente y numerosa.

Los egipcios nos maltrataron, nos oprimieron y nos impusieron una dura esclavitud. Entonces clamamos al Señor, Dios de nuestros padres, y el Señor escuchó nuestra voz, miró nuestra humillación, nuestros trabajos y nuestra angustia. El Señor nos sacó de Egipto con mano poderosa y brazo protector, con un terror muy grande, entre señales y portentos; nos trajo a este país y nos dio esta tierra, que mana leche y miel. Por eso ahora yo traigo aquí las primicias de la tierra que tú, Señor, me has dado'.

Una vez que hayas dejado tus primicias ante el Señor, te postrarás ante él para adorarlo".

Palabra de Dios.   ℞. **Te alabamos, Señor.**

SALMO RESPONSORIAL
Del salmo 90

B.P. 1675

℞.   Tú eres mi Dios y en ti confío.

Tú, que vives al amparo del Altísimo
y descansas a la sombra del Todopoderoso,
dile al Señor: "Tú eres mi refugio y fortaleza;
tú eres mi Dios y en ti confío". ℞.

No te sucederá desgracia alguna,
ninguna calamidad caerá sobre tu casa,
pues el Señor ha dado a sus ángeles la orden
de protegerte a donde quiera que vayas. ℞.

Los ángeles de Dios te llevarán en brazos,
para que no te tropieces con las piedras,
podrás pisar los escorpiones y las víboras
y dominar las fieras. ℞.

"Puesto que tú me conoces y me amas, dice el Señor,
yo te libraré y te pondré a salvo.
Cuando tú me invoques, yo te escucharé,
y en tus angustias estaré contigo,
te libraré de ellas y te colmaré de honores". ℟.

SEGUNDA LECTURA
Profesión de fe del que cree en Jesucristo.

De la carta del apóstol san Pablo a los romanos
10, 8-13

Hermanos: La Escritura afirma: *Muy a tu alcance, en tu boca y en tu corazón, se encuentra la salvación,* esto es, el asunto de la fe que predicamos. Porque basta que cada uno declare con su boca que Jesús es el Señor y que crea en su corazón que Dios lo resucitó de entre los muertos, para que pueda salvarse.

En efecto, hay que creer con el corazón para alcanzar la santidad y declarar con la boca para alcanzar la salvación. Por eso dice la Escritura: *Ninguno que crea en él quedará defraudado,* porque no existe diferencia entre judío y no judío, ya que uno mismo es el Señor de todos, espléndido con todos los que lo invocan, pues *todo el que invoque al Señor como a su Dios, será salvado por él.*

Palabra de Dios.   ℟. **Te alabamos, Señor.**

ACLAMACIÓN ANTES DEL EVANGELIO
Mt 4, 4

B.P. 1030 Sosa.

Ho - nor y glo - ria a ti, Se - ñor Je - sús.

℟.   Honor y gloria a ti, Señor Jesús.
No sólo de pan vive el hombre,
sino también de toda palabra
que sale de la boca de Dios.
℟.   Honor y gloria a ti, Señor Jesús.

EVANGELIO
El Espíritu llevó a Jesús al desierto; ahí lo tentó el demonio.

✠ ✠ **Del santo Evangelio según san Lucas**
✠ ✠   4, 1-13

En aquel tiempo, Jesús, lleno del Espíritu Santo, regresó del Jordán y conducido por el mismo Espíritu, se internó en el desierto, donde permaneció durante cuarenta días y fue tentado por el demonio.

No comió nada en aquellos días, y cuando se completaron, sintió hambre. Entonces el diablo le dijo: "Si eres el Hijo de Dios, dile a esta piedra que se convierta en pan". Jesús le contestó: "Está escrito: *No sólo de pan vive el hombre*".

Después lo llevó el diablo a un monte elevado y en un instante le hizo ver todos los reinos de la tierra y le dijo: "A mí me ha sido entregado todo el poder y la gloria de estos reinos, y yo los doy a quien quiero. Todo esto será tuyo, si te arrodillas y me adoras". Jesús le respondió: "Está escrito: *Adorarás al Señor, tu Dios, y a él sólo servirás*".

Entonces lo llevó a Jerusalén, lo puso en la parte más alta del templo y le dijo: "Si eres el Hijo de Dios, arrójate desde aquí, porque está escrito: *Los ángeles del Señor tienen órdenes de cuidarte y de sostenerte en sus manos, para que tus pies no tropiecen con las piedras*". Pero Jesús le respondió: "También está escrito: *No tentarás al Señor, tu Dios*".

Concluidas las tentaciones, el diablo se retiró de él, hasta que llegara la hora.

Palabra del Señor.   ℟. **Gloria a ti, Señor Jesús.**

ORACIÓN SOBRE LAS OFRENDAS

Te pedimos, Señor, que estos dones que vamos a ofrecerte, nos dispongan convenientemente para el santo tiempo de la Cuaresma, que estamos iniciando. Por Jesucristo, nuestro Señor.

ANTÍFONA DE LA COMUNIÓN   Mt 4, 4
No sólo de pan vive el hombre, sino de toda palabra que viene de Dios.

ORACIÓN DESPUÉS DE LA COMUNIÓN

Que este pan celestial alimente, Señor, en nosotros la fe, aumente la esperanza, refuerce la caridad y nos enseñe a sentir hambre de Cristo, que es el pan vivo y verdadero, y a vivir de toda palabra que proceda de tu boca. Por Jesucristo, nuestro Señor.

SI FUÉRAMOS... LA CUARESMA SERÍA...

✢ Si fuéramos automóviles, la Cuaresma sería el tiempo de cambiar el aceite y afinar el motor.

✢ Si fuéramos jardines, la Cuaresma sería tiempo de fertilizar nuestra tierra y arrancar las malas yerbas.

✢ Si fuéramos alfombras, la Cuaresma sería tiempo de darle una buena aspirada o una buena sacudida.

✢ Si fuéramos baterías (acumuladores), la Cuaresma sería tiempo de recargarlas.

Pero no somos ninguna de estas cuatro cosas.

— Somos personas que, quizá, muchas veces hemos hecho cosas malas y *necesitamos arrepentirnos de ellas.* De aquí *la necesidad de hacer una buena confesión.*

— Somos personas que muchas veces nos dejamos llevar por nuestro egoísmo y que, por lo tanto, necesitamos empezar a pensar en los demás. De aquí *la necesidad de la limosna.*

— Somos personas que muchas veces perdemos de vista el fin para el que fuimos creados por Dios. Necesitamos, pues, recobrar la vista. De aquí *la necesidad de la oración.*

— Ésta es la razón por la que celebramos la Cuaresma.

Por eso le pedimos a Dios, en la oración colecta de la Misa de hoy, *"que las prácticas anuales propias de la Cuaresma nos ayuden a progresar en el conocimiento de Cristo y a llevar una vida más cristiana".*

4 de marzo

2º Domingo de Cuaresma

(Morado)

ANTÍFONA DE ENTRADA　　　　　　　　　　　　　　Sal 26, 8-9
De ti mi corazón me habla diciendo: "Busca su rostro".
Tu rostro estoy buscando, Señor; no me lo escondas.

No se dice Gloria

ORACIÓN COLECTA

Señor, Padre santo, que nos mandaste escuchar a tu amado Hijo,
alimenta nuestra fe con tu palabra y purifica los ojos de nuestro espíritu, para que podamos alegrarnos en la contemplación de tu gloria. Por nuestro Señor Jesucristo...

*Abraham es el padre de los creyentes. Al creer en la Palabra de Dios, su fe
le conquistó la amistad del Señor y éste selló con él su alianza (PRIMERA
LECTURA). También espera Dios de nosotros una respuesta semejante a la
de Abraham al presentarnos a Jesucristo, su Hijo transfigurado (EVANGE-
LIO), para que tengamos fe en él. A cambio de esa fe, el Hijo de Dios nos in-
troducirá, no en una tierra rica, como a la descendencia de Abraham, sino
en el mundo de la resurrección en la gloria (SEGUNDA LECTURA).*

PRIMERA LECTURA
Dios hace una alianza con Abram.

Del libro del Génesis
15, 5-12. 17-18

En aquellos días, Dios sacó a Abram de su casa y le dijo: "Mira el cielo y cuenta las estrellas, si puedes". Luego añadió: "Así será tu descendencia".

Abram creyó lo que el Señor le decía y, por esa fe, el Señor lo tuvo por justo. Entonces le dijo: "Yo soy el Señor, el que te sacó de Ur, ciudad de los caldeos, para entregarte en posesión esta tierra". Abram replicó: "Señor Dios, ¿cómo sabré que voy a poseerla?" Dios le dijo: "Tráeme una ternera, una cabra y un carnero, todos de tres años; una tórtola y un pichón".

Tomó Abram aquellos animales, los partió por la mitad y puso las mitades una enfrente de la otra, pero no partió las aves. Pronto comenzaron los buitres a descender sobre los cadáveres y Abram los ahuyentaba.

Estando ya para ponerse el sol, Abram cayó en un profundo letargo, y un terror intenso y misterioso se apoderó de él. Cuando se puso el sol, hubo densa oscuridad y sucedió que un brasero humeante y una antorcha encendida, pasaron por entre aquellos animales partidos.

De esta manera hizo el Señor, aquel día, una alianza con Abram, diciendo:

"A tus descendientes doy esta tierra,
desde el río de Egipto
hasta el gran río Eufrates".

Palabra de Dios.   ℞. **Te alabamos, Señor.**

SALMO RESPONSORIAL
Del salmo 26

A. Zermeño B.P. 1676

El Se- ñor es mi luz y mi sal-va-ción.

℞.   El Señor es mi luz y mi salvación.

El Señor es mi luz y mi salvación,
¿a quién voy a tenerle miedo?
El Señor es la defensa de mi vida,
¿quién podrá hacerme temblar? ℞.

[℟. El Señor es mi luz y mi salvación.]

Oye, Señor, mi voz y mis clamores
y tenme compasión;
el corazón me dice que te busque
y buscándote estoy. ℟.

No rechaces con cólera a tu siervo,
tú eres mi único auxilio;
no me abandones ni me dejes solo,
Dios y salvador mío. ℟.

La bondad del Señor espero ver
en esta misma vida.
Ármate de valor y fortaleza
y en el Señor confía. ℟.

SEGUNDA LECTURA

Cristo transformará nuestro cuerpo miserable en un cuerpo glorioso semejante al suyo.

De la carta del apóstol san Pablo a los filipenses
3, 17—4, 1

Hermanos: Sean todos ustedes imitadores míos y observen la conducta de aquellos que siguen el ejemplo que les he dado a ustedes. Porque, como muchas veces se lo he dicho a ustedes, y ahora se lo repito llorando, hay muchos que viven como enemigos de la cruz de Cristo. Esos tales acabarán en la perdición, porque su dios es el vientre, se enorgullecen de lo que deberían avergonzarse y sólo piensan en cosas de la tierra.

Nosotros, en cambio, somos ciudadanos del cielo, de donde esperamos que venga nuestro Salvador, Jesucristo. Él transformará nuestro cuerpo miserable en un cuerpo glorioso, semejante al suyo, en virtud del poder que tiene para someter a su dominio todas las cosas.

Hermanos míos, a quienes tanto quiero y extraño: ustedes, hermanos míos amadísimos, que son mi alegría y mi corona, manténganse fieles al Señor.

Palabra de Dios.   ℟. **Te alabamos, Señor.**

ACLAMACIÓN ANTES DEL EVANGELIO
Mt 17, 5

B.P. 1030 Sosa.

Ho - nor y glo - ria a ti, Se - ñor Je - sús.

℟. Honor y gloria a ti, Señor Jesús.
En el esplendor de la nube se oyó la voz del Padre, que decía:
"Éste es mi Hijo amado; escúchenlo".
℟. Honor y gloria a ti, Señor Jesús.

EVANGELIO
Mientras oraba, su rostro cambió de aspecto.

✠ Del santo Evangelio según san Lucas
9, 28-36

En aquel tiempo, Jesús se hizo acompañar de Pedro, Santiago y Juan, y subió a un monte para hacer oración. Mientras oraba, su rostro cambió de aspecto y sus vestiduras se hicieron blancas y relampagueantes. De pronto aparecieron conversando con él dos personajes, rodeados de esplendor: eran Moisés y Elías. Y hablaban de la muerte que le esperaba en Jerusalén.

Pedro y sus compañeros estaban rendidos de sueño; pero, despertándose, vieron la gloria de Jesús y de los que estaban con él. Cuando éstos se retiraban, Pedro le dijo a Jesús: "Maestro, sería bueno que nos quedáramos aquí y que hiciéramos tres chozas: una para ti, una para Moisés y otra para Elías", sin saber lo que decía.

No había terminado de hablar, cuando se formó una nube que los cubrió; y ellos, al verse envueltos por la nube, se llenaron de miedo. De la nube salió una voz que decía: "Éste es mi Hijo, mi escogido; escúchenlo". Cuando cesó la voz, se quedó Jesús solo.

Los discípulos guardaron silencio y por entonces no dijeron a nadie nada de lo que habían visto.

Palabra del Señor. ℟. **Gloria a ti, Señor Jesús.**

ORACIÓN SOBRE LAS OFRENDAS

Que esta ofrenda, Señor, nos obtenga el perdón de nuestros pecados y nos santifique en el cuerpo y en el alma para que podamos celebrar dignamente las festividades de la Pascua. Por Jesucristo, nuestro Señor.

ANTÍFONA DE LA COMUNIÓN   Mt 17, 5
Éste es mi Hijo amado, en quien me complazco; escúchenlo.

ORACIÓN DESPUÉS DE LA COMUNIÓN

Te damos gracias, Señor, porque al darnos en este sacramento el cuerpo glorioso de tu Hijo, nos permites participar ya, desde este mundo, de los bienes eternos de tu Reino. Por Jesucristo, nuestro Señor.

¡ESCÚCHENLO!

ÉSTE ES MI HIJO, ESCÚCHALO

La orden no vino de Moisés ni de Elías ni de los ángeles, sino del mismo eterno Padre.

☞ **"Éste es mi Hijo, mi escogido, ¡escúchenlo!"**
Y, obviamente, no estaba dirigida solamente a Pedro, a Juan y a Santiago, sino a todos los que iba a llegar el mensaje evangélico.
Entre otros muchos, a nosotros que hoy hemos oído este evangelio.

☞ **"¡Escúchenlo!"**
Y a Cristo podemos escucharlo de dos maneras:
Una, a través de las palabras que nos han conservado los evangelistas, y que en estos días de Cuaresma nos invitan a convertirnos y arrepentirnos de nuestros pecados.
Otra, por medio de quienes, particularmente en estas circunstancias económicas tan angustiosas, tienen hambre y nadie les da de comer, tienen sed y nadie les da de beber, necesitan trabajo y no lo encuentran...

☞ **"Éste es mi Hijo, ¡escúchenlo!"**
Este padre angustiado por el desempleo, esa familia que no tiene qué llevarse a la boca, aquella viuda a la que no le alcanza para nada su pensión, aquel necesitado que nos espera a la puerta de la iglesia... también son mis hijos, mis escogidos, **¡ESCÚCHENLOS!**

11 de marzo

3er Domingo de Cuaresma
(Morado)

ANTÍFONA DE ENTRADA　　　　　　　　　　　Sal 24, 15-16

Tengo los ojos puestos en el Señor, porque él me libra de todo peligro. Mírame, Dios mío y ten piedad de mí, que estoy solo y afligido.

No se dice Gloria

ORACIÓN COLECTA

Dios misericordioso, fuente de toda bondad, que nos has propuesto como remedio del pecado el ayuno, la oración y las obras de misericordia, mira con piedad a quienes reconocemos nuestras miserias y estamos agobiados por nuestras culpas, y reconfórtanos con tu amor. Por nuestro Señor Jesucristo...

Asistimos hoy a los dos acontecimientos más importantes del Antiguo Testamento: Dios se revela a Moisés en el monte Sinaí, como "Yo-soy" (PRIMERA LECTURA) y allí le encarga la liberación del pueblo para introducirlo en la tierra de la promesa y de la libertad. Por su parte, san Pablo nos recuerda que la vida del pueblo escogido, mientras estuvo en el desierto, es una advertencia para nosotros (SEGUNDA LECTURA). San Lucas nos invita a la penitencia y advierte que no debemos ver en las catástrofes naturales ni en la violencia de los hombres un castigo de Dios, sino un aviso para sentirnos siempre en manos de nuestro Padre (EVANGELIO).

PRIMERA LECTURA
"Yo-soy" me envía a ustedes.

Del libro del Éxodo
3, 1-8. 13-15

En aquellos días, Moisés pastoreaba el rebaño de su suegro, Jetró, sacerdote de Madián. En cierta ocasión llevó el rebaño más allá del desierto, hasta el Horeb, el monte de Dios, y el Señor se le apareció en una llama que salía de un zarzal. Moisés observó con gran asombro que la zarza ardía sin consumirse y se dijo: "Voy a ver de cerca esa cosa tan extraña, por qué la zarza no se quema".

Viendo el Señor que Moisés se había desviado para mirar, lo llamó desde la zarza: "¡Moisés, Moisés!" Él respondió: "Aquí estoy". Le dijo Dios: "¡No te acerques! Quítate las sandalias, porque el lugar que pisas es tierra sagrada". Y añadió: "Yo soy el Dios de tus padres, el Dios de Abraham, el Dios de Isaac y el Dios de Jacob".

Entonces Moisés se tapó la cara, porque tuvo miedo de mirar a Dios. Pero el Señor le dijo: "He visto la opresión de mi pueblo en Egipto, he oído sus quejas contra los opresores y conozco bien sus sufrimientos. He descendido para librar a mi pueblo de la opresión de los egipcios, para sacarlo de aquellas tierras y llevarlo a una tierra buena y espaciosa, una tierra que mana leche y miel".

Moisés le dijo a Dios: "Está bien. Me presentaré a los hijos de Israel y les diré: 'El Dios de sus padres me envía a ustedes'; pero cuando me pregunten cuál es su nombre, ¿qué les voy a responder?"

Dios le contestó a Moisés: "Mi nombre es Yo-soy"; y añadió: "Esto les dirás a los israelitas: 'Yo-soy me envía a ustedes'. También les dirás: 'El Señor, el Dios de sus padres, el Dios de Abraham, el Dios de Isaac, el Dios de Jacob, me envía a ustedes'. Éste es mi nombre para siempre. Con este nombre me han de recordar de generación en generación".

Palabra de Dios.   ℟. **Te alabamos, Señor.**

SALMO RESPONSORIAL
Del salmo 102

B.P. 1677

El Se-ñor es com-pa-si-vo y mi-se-ri-cor-dio-so.

℟.   El Señor es compasivo y misericordioso.

Bendice al Señor, alma mía,
que todo mi ser bendiga su santo nombre.
Bendice al Señor, alma mía,
y no te olvides de sus beneficios. ℟.

El Señor perdona tus pecados
y cura tus enfermedades;
él rescata tu vida del sepulcro
y te colma de amor y de ternura. ℟.

El Señor hace justicia
y le da la razón al oprimido.
A Moisés le mostró su bondad,
y sus prodigios al pueblo de Israel. ℟.

El Señor es compasivo y misericordioso,
lento para enojarse y generoso para perdonar.
Como desde la tierra hasta el cielo,
así es de grande su misericordia. ℟.

SEGUNDA LECTURA

*La vida del pueblo escogido, con Moisés, en el desierto, es una advertencia
para nosotros.*

De la primera carta del apóstol san Pablo a los corintios
10, 1-6. 10-12

Hermanos: No quiero que olviden que en el desierto nuestros padres estuvieron todos bajo la nube, todos cruzaron el Mar Rojo y todos se sometieron a Moisés, por una especie de bautismo en la nube y en el mar. Todos comieron el mismo alimento milagroso y todos bebieron de la misma bebida espiritual, porque bebían de una roca espiritual que los acompañaba, y la roca era Cristo. Sin embargo, la mayoría de ellos desagradaron a Dios y murieron en el desierto.

Todo esto sucedió como advertencia para nosotros, a fin de que no codiciemos cosas malas como ellos lo hicieron. No murmuren ustedes como algunos de ellos murmuraron y perecieron a manos del ángel exterminador. Todas estas cosas les sucedieron a nuestros antepasados como un ejemplo para nosotros y fueron puestas en las Escrituras como advertencia para los que vivimos en los últimos tiempos. Así pues, el que crea estar firme, tenga cuidado de no caer.

Palabra de Dios.   ℟. **Te alabamos, Señor.**

ACLAMACIÓN ANTES DEL EVANGELIO
Mt 4, 17

B.P. 1030 Sosa.

Ho - nor y glo - ria a ti, Se - ñor Je - sús.

℟. Honor y gloria a ti, Señor Jesús.
Conviértanse, dice el Señor,
porque ya está cerca el Reino de los cielos.
℟. Honor y gloria a ti, Señor Jesús.

EVANGELIO
Si no se arrepienten, perecerán de manera semejante.

✠ Del santo Evangelio según san Lucas
13, 1-9

En aquel tiempo, algunos hombres fueron a ver a Jesús y le contaron que Pilato había mandado matar a unos galileos, mientras estaban ofreciendo sus sacrificios. Jesús les hizo este comentario: "¿Piensan ustedes que aquellos galileos, porque les sucedió esto, eran más pecadores que todos los demás galileos? Ciertamente que no; y si ustedes no se arrepienten perecerán de manera semejante. Y aquellos dieciocho que murieron aplastados por la torre de Siloé, ¿piensan acaso que eran más culpables que todos los demás habitantes de Jerusalén? Ciertamente que no; y si ustedes no se arrepienten, perecerán de manera semejante".

Entonces les dijo esta parábola: "Un hombre tenía una higuera plantada en su viñedo; fue a buscar higos y no los encontró. Dijo entonces al viñador: 'Mira, durante tres años seguidos he venido a buscar higos en esta higuera y no los he encontrado. Córtala. ¿Para qué ocupa la tierra inútilmente?' El viñador le contestó: 'Señor, déjala todavía este año; voy a aflojar la tierra alrededor y a echarle abono, para ver si da fruto. Si no, el año que viene la cortaré'".

Palabra del Señor.   ℟. **Gloria a ti, Señor Jesús.**

ORACIÓN SOBRE LAS OFRENDAS
Que esta Eucaristía, Señor, nos obtenga a quienes imploramos tu perdón, la gracia de saber perdonar a nuestros hermanos. Por Jesucristo, nuestro Señor.

ANTÍFONA DE LA COMUNIÓN   Sal 83, 4-5

**El ave ha encontrado un refugio y la tórtola un nido donde po-
ner a sus polluelos. Dichosos los que se acercan a tu altar, Señor.
Dichosos los que viven en tu casa y pueden alabarte siempre, Rey
mío y Dios mío.**

ORACIÓN DESPUÉS DE LA COMUNIÓN

Tú que nos has alimentado, ya desde esta vida, con el pan del cielo, prenda de nuestra salvación, concédenos, Señor, manifestar en todos nuestros
actos el misterio de tu Eucaristía. Por Jesucristo, nuestro Señor.

¿ERAN MÁS PECADORES QUE NOSOTROS

✤ aquellos que murieron al desba-
rrancarse el autobús en el que
viajaban?

✤ las víctimas del estallido del tan-
que de gas en aquella vecindad?

✤ los niños que fueron atropella-
dos al salir de la escuela?

✤ las personas que quedaron cal-
cinadas en el último avionazo?

✤ los indígenas que perecen de
hambre o de enfermedades cura-
bles en muchos municipios de
nuestro país?

✤ las mujeres que fueron asesina-
das en Ciudad Juárez?

✤ las personas que han muerto al
ser asaltados sus automóviles?

✤ los campesinos arrastrados por
las inundaciones en tantas partes
del país?

✤ los policías bancarios muertos en
los asaltos de las sucursales ban-
carias?...

Probablemente no. Y si cada uno de
nosotros está vivo esta Cuaresma,
se debe a que el Viñador ha inter-
cedido ante el Dueño de la viña y le
ha dicho: **"Señor, déjalo (déjala)
todavía este año..."** para que se
vuelva a ti y se entregue al servicio
de sus semejantes.

Es cosa de que lo pensemos.

18 de marzo

4° Domingo de Cuaresma

(Rosa o morado)

Alégrate, Jerusalén, y todos ustedes los que la aman, reúnanse. Regocíjense con ella todos los que participaban de su duelo y quedarán saciados con la abundancia de sus consuelos.

No se dice Gloria

ORACIÓN COLECTA

Dios nuestro, que has reconciliado contigo a la humanidad entera por medio de tu Hijo, concede al pueblo cristiano prepararse con fe viva y entrega generosa a celebrar las fiestas de la Pascua. Por nuestro Señor Jesucristo…

Después de haber caminado cuarenta años por el desierto, el pueblo de Israel entró a la tierra prometida y allí celebró la Pascua, como nos lo dice Josué (PRIMERA LECTURA). Dios había sido fiel a su promesa porque su misericordia es infinita, tal como nos lo expone san Lucas al relatarnos la hermosa parábola del hijo pródigo (EVANGELIO), y es también la misericordia de Dios la que nos recuerda san Pablo (SEGUNDA LECTURA), al invitarnos a la reconciliación con el Señor.

PRIMERA LECTURA

El pueblo de Dios celebró la Pascua al entrar en la tierra prometida.

Del libro de Josué
5, 9. 10-12

En aquellos días, el Señor dijo a Josué: "Hoy he quitado de encima de ustedes el oprobio de Egipto".

Los israelitas acamparon en Guilgal, donde celebraron la Pascua, al atardecer del día catorce del mes, en la llanura desértica de Jericó. El día siguiente a la Pascua, comieron del fruto de la tierra, panes ázimos y granos de trigo tostados. A partir de aquel día, cesó el maná. Los israelitas ya no volvieron a tener maná, y desde aquel año comieron de los frutos que producía la tierra de Canaán.

Palabra de Dios. ℟. **Te alabamos, Señor.**

SALMO RESPONSORIAL
Del salmo 33

B.P. 1678

Haz la prue-ba y ve-rás qué bue-no_es el Se-ñor.

℟. Haz la prueba y verás qué bueno es el Señor.

Bendeciré al Señor a todas horas,
no cesará mi boca de alabarlo.
Yo me siento orgulloso del Señor,
que se alegre su pueblo al escucharlo. ℟.

Proclamemos la grandeza del Señor
y alabemos todos juntos su poder.
Cuando acudí al Señor, me hizo caso
y me libró de todos mis temores. ℟.

Confía en el Señor y saltarás de gusto,
jamás te sentirás decepcionado,
porque el Señor escucha el clamor de los pobres
y los libra de todas sus angustias. ℟.

SEGUNDA LECTURA
Dios nos reconcilió consigo por medio de Cristo.

De la segunda carta del apóstol san Pablo a los corintios
5, 17-21

Hermanos: El que vive según Cristo es una creatura nueva; para él todo lo viejo ha pasado. Ya todo es nuevo.

Todo esto proviene de Dios, que nos reconcilió consigo por medio de Cristo y que nos confirió el ministerio de la reconciliación. Porque, efectivamente, en Cristo, Dios reconcilió al mundo consigo y renunció a tomar en cuenta los pecados de los hombres, y a nosotros nos confió el mensaje de la reconciliación. Por eso, nosotros somos embajadores de Cristo, y por nuestro medio, es como si Dios mismo los exhortara a ustedes. En nombre de Cristo les pedimos que se dejen reconciliar con Dios.

Al que nunca cometió pecado, Dios lo hizo "pecado" por nosotros, para que, unidos a él, recibamos la salvación de Dios y nos volvamos justos y santos.

Palabra de Dios.   ℟. **Te alabamos, Señor.**

ACLAMACIÓN ANTES DEL EVANGELIO
Lc 15, 18

B.P. 1030 Sosa.

Ho - nor y glo - ria a ti, Se - ñor Je - sús.

℟.   Honor y gloria a ti, Señor Jesús.
Me levantaré, volveré a mi padre y le diré:
Padre, he pecado contra el cielo y contra ti.
℟.   Honor y gloria a ti, Señor Jesús.

EVANGELIO
Tu hermano estaba muerto y ha vuelto a la vida.

✠ Del santo Evangelio según san Lucas
15, 1-3. 11-32

En aquel tiempo, se acercaban a Jesús los publicanos y los pecadores para escucharlo. Por lo cual los fariseos y los escribas murmuraban entre sí: "Éste recibe a los pecadores y come con ellos".

Jesús les dijo entonces esta parábola: "Un hombre tenía dos hijos, y el menor de ellos le dijo a su padre: 'Padre, dame la parte de la herencia que me toca'. Y él les repartió los bienes.

No muchos días después, el hijo menor, juntando todo lo suyo, se fue a un país lejano y allá derrochó su fortuna, viviendo de una manera disoluta. Después de malgastarlo todo, sobrevino en aquella región una gran hambre y él empezó a padecer necesidad. Entonces fue a pedirle trabajo a un habitante de aquel país, el cual lo mandó a sus campos a cuidar cerdos. Tenía ganas de hartarse con las bellotas que comían los cerdos, pero no lo dejaban que se las comiera.

Se puso entonces a reflexionar y se dijo: '¡Cuántos trabajadores en casa de mi padre tienen pan de sobra, y yo, aquí, me estoy muriendo de hambre! Me levantaré, volveré a mi padre y le diré: Padre, he pecado contra el cielo y contra ti; ya no merezco llamarme hijo tuyo. Recíbeme como a uno de tus trabajadores'.

Enseguida se puso en camino hacia la casa de su padre. Estaba todavía lejos, cuando su padre lo vio y se enterneció profundamente. Corrió hacia él, y echándole los brazos al cuello, lo cubrió de besos. El muchacho le dijo: 'Padre, he pecado contra el cielo y contra ti; ya no merezco llamarme hijo tuyo'.

Pero el padre les dijo a sus criados: '¡Pronto!, traigan la túnica más rica y vístansela; pónganle un anillo en el dedo y sandalias en los pies; traigan el becerro gordo y mátenlo. Comamos y hagamos una fiesta, porque este hijo mío estaba muerto y ha vuelto a la vida, estaba perdido y lo hemos encontrado'. Y empezó el banquete.

El hijo mayor estaba en el campo y al volver, cuando se acercó a la casa, oyó la música y los cantos. Entonces llamó a uno de los criados y le preguntó qué pasaba. Éste le contestó: 'Tu hermano ha regresado y tu padre mandó matar el becerro gordo, por haberlo recobrado sano y salvo'. El hermano mayor se enojó y no quería entrar.

Salió entonces el padre y le rogó que entrara; pero él replicó: '¡Hace tanto tiempo que te sirvo, sin desobedecer jamás una orden tuya, y tú no me has dado nunca ni un cabrito para comérmelo con mis amigos! Pero eso sí, viene ese hijo tuyo, que despilfarró tus bienes con malas mujeres, y tú mandas matar el becerro gordo'.

El padre repuso: 'Hijo, tú siempre estás conmigo y todo lo mío es tuyo. Pero era necesario hacer fiesta y regocijarnos, porque este hermano tuyo estaba muerto y ha vuelto a la vida, estaba perdido y lo hemos encontrado' ".

Palabra del Señor. ℞. **Gloria a ti, Señor Jesús.**

ORACIÓN SOBRE LAS OFRENDAS

Te presentamos, Señor, llenos de alegría, estas ofrendas para el sacrificio y pedimos tu ayuda para celebrarlo con fe sincera y ofrecerlo dignamente por la salvación del mundo. Por Jesucristo, nuestro Señor.

ANTÍFONA DE LA COMUNIÓN   Lc 15, 32

Deberías alegrarte, hijo mío, porque este hermano tuyo estaba muerto y ha revivido, estaba perdido y lo hemos encontrado.

ORACIÓN DESPUÉS DE LA COMUNIÓN

Dios nuestro, luz que alumbra a todo hombre que viene a este mundo, ilumina nuestros corazones con el resplandor de tu gracia, para que nuestros pensamientos te sean agradables y te amemos con toda sinceridad. Por Jesucristo, nuestro Señor.

EL GRAN PERSONAJE DE LA PARÁBOLA

El gran personaje de la parábola del hijo pródigo es, sin la menor duda, el padre que espera al hijo. Gracias a esta parábola que nos contó Cristo, que es el único que puede decirnos cómo es el Padre celestial, ya sabemos ahora:

✍ que siempre podemos regresar, por lejos que nos hayamos ido, como el hijo pródigo;

✍ que no hay culpa, por grande que sea, que no pueda ser perdonada;

✍ que no hay fracaso que no pueda ser rehabilitado;

✍ que el Padre puede reconstruir nuestro interior, culpablemente convertido en ruinas;

✍ que nuestro Padre nos espera siempre en el camino, con unas sandalias nuevas y un anillo;

✍ que al hombre más alejado, más hundido y más culpable, Dios lo está aguardando siempre con todo su amor;

✍ que volver no es una vergüenza, sino una fiesta;

✍ que, a imitación de nuestro Padre celestial, no debemos cerrarle nunca las puertas al derrotado y culpable.

19 de marzo
Lunes

San José, esposo de la Santísima Virgen María

(Blanco)

ANTÍFONA DE ENTRADA   Cfr Lc 12, 42

Celebremos con alegría la fiesta de san José, el siervo prudente y fiel, a quien el Señor puso al frente de su familia.

Se dice Gloria

ORACIÓN COLECTA

Dios todopoderoso, que quisiste poner bajo la protección de san José el nacimiento y la infancia de nuestro Redentor, concédele a tu Iglesia proseguir y llevar a término, bajo su patrocinio, la obra de la redención humana. Por nuestro Señor Jesucristo…

La misión de san José al lado de Jesús y de María, queda expuesta en esta Misa. José es el "hombre justo", el "siervo prudente y fiel" (ANTÍFONA DE ENTRADA), el custodio de la Sagrada Familia, el que, haciendo las veces de padre, cuidará de Jesús. Dios confió los primeros misterios de la salvación de los hombres a la fiel custodia de san José (ORACIÓN COLECTA), y el Señor quiso que siguiera desempeñando en la Iglesia, que es el cuerpo de Cristo, la misma función que desempeñó cuando se entregó por entero a servir a Jesús (ORACIÓN SOBRE LAS OFRENDAS). Así como María, Madre de Jesús, es la Madre de la Iglesia, José, el custodio de Jesús, es el protector de la Iglesia.

PRIMERA LECTURA
El Señor Dios le dará el trono de David, su padre.

Del segundo libro de Samuel
7, 4-5. 12-14. 16

E n aquellos días, el Señor le habló al profeta Natán y le dijo: "Ve y dile a mi siervo David que el Señor le manda decir esto: 'Cuando tus días se hayan cumplido y descanses para siempre con tus padres, engrandeceré a tu hijo, sangre de tu sangre, y consolidaré su reino.

Él me construirá una casa y yo consolidaré su trono para siempre. Yo seré para él un padre y él será para mí un hijo. Tu casa y tu reino permanecerán para siempre ante mí, y tu trono será estable eternamente' ".

Palabra de Dios.   ℟. **Te alabamos, Señor.**

SALMO RESPONSORIAL
Del salmo 88

℟.   **Su descendencia perdurará eternamente.**

Proclamaré sin cesar la misericordia del Señor
y daré a conocer que su fidelidad es eterna,
pues el Señor ha dicho: "Mi amor es para siempre
y mi lealtad, más firme que los cielos. ℟.
    Un juramento hice a David, mi servidor,
una alianza pacté con mi elegido:
'Consolidaré tu dinastía para siempre
y afianzaré tu trono eternamente'. ℟.
    Él me podrá decir: 'Tú eres mi padre,
el Dios que me protege y que me salva'.
Yo jamás le retiraré mi amor
ni violaré el juramento que le hice". ℟.

SEGUNDA LECTURA
Esperando contra toda esperanza, Abraham creyó.

De la carta del apóstol san Pablo a los romanos
4, 13. 16-18. 22

Hermanos: La promesa que Dios hizo a Abraham y a sus descendientes, de que ellos heredarían el mundo, no dependía de la observancia de la ley, sino de la justificación obtenida mediante la fe.

En esta forma, por medio de la fe, que es gratuita, queda asegurada la promesa para todos sus descendientes, no sólo para aquellos que cumplen la ley, sino también para todos los que tienen la fe de Abraham. Entonces, él es padre de todos nosotros, como dice la Escritura: *Te he constituido padre de todos los pueblos.*

Así pues, Abraham es nuestro padre delante de aquel Dios en quien creyó y que da la vida a los muertos y llama a la existencia a las cosas que todavía no existen. Él, esperando contra toda esperanza, creyó que habría de ser padre de muchos pueblos, conforme a lo que Dios le había prometido: *Así de numerosa será tu descendencia.* Por eso, Dios le acreditó esta fe como justicia.

Palabra de Dios. ℟. **Te alabamos, Señor.**

ACLAMACIÓN ANTES DEL EVANGELIO
Salmo 83, 5

℟.   Honor y gloria a ti, Señor Jesús.
Dichosos los que viven en tu casa;
siempre, Señor, te alabarán.
℟.   Honor y gloria a ti, Señor Jesús.

EVANGELIO
José hizo lo que le había mandado el ángel del Señor.

 Del santo Evangelio según san Mateo
1, 16. 18-21. 24

Jacob engendró a José, el esposo de María, de la cual nació Jesús, llamado Cristo.

Cristo vino al mundo de la siguiente manera: Estando María, su madre, desposada con José y antes de que vivieran juntos, sucedió que ella, por obra del Espíritu Santo, estaba esperando un hijo. José, su esposo, que era hombre justo, no queriendo ponerla en evidencia, pensó dejarla en secreto.

Mientras pensaba en estas cosas, un ángel del Señor le dijo en sueños: "José, hijo de David, no dudes en recibir en tu casa a María, tu esposa, porque ella ha concebido por obra del Espíritu Santo. Dará a luz un hijo y tú le pondrás el nombre de Jesús, porque él salvará a su pueblo de sus pecados".

Cuando José despertó de aquel sueño, hizo lo que le había mandado el ángel del Señor.

Palabra del Señor.   ℟. **Gloria a ti, Señor Jesús.**

Se dice Credo

ORACIÓN SOBRE LAS OFRENDAS

Concédenos, Señor, celebrar esta Eucaristía con el mismo amor y pureza de corazón con que se entregó san José a servir a tu Hijo unigénito, nacido de la Virgen María. Por Jesucristo, nuestro Señor.

ANTÍFONA DE LA COMUNIÓN   Mt 25, 21

Alégrate, siervo bueno y fiel. Entra a compartir el gozo de tu Señor.

ORACIÓN DESPUÉS DE LA COMUNIÓN

Señor, protege sin cesar a esta familia tuya que se alegra hoy al celebrar la festividad de san José, y conserva en ella la vida de la gracia que le has comunicado por medio de la Eucaristía. Por Jesucristo, nuestro Señor.

ENSÉÑANOS, JOSÉ

En este mundo "machista" –casi tanto como el tuyo–, en el que el hombre sigue queriendo ser en el matrimonio el "superior", el que manda, el que grita, el que dice la última palabra; en tanto que la mujer debe ser la "inferior", la que obedece, la que calla, la que cede…

Enséñanos, José, esposo de María, a ser verdaderamente esposos y no amos; iguales, aunque con distintos papeles; no un "superior" y una "inferior"; un adulto y una menor de edad; un infalible y una que no sabe lo que dice.

En este mundo familiar nuestro, en el que el hombre en el hogar descansa y la mujer trabaja; el señor ve la "tele" o lee el periódico y la señora lava los trastes y recoge la mesa; el varón dispone del sueldo y el "ama de casa" sólo de su "gasto"…

Enséñanos, José, tú que fuiste un hombre justo, a llevar una vida matrimonial más equitativa, a compartir derechos, obligaciones, alegría y trabajos.

25 de marzo

5º Domingo de Cuaresma

(Morado)

ANTÍFONA DE ENTRADA   Sal 42, 1-2
Señor, hazme justicia. Defiende mi causa contra gente sin piedad, sálvame del hombre injusto y malvado, tú que eres mi Dios y mi defensa.

No se dice Gloria

ORACIÓN COLECTA

Ven, Señor, en nuestra ayuda, para que podamos vivir y actuar siempre con aquel amor que impulsó a tu Hijo a entregarse por nosotros. Por nuestro Señor Jesucristo...

El profeta Isaías nos anuncia el gran proyecto de Dios, que consiste en renovar todas las cosas (PRIMERA LECTURA). Por medio de Cristo se tendría que realizar esa renovación, porque, como dice san Pablo (SEGUNDA LECTURA), por la muerte y resurrección de Cristo se formó el hombre nuevo. San Juan nos muestra la escena de la mujer adúltera que fue perdonada (EVANGELIO), para enseñarnos que Cristo sabe perdonar cualquier infidelidad para con Dios, y por eso es él la fuente inagotable de toda renovación.

PRIMERA LECTURA

Yo realizaré algo nuevo y daré de beber a mi pueblo

Del libro del profeta Isaías
43, 16-21

Esto dice el Señor, que abrió un camino en el mar
y un sendero en las aguas impetuosas,
el que hizo salir a la batalla

a un formidable ejército de carros y caballos,
que cayeron y no se levantaron,
y se apagaron como una mecha que se extingue:
"No recuerden lo pasado ni piensen en lo antiguo;
yo voy a realizar algo nuevo.
Ya está brotando. ¿No lo notan?
Voy a abrir caminos en el desierto
y haré que corran los ríos en la tierra árida.
Me darán gloria las bestias salvajes,
los chacales y las avestruces,
porque haré correr agua en el desierto,
y ríos en el yermo,
para apagar la sed de mi pueblo escogido.
Entonces el pueblo que me he formado
proclamará mis alabanzas".

Palabra de Dios.   ℟. **Te alabamos, Señor.**

SALMO RESPONSORIAL
Del salmo 125

B.P. 1679

Gran - des co - sas has he - cho por no - so - tros,   Se - ñor.

℟.   Grandes cosas has hecho por nosotros, Señor.

Cuando el Señor nos hizo volver del cautiverio,
creíamos soñar;
entonces no cesaba de reír nuestra boca,
ni se cansaba entonces la lengua de cantar. ℟.

Aun los mismos paganos con asombro decían:
"¡Grandes cosas ha hecho por ellos el Señor!"
Y estábamos alegres,
pues ha hecho grandes cosas por su pueblo el Señor. ℟.

Como cambian los ríos la suerte del desierto,
cambia también ahora nuestra suerte, Señor,
y entre gritos de júbilo
cosecharán aquellos que siembran con dolor. ℟.

Al ir, iban llorando, cargando la semilla;
al regresar, cantando vendrán con sus gavillas. ℟.

SEGUNDA LECTURA
Todo lo considero como basura, con tal de asemejarme a Cristo en su muerte.

De la carta del apóstol san Pablo a los filipenses
3, 7-14

Hermanos: Todo lo que era valioso para mí, lo consideré sin valor a causa de Cristo. Más aún, pienso que nada vale la pena en comparación con el bien supremo, que consiste en conocer a Cristo Jesús, mi Señor, por cuyo amor he renunciado a todo, y todo lo considero como basura, con tal de ganar a Cristo y de estar unido a él, no porque haya obtenido la justificación que proviene de la ley, sino la que procede de la fe en Cristo Jesús, con la que Dios hace justos a los que creen.

Y todo esto, para conocer a Cristo, experimentar la fuerza de su resurrección, compartir sus sufrimientos y asemejarme a él en su muerte, con la esperanza de resucitar con él de entre los muertos.

No quiero decir que haya logrado ya ese ideal o que sea ya perfecto, pero me esfuerzo en conquistarlo, porque Cristo Jesús me ha conquistado. No, hermanos, considero que todavía no lo he logrado. Pero eso sí, olvido lo que he dejado atrás, y me lanzo hacia adelante, en busca de la meta y del trofeo al que Dios, por medio de Cristo Jesús, nos llama desde el cielo.

Palabra de Dios.   ℟. **Te alabamos, Señor.**

ACLAMACIÓN ANTES DEL EVANGELIO
Joel 2, 12-13

B.P. 1030 Sosa.

Ho - nor y glo - ria a ti, Se - ñor Je - sús.

℟.   Honor y gloria a ti, Señor Jesús.
Todavía es tiempo, dice el Señor,
conviértanse a mí de todo corazón
porque soy compasivo y misericordioso.
℟.   Honor y gloria a ti, Señor Jesús.

EVANGELIO

Aquel de ustedes que no tenga pecado, que le tire la primera piedra.

✠✠✠ Del santo Evangelio según san Juan
8, 1-11

E n aquel tiempo, Jesús se retiró al monte de los Olivos y al amanecer se presentó de nuevo en el templo, donde la multitud se le acercaba; y él, sentado entre ellos, les enseñaba.

Entonces los escribas y fariseos le llevaron a una mujer sorprendida en adulterio, y poniéndola frente a él, le dijeron: "Maestro, esta mujer ha sido sorprendida en flagrante adulterio. Moisés nos manda en la ley apedrear a estas mujeres. ¿Tú que dices?"

Le preguntaban esto para ponerle una trampa y poder acusarlo. Pero Jesús se agachó y se puso a escribir en el suelo con el dedo. Como insistían en su pregunta, se incorporó y les dijo: "Aquel de ustedes que no tenga pecado, que le tire la primera piedra". Se volvió a agachar y siguió escribiendo en el suelo.

Al oír aquellas palabras, los acusadores comenzaron a escabullirse, uno tras otro, empezando por los más viejos, hasta que dejaron solos a Jesús y a la mujer, que estaba de pie, junto a él.

Entonces Jesús se enderezó y le preguntó: "Mujer, ¿dónde están los que te acusaban? ¿Nadie te ha condenado?" Ella le contestó: "Nadie, Señor". Y Jesús le dijo: "Tampoco yo te condeno. Vete y ya no vuelvas a pecar".

Palabra del Señor.   ℟. **Gloria a ti, Señor Jesús.**

ORACIÓN SOBRE LAS OFRENDAS

Tú, que nos has iluminado con las enseñanzas de la fe, escucha, Señor, nuestra oración y purifícanos por medio de este sacrificio. Por Jesucristo, nuestro Señor.

ANTÍFONA DE LA COMUNIÓN   Jn 8, 10-11

Jesús le preguntó: Mujer, ¿nadie te ha condenado? Ella respondió: Nadie, Señor. Él le dijo: Yo tampoco te condeno. Vete y ya no vuelvas a pecar.

ORACIÓN DESPUÉS DE LA COMUNIÓN

Concédenos, Dios todopoderoso, a cuantos participamos del Cuerpo y la Sangre de tu Hijo, vivir siempre como miembros suyos. Por Jesucristo, nuestro Señor.

1° de abril

Domingo de Ramos
"De la pasión del Señor"

(Rojo)

Cristo nos convierte en el pueblo de Dios y nos abre el camino de la resurrección y de la vida. Sigámoslo, proclamando nuestra fe: él es el Salvador del mundo.

CONMEMORACIÓN DE LA ENTRADA DEL SEÑOR EN JERUSALÉN

Primera forma: Procesión

ANTÍFONA   Mt 21, 9

¡Hosanna al Hijo de David! Bendito el que viene en nombre del Señor, el Rey de Israel. ¡Hosanna en el cielo!

SALUDO

Queridos hermanos: Después de habernos preparado desde el principio de la Cuaresma con nuestra penitencia y nuestras obras de caridad, hoy nos reunimos para iniciar, unidos con toda la Iglesia, la celebración anual de los misterios de la pasión y resurrección de nuestro Señor Jesucristo, misterios que empezaron con la entrada de Jesús en Jerusalén. Acompañemos con fe y devoción a nuestro Salvador en su entrada triunfal a la ciudad santa, para que, participando ahora de su cruz, podamos participar un día de su gloriosa resurrección y de su vida.

BENDICIÓN DE LAS PALMAS

ORACIÓN DE BENDICIÓN

Oremos.

Dios todopoderoso y eterno, dígnate bendecir + estos ramos y concede a cuantos acompañamos ahora jubilosos a Cristo, nuestro rey y Señor, reunirnos con él en la Jerusalén del cielo. Por Jesucristo, nuestro Señor.

℞.   Amén.

EVANGELIO
Bendito el que viene en nombre del Señor.

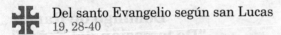 Del santo Evangelio según san Lucas
19, 28-40

En aquel tiempo, Jesús, acompañado de sus discípulos, iba camino de Jerusalén, y al acercarse a Betfagé y a Betania, junto al monte llamado de los Olivos, envió a dos de sus discípulos, diciéndoles: "Vayan al caserío que está frente a ustedes. Al entrar, encontrarán atado un burrito que nadie ha montado todavía. Desátenlo y tráiganlo aquí. Si alguien les pregunta por qué lo desatan, díganle: 'El Señor lo necesita' ".

Fueron y encontraron todo como el Señor les había dicho. Mientras desataban el burro, los dueños les preguntaron: "¿Por qué lo desamarran?" Ellos contestaron: "El Señor lo necesita". Se llevaron, pues, el burro, le echaron encima los mantos e hicieron que Jesús montara en él.

Conforme iba avanzando, la gente tapizaba el camino con sus mantos, y cuando ya estaba cerca la bajada del monte de los Olivos, la multitud de discípulos, entusiasmados, se pusieron a alabar a Dios a gritos por todos los prodigios que habían visto, diciendo:

"*¡Bendito el rey*
que viene en nombre del Señor!
¡Paz en el cielo
y gloria en las alturas!"

Algunos fariseos que iban entre la gente, le dijeron: "Maestro, reprende a tus discípulos". Él les replicó: "Les aseguro que si ellos se callan, gritarán las piedras".

Palabra del Señor.   ℞. **Gloria a ti, Señor Jesús.**

EXHORTACIÓN PARA LA PROCESIÓN

Queridos hermanos: Como la muchedumbre que aclamaba a Jesús, acompañemos también nosotros, con júbilo, al Señor.

PROCESIÓN

ANTÍFONA

Los hijos de Israel, llevando ramos de olivo, salieron al encuentro del Señor, clamando: "Hosanna en el cielo".

Si se cree conveniente, puede alternarse esta antífona con los versículos del salmo 23.

SALMO 23

Del Señor es la tierra y lo que ella tiene,
el orbe todo y los que en él habitan,
pues él lo edificó sobre los mares,
él fue quien lo asentó sobre los ríos.

¿Quién subirá hasta el monte del Señor?
¿Quién podrá entrar en su recinto santo?
El de corazón limpio y manos puras
y que no jura en falso.

Ése obtendrá la bendición de Dios
y Dios, su salvador, le hará justicia.
Ésta es la clase de hombres que te buscan
y vienen ante ti, Dios de Jacob.

¡Puertas, ábranse de par en par;
agrándense, portones eternos,
porque va a entrar el rey de la gloria!

Y ¿quién es el rey de la gloria?
Es el Señor, fuerte y poderoso,
el Señor, poderoso en la batalla.

¡Puertas, ábranse de par en par;
agrándense, portones eternos,
porque va a entrar el rey de la gloria!

Y ¿quién es el rey de la gloria?
El Señor, Dios de los ejércitos,
es el rey de la gloria.

Al entrar la procesión en la iglesia, se canta el siguiente responsorio u otro cántico alusivo a la entrada del Señor en Jerusalén.

RESPONSORIO

℟. **Al entrar el Señor en la ciudad santa, los hijos de Israel, anticipándose a la resurrección del Señor de la vida, con palmas en las manos, clamaban: Hosanna en el cielo.**

℣. Al enterarse de que Jesús llegaba a Jerusalén, el pueblo salió a su encuentro con palmas en las manos, clamando: Hosanna en el cielo.

Segunda forma: Entrada solemne

Los fieles se reúnen ante la puerta de la iglesia, o bien, dentro de la misma iglesia, llevando los ramos en la mano. El sacerdote, los ministros y algunos de los fieles, van a algún sitio adecuado de la iglesia, fuera del presbiterio, en donde pueda ser vista fácilmente la ceremonia, al menos por la mayor parte de la asamblea.

Tercera forma: Entrada sencilla

Se efectúa como en la Misa ordinaria, comenzando, si es posible, cantando la antífona de entrada (u otro cántico sobre el mismo tema). Si no se canta, el sacerdote lee la antífona después del saludo inicial.

ANTÍFONA DE ENTRADA

Seis días antes de la Pascua, cuando el Señor entró en Jerusalén, salieron los niños a su encuentro llevando en sus manos hojas de palmera y gritando: Hosanna en el cielo. Bendito tú, que vienes lleno de bondad y de misericordia.

Sal 23, 9-10

Puertas, ábranse de par en par; agrándense, portones eternos, porque va a entrar el Rey de la gloria. Y ¿quién es ese Rey de la gloria?

El Señor de los ejércitos es el Rey de la gloria. Hosanna en el cielo. Bendito tú, que vienes lleno de bondad y de misericordia.

La Misa

ORACIÓN COLECTA

Dios todopoderoso y eterno, que has querido entregarnos como ejemplo de humildad a Cristo, nuestro salvador, hecho hombre y clavado en una cruz, concédenos vivir según las enseñanzas de su pasión, para participar con él, un día, de su gloriosa resurrección. Por nuestro Señor Jesucristo...

El Señor está a punto de dar su vida en una entrega total, porque sólo así podrá decir al abatido "palabras de aliento" (PRIMERA LECTURA). Pero Dios, su Padre, lo exaltará sobre todas las cosas, para que toda lengua proclame que Jesucristo es el Señor (SEGUNDA LECTURA). Todo esto se consuma y se realiza en la pasión y muerte de Jesús (EVANGELIO) que hoy nos relata san Lucas.

PRIMERA LECTURA

No aparté mi rostro de los insultos, y sé que no quedaré avergonzado.

Del libro del profeta Isaías
50, 4-7

En aquel entonces, dijo Isaías:
"El Señor me ha dado una lengua experta,
para que pueda confortar al abatido
con palabras de aliento.

Mañana tras mañana, el Señor despierta mi oído,
para que escuche yo, como discípulo.
El Señor Dios me ha hecho oír sus palabras
y yo no he opuesto resistencia
ni me he echado para atrás.

Ofrecí la espalda a los que me golpeaban,
la mejilla a los que me tiraban de la barba.
No aparté mi rostro de los insultos y salivazos.

Pero el Señor me ayuda,
por eso no quedaré confundido,
por eso endurecí mi rostro como roca
y sé que no quedaré avergonzado".

Palabra de Dios. ℟. **Te alabamos, Señor.**

SALMO RESPONSORIAL
Del salmo 21

A. Gastélum B.P. 1680

Dios mí - o,   Dios mí - o,   ¿por - qué me has a - ban - do - na - do?

℟.   Dios mío, Dios mío, ¿por qué me has abandonado?

Todos los que me ven, de mí se burlan;
me hacen gestos y dicen:
"Confiaba en el Señor, pues que él lo salve;
si de veras lo ama, que lo libre". ℟.
  Los malvados me cercan por doquiera
como rabiosos perros.
Mis manos y mis pies han taladrado
y se pueden contar todos mis huesos. ℟.
  Reparten entre sí mis vestiduras
y se juegan mi túnica a los dados.
Señor, auxilio mío, ven y ayúdame,
no te quedes de mí tan alejado. ℟.
  A mis hermanos contaré tu gloria
y en la asamblea alabaré tu nombre.
Que alaben al Señor los que lo temen.
Que el pueblo de Israel siempre lo adore. ℟.

SEGUNDA LECTURA
Cristo se humilló a sí mismo; por eso Dios lo exaltó.

De la carta del apóstol san Pablo a los filipenses
2, 6-11

Cristo, siendo Dios,
no consideró que debía aferrarse
a las prerrogativas de su condición divina,
sino que, por el contrario, se anonadó a sí mismo,
tomando la condición de siervo,
y se hizo semejante a los hombres.
Así, hecho uno de ellos, se humilló a sí mismo

y por obediencia aceptó incluso la muerte,
y una muerte de cruz.

Por eso Dios lo exaltó sobre todas las cosas
y le otorgó el nombre que está sobre todo nombre,
para que, al nombre de Jesús, todos doblen la rodilla
en el cielo, en la tierra y en los abismos,
y todos reconozcan públicamente que Jesucristo es el Señor,
para gloria de Dios Padre.

Palabra de Dios.   ℟. **Te alabamos, Señor.**

ACLAMACIÓN ANTES DEL EVANGELIO
Flp 2, 8-9

℟.   Honor y gloria a ti, Señor Jesús.
Cristo se humilló por nosotros
y por obediencia aceptó incluso la muerte,
y una muerte de cruz.
Por eso Dios lo exaltó sobre todas las cosas
y le otorgó el nombre que está sobre todo nombre.
℟.   Honor y gloria a ti, Señor Jesús.

PASIÓN DE NUESTRO SEÑOR JESUCRISTO SEGÚN SAN LUCAS
22, 14–23, 56

He deseado celebrar esta Pascua con ustedes, antes de padecer

Llegada la hora de cenar, se sentó Jesús con sus discípulos y les
dijo: "Cuánto he deseado celebrar esta Pascua con ustedes, antes de padecer, porque yo les aseguro que ya no la volveré a celebrar,
hasta que tenga cabal cumplimiento en el Reino de Dios". Luego tomó
en sus manos una copa de vino, pronunció la acción de gracias y dijo:
"Tomen esto y repártanlo entre ustedes, porque les aseguro que ya
no volveré a beber del fruto de la vid hasta que venga el Reino de
Dios".

Hagan esto en memoria mía

Tomando después un pan, pronunció la acción de gracias, lo partió y se lo dio, diciendo: "Esto es mi cuerpo, que se entrega por ustedes. Hagan esto en memoria mía". Después de cenar, hizo lo mismo con una copa de vino, diciendo: "Esta copa es la nueva alianza, sellada con mi sangre, que se derrama por ustedes".

¡Ay de aquel por quien el Hijo del hombre será entregado!

"Pero miren: la mano del que me va a entregar está conmigo en la mesa. Porque el Hijo del hombre va a morir, según lo decretado; pero ¡ay de aquel hombre por quien será entregado!" Ellos empezaron a preguntarse unos a otros quién de ellos podía ser el que lo iba a traicionar.

Yo estoy en medio de ustedes como el que sirve

Después los discípulos se pusieron a discutir sobre cuál de ellos debería ser considerado como el más importante. Jesús les dijo: "Los reyes de los paganos los dominan, y los que ejercen la autoridad se hacen llamar bienhechores. Pero ustedes no hagan eso, sino todo lo contrario: que el mayor entre ustedes actúe como si fuera el menor, y el que gobierna, como si fuera un servidor. Porque, ¿quién vale más, el que está a la mesa o el que sirve? ¿Verdad que es el que está a la mesa? Pues yo estoy en medio de ustedes como el que sirve. Ustedes han perseverado conmigo en mis pruebas, y yo les voy a dar el Reino, como mi Padre me lo dio a mí, para que coman y beban a mi mesa en el Reino, y se siente cada uno en un trono, para juzgar a las doce tribus de Israel".

Tú, una vez convertido, confirma a tus hermanos

Luego añadió: "Simón, Simón, mira que Satanás ha pedido permiso para zarandearlos como trigo; pero yo he orado por ti, para que tu fe no desfallezca; y tú, una vez convertido, confirma a tus hermanos". Él le contestó: "Señor, estoy dispuesto a ir contigo incluso a la cárcel y a la muerte". Jesús le replicó: "Te digo, Pedro, que hoy, antes de que cante el gallo, habrás negado tres veces que me conoces".

Conviene que se cumpla en mí lo que está escrito

Después les dijo a todos ellos: "Cuando los envié sin provisiones, sin dinero ni sandalias, ¿acaso les faltó algo?" Ellos contestaron: "Nada".

Él añadió: "Ahora, en cambio, el que tenga dinero o provisiones, que los tome; y el que no tenga espada, que venda su manto y compre una. Les aseguro que conviene que se cumpla esto que está escrito de mí: *Fue contado entre los malhechores,* porque se acerca el cumplimiento de todo lo que se refiere a mí". Ellos le dijeron: "Señor, aquí hay dos espadas". Él les contestó: "¡Basta ya!"

Lleno de tristeza, se puso a orar de rodillas

Salió Jesús, como de costumbre, al monte de los Olivos y lo acompañaron los discípulos. Al llegar a ese sitio, les dijo: "Oren, para no caer en la tentación". Luego se alejó de ellos a la distancia de un tiro de piedra y se puso a orar de rodillas, diciendo: "Padre, si quieres, aparta de mí esta amarga prueba; pero que no se haga mi voluntad, sino la tuya". Se le apareció entonces un ángel para confortarlo; él, en su angustia mortal, oraba con mayor insistencia, y comenzó a sudar gruesas gotas de sangre, que caían hasta el suelo. Por fin terminó su oración, se levantó, fue hacia sus discípulos y los encontró dormidos por la pena. Entonces les dijo: "¿Por qué están dormidos? Levántense y oren para no caer en la tentación".

Judas, ¿con un beso entregas al Hijo del hombre?

Todavía estaba hablando, cuando llegó una turba encabezada por Judas, uno de los Doce, quien se acercó a Jesús para besarlo. Jesús le dijo: "Judas, ¿con un beso entregas al Hijo del hombre?"

Al darse cuenta de lo que iba a suceder, los que estaban con él dijeron: "Señor, ¿los atacamos con la espada?" Y uno de ellos hirió a un criado del sumo sacerdote y le cortó la oreja derecha. Jesús intervino, diciendo: "¡Dejen! ¡Basta!" Le tocó la oreja y lo curó.

Después Jesús dijo a los sumos sacerdotes, a los encargados del templo y a los ancianos que habían venido a arrestarlo: "Han venido a aprehenderme con espadas y palos, como si fuera un bandido. Todos los días he estado con ustedes en el templo y no me echaron mano. Pero ésta es su hora y la del poder de las tinieblas".

Pedro salió de ahí y se soltó a llorar

Ellos lo arrestaron, se lo llevaron y lo hicieron entrar en la casa del sumo sacerdote. Pedro los seguía desde lejos. Encendieron fuego en medio del patio, se sentaron alrededor y Pedro se sentó también con ellos. Al verlo sentado junto a la lumbre, una criada se le quedó mirando y dijo: "Éste también estaba con él". Pero él lo negó diciendo:

"No lo conozco, mujer". Poco después lo vio otro y le dijo: "Tú también eres uno de ellos". Pedro replicó: "¡Hombre, no lo soy!" Y como después de una hora, otro insistió: "Sin duda que éste también estaba con él, porque es galileo". Pedro contestó: "¡Hombre, no sé de qué hablas!" Todavía estaba hablando, cuando cantó un gallo.

El Señor, volviéndose, miró a Pedro. Pedro se acordó entonces de las palabras que el Señor le había dicho: 'Antes de que cante el gallo, me negarás tres veces', y saliendo de allí se soltó a llorar amargamente.

Adivina quién te ha pegado

Los hombres que sujetaban a Jesús se burlaban de él, le daban golpes, le tapaban la cara y le preguntaban: "Adivina, ¿quién te ha pegado?" Y proferían contra él muchos insultos.

Lo hicieron comparecer ante el sanedrín

Al amanecer se reunió el consejo de los ancianos con los sumos sacerdotes y los escribas. Hicieron comparecer a Jesús ante el sanedrín y le dijeron: "Si tú eres el Mesías, dínoslo". Él les contestó: "Si se lo digo, no lo van a creer, y si les pregunto, no me van a responder. Pero ya desde ahora, el Hijo del hombre está sentado a la derecha de Dios todopoderoso". Dijeron todos: "Entonces, ¿tú eres el Hijo de Dios?" Él les contestó: "Ustedes mismos lo han dicho: sí lo soy". Entonces ellos dijeron: "¿Qué necesidad tenemos ya de testigos? Nosotros mismos lo hemos oído de su boca". El consejo de los ancianos, con los sumos sacerdotes y los escribas, se levantaron y llevaron a Jesús ante Pilato.

No encuentro ninguna culpa en este hombre

Entonces comenzaron a acusarlo, diciendo: "Hemos comprobado que éste anda amotinando a nuestra nación y oponiéndose a que se pague tributo al César y diciendo que él es el Mesías rey".

Pilato preguntó a Jesús: "¿Eres tú el rey de los judíos?" Él le contestó: "Tú lo has dicho". Pilato dijo a los sumos sacerdotes y a la turba: "No encuentro ninguna culpa en este hombre". Ellos insistían con más fuerza, diciendo: "Solivianta al pueblo enseñando por toda Judea, desde Galilea hasta aquí". Al oír esto, Pilato preguntó si era galileo, y al enterarse de que era de la jurisdicción de Herodes, se lo remitió, ya que Herodes estaba en Jerusalén precisamente por aquellos días.

Herodes, con su escolta, lo despreció

Herodes, al ver a Jesús, se puso muy contento, porque hacía mucho tiempo que quería verlo, pues había oído hablar mucho de él y esperaba presenciar algún milagro suyo. Le hizo muchas preguntas, pero él no le contestó ni una palabra. Estaban ahí los sumos sacerdotes y los escribas, acusándolo sin cesar. Entonces Herodes, con su escolta, lo trató con desprecio y se burló de él, y le mandó poner una vestidura blanca. Después se lo remitió a Pilato. Aquel mismo día se hicieron amigos Herodes y Pilato, porque antes eran enemigos.

Pilato les entregó a Jesús

Pilato convocó a los sumos sacerdotes, a las autoridades y al pueblo, y les dijo: "Me han traído a este hombre, alegando que alborota al pueblo; pero yo lo he interrogado delante de ustedes y no he encontrado en él ninguna de las culpas de que lo acusan. Tampoco Herodes, porque me lo ha enviado de nuevo. Ya ven que ningún delito digno de muerte se ha probado. Así pues, le aplicaré un escarmiento y lo soltaré".

Con ocasión de la fiesta, Pilato tenía que dejarles libre a un preso. Ellos vociferaron en masa, diciendo: "¡Quita a ése! ¡Suéltanos a Barrabás!" A éste lo habían metido en la cárcel por una revuelta acaecida en la ciudad y un homicidio.

Pilato volvió a dirigirles la palabra, con la intención de poner en libertad a Jesús; pero ellos seguían gritando: "¡Crucifícalo, crucifícalo!" Él les dijo por tercera vez: "¿Pues qué ha hecho de malo? No he encontrado en él ningún delito que merezca la muerte; de modo que le aplicaré un escarmiento y lo soltaré". Pero ellos insistían, pidiendo a gritos que lo crucificara. Como iba creciendo el griterío, Pilato decidió que se cumpliera su petición; soltó al que le pedían, al que había sido encarcelado por revuelta y homicidio, y a Jesús se lo entregó a su arbitrio.

Hijas de Jerusalén, no lloren por mí

Mientras lo llevaban a crucificar, echaron mano a un cierto Simón de Cirene, que volvía del campo, y lo obligaron a cargar la cruz, detrás de Jesús. Lo iba siguiendo una gran multitud de hombres y mujeres, que se golpeaban el pecho y lloraban por él. Jesús se volvió hacia las mujeres y les dijo: "Hijas de Jerusalén, no lloren por mí; lloren por ustedes y por sus hijos, porque van a venir días en que se dirá: '¡Dichosas las estériles y los vientres que no han dado a luz y los pechos que no han criado!' Entonces dirán a los montes: 'Desplómense sobre nosotros', y a las colinas: 'Sepúltennos', porque si así tratan al árbol verde, ¿qué pasará con el seco?"

Padre, perdónalos, porque no saben lo que hacen

Conducían, además, a dos malhechores, para ajusticiarlos con él. Cuando llegaron al lugar llamado "la Calavera", lo crucificaron allí, a él y a los malhechores, uno a su derecha y el otro a su izquierda. Jesús decía desde la cruz: "Padre, perdónalos, porque no saben lo que hacen". Los soldados se repartieron sus ropas, echando suertes.

Éste es el rey de los judíos

El pueblo estaba mirando. Las autoridades le hacían muecas, diciendo: "A otros ha salvado; que se salve a sí mismo, si él es el Mesías de Dios, el elegido". También los soldados se burlaban de Jesús, y acercándose a él, le ofrecían vinagre y le decían: "Si tú eres el rey de los judíos, sálvate a ti mismo". Había, en efecto, sobre la cruz, un letrero en griego, latín y hebreo, que decía: "Éste es el rey de los judíos".

Hoy estarás conmigo en el paraíso

Uno de los malhechores crucificados insultaba a Jesús, diciéndole: "Si tú eres el Mesías, sálvate a ti mismo y a nosotros". Pero el otro le reclamaba, indignado: "¿Ni siquiera temes tú a Dios estando en el mismo suplicio? Nosotros justamente recibimos el pago de lo que hicimos. Pero éste ningún mal ha hecho". Y le decía a Jesús: "Señor, cuando llegues a tu Reino, acuérdate de mí". Jesús le respondió: "Yo te aseguro que hoy estarás conmigo en el paraíso".

Padre, en tus manos encomiendo mi espíritu

Era casi el mediodía, cuando las tinieblas invadieron toda la región y se oscureció el sol hasta las tres de la tarde. El velo del templo se rasgó a la mitad. Jesús, clamando con voz potente, dijo: "¡Padre, en tus manos encomiendo mi espíritu!" Y dicho esto, expiró.

Aquí se arrodillan todos y se hace una breve pausa.

El oficial romano, al ver lo que pasaba, dio gloria a Dios, diciendo: "Verdaderamente este hombre era justo". Toda la muchedumbre que había acudido a este espectáculo, mirando lo que ocurría, se volvió a su casa dándose golpes de pecho. Los conocidos de Jesús se mantenían a distancia, lo mismo que las mujeres que lo habían seguido desde Galilea, y permanecían mirando todo aquello.

José colocó el cuerpo de Jesús en un sepulcro

Un hombre llamado José, consejero del sanedrín, hombre bueno y justo, que no había estado de acuerdo con la decisión de los judíos ni con sus actos, que era natural de Arimatea, ciudad de Judea, y que aguardaba el Reino de Dios, se presentó ante Pilato para pedirle el cuerpo de Jesús. Lo bajó de la cruz, lo envolvió en una sábana y lo colocó en un sepulcro excavado en la roca, donde no habían puesto a nadie todavía. Era el día de la Pascua y ya iba a empezar el sábado. Las mujeres que habían seguido a Jesús desde Galilea acompañaron a José para ver el sepulcro y cómo colocaban el cuerpo. Al regresar a su casa, prepararon perfumes y ungüentos, y el sábado guardaron reposo, conforme al mandamiento.

Palabra del Señor.   ℟. **Gloria a ti, Señor Jesús.**

ORACIÓN SOBRE LAS OFRENDAS

Que la pasión de tu Hijo, actualizada en este santo sacrificio que vamos a ofrecerte, nos alcance, Señor, de tu misericordia, el perdón que no podemos merecer por nuestras obras. Por Jesucristo, nuestro Señor.

ANTÍFONA DE LA COMUNIÓN   Mt 26, 42

Padre mío, si este cáliz no puede pasar sin que yo lo beba, hágase tu voluntad.

ORACIÓN DESPUÉS DE LA COMUNIÓN

Tú que nos has alimentado con esta Eucaristía, y por medio de la muerte de tu Hijo nos das la esperanza de alcanzar lo que la fe nos promete, concédenos, Señor, llegar, por medio de su resurrección, a la meta de nuestras esperanzas. Por Jesucristo, nuestro Señor.

CONSERVEMOS NUESTRAS PALMAS

† Esas palmas que hoy nos ha bendecido el sacerdote y con las que hoy hemos aclamado a Cristo.

† Pongámoslas por dentro en la puerta de nuestra casa.

† No para que no entren en ella los ladrones (no sirven para eso), sino para que nos recuerden todos los días que la victoria de Cristo y la victoria del cristiano sólo se obtienen por medio del sufrimiento y de la cruz de cada día.

† Pongámoslas por dentro en la puerta de nuestra casa.

† Pero no para que no vaya a entrar en ella la mala suerte (tampoco sirven para este fin), sino para que nos recuerden que después de haber aclamado hoy sinceramente a Cristo, sería muy feo salir mañana o pasado o cualquier otro día del año a crucificarlo o a escupirlo en los demás.

† Conservemos nuestras palmas. No como un objeto mágico, sino como un recordatorio.

5 de abril

Jueves Santo
(Blanco)

En la catedral, la mañana del Jueves Santo o de otro día de la semana, el obispo, rodeado de sus sacerdotes, bendice los óleos destinados a la celebración de los sacramentos. En esta ocasión o durante la Misa de la Cena, se invita a los sacerdotes a renovar el compromiso que hicieron ante Dios durante su ordenación.

La celebración del Misterio Pascual comienza en la tarde con la Misa de la Cena.

TRIDUO PASCUAL

MISA VESPERTINA DE LA CENA DEL SEÑOR

En la Eucaristía de esta tarde conmemoramos y revivimos la última Cena: nuestro pan y nuestro vino, convertidos en el sacramento del Cuerpo y la Sangre de Cristo, nos hacen entrar en comunión con Cristo y con nuestros hermanos, mediante la fe y el amor.

ANTÍFONA DE ENTRADA   Cfr Gál 6, 14

Que nuestro único orgullo sea la cruz de nuestro Señor Jesucristo, porque en él tenemos la salvación, la vida y la resurrección, y por él hemos sido salvados y redimidos.

Se dice Gloria

ORACIÓN COLECTA

Dios nuestro, que nos has reunido para celebrar aquella Cena en la cual tu Hijo único, antes de entregarse a la muerte, confió a la Iglesia el sacrificio nuevo y eterno, sacramento de su amor, concédenos alcanzar por la participación en este sacramento, la plenitud del amor y de la vida. Por nuestro Señor Jesucristo...

También Jesús celebró, como los otros judíos, la comida del cordero en la "noche del milagro", cuando el pueblo de Israel recordaba solemnemente su liberación del cautiverio de Egipto (PRIMERA LECTURA). Pero Jesús le dio un nuevo sentido a aquella celebración. Ante todo, quiso dar a sus discípulos una muestra del amor inmenso que les tenía y una lección de humildad y de servicio, al lavarles los pies y anunciarles su entrega para la salvación del mundo (EVANGELIO). Después, durante la Cena, hizo Jesús el máximo acto de amor al instituir la Eucaristía, tal como nos lo relata san Pablo (SEGUNDA LECTURA).

PRIMERA LECTURA
Prescripciones sobre la cena pascual.

Del libro del Éxodo
12, 1-8. 11-14

En aquellos días, el Señor les dijo a Moisés y a Aarón en tierra de Egipto: "Este mes será para ustedes el primero de todos los meses y el principio del año. Díganle a toda la comunidad de Israel: 'El día diez de este mes, tomará cada uno un cordero por familia, uno por casa. Si la familia es demasiado pequeña para comérselo, que se junte con los vecinos y elija un cordero adecuado al número de personas y a la cantidad que cada cual pueda comer. Será un animal sin defecto, macho, de un año, cordero o cabrito.

Lo guardarán hasta el día catorce del mes, cuando toda la comunidad de los hijos de Israel lo inmolará al atardecer. Tomarán la sangre y rociarán las dos jambas y el dintel de la puerta de la casa donde vayan a comer el cordero. Esa noche comerán la carne, asada a fuego; comerán panes sin levadura y hierbas amargas. Comerán así: con la cintura ceñida, las sandalias en los pies, un bastón en la mano y a toda prisa, porque es la Pascua, es decir, el paso del Señor.

Yo pasaré esa noche por la tierra de Egipto y heriré a todos los primogénitos del país de Egipto, desde los hombres hasta los ganados. Castigaré a todos los dioses de Egipto, yo, el Señor. La sangre les servirá de señal en las casas donde habitan ustedes. Cuando yo vea la sangre, pasaré de largo y no habrá entre ustedes plaga exterminadora, cuando hiera yo la tierra de Egipto.

Ese día será para ustedes un memorial y lo celebrarán como fiesta en honor del Señor. De generación en generación celebrarán esta festividad, como institución perpetua' ".

Palabra de Dios.   ℟. **Te alabamos, Señor.**

SALMO RESPONSORIAL
Del salmo 115

E. Estrella B.P. 1682

Gra - cias, Se - ñor,   gra - cias, Se - ñor,   por tu   san - gre que nos la - va.

℟.   Gracias, Señor, por tu sangre que nos lava.

¿Cómo le pagaré al Señor
todo el bien que me ha hecho?
Levantaré el cáliz de salvación
e invocaré el nombre del Señor. ℟.

A los ojos del Señor es muy penoso
que mueran sus amigos.
De la muerte, Señor, me has librado,
a mí, tu esclavo e hijo de tu esclava. ℟.

Te ofreceré con gratitud un sacrificio
e invocaré tu nombre.
Cumpliré mis promesas al Señor
ante todo su pueblo. ℟.

SEGUNDA LECTURA
Cada vez que ustedes comen de este pan y beben de este cáliz, proclaman la muerte del Señor.

De la primera carta del apóstol san Pablo a los corintios
11, 23-26

Hermanos: Yo recibí del Señor lo mismo que les he trasmitido: que el Señor Jesús, la noche en que iba a ser entregado, tomó pan en sus manos, y pronunciando la acción de gracias, lo partió y dijo:

"Esto es mi cuerpo, que se entrega por ustedes. Hagan esto en memoria mía".

Lo mismo hizo con el cáliz después de cenar, diciendo: "Este cáliz es la nueva alianza que se sella con mi sangre. Hagan esto en memoria mía siempre que beban de él".

Por eso, cada vez que ustedes comen de este pan y beben de este cáliz, proclaman la muerte del Señor, hasta que vuelva.

Palabra de Dios.   ℞. **Te alabamos, Señor.**

ACLAMACIÓN ANTES DEL EVANGELIO
Jn 13, 34

B.P. 1030 Sosa.

Ho - nor y glo - ria a ti, Se - ñor Je - sús.

℞.   Honor y gloria a ti, Señor Jesús.
Les doy un mandamiento nuevo, dice el Señor,
que se amen los unos a los otros, como yo los he amado.
℞.   Honor y gloria a ti, Señor Jesús.

EVANGELIO
Los amó hasta el extremo.

✠   Del santo Evangelio según san Juan
13, 1-15

Antes de la fiesta de la Pascua, sabiendo Jesús que había llegado la hora de pasar de este mundo al Padre y habiendo amado a los suyos, que estaban en el mundo, los amó hasta el extremo.

En el transcurso de la cena, cuando ya el diablo había puesto en el corazón de Judas Iscariote, hijo de Simón, la idea de entregarlo, Jesús, consciente de que el Padre había puesto en sus manos todas las cosas y sabiendo que había salido de Dios y a Dios volvía, se levantó de la mesa, se quitó el manto y tomando una toalla, se la ciñó; luego echó agua en una jofaina y se puso a lavarles los pies a los discípulos y a secárselos con la toalla que se había ceñido.

Cuando llegó a Simón Pedro, éste le dijo: "Señor, ¿me vas a lavar tú a mí los pies?" Jesús le replicó: "Lo que estoy haciendo tú no lo entiendes ahora, pero lo comprenderás más tarde". Pedro le dijo:

"Tú no me lavarás los pies jamás". Jesús le contestó: "Si no te lavo, no tendrás parte conmigo". Entonces le dijo Simón Pedro: "En ese caso, Señor, no sólo los pies, sino también las manos y la cabeza". Jesús le dijo: "El que se ha bañado no necesita lavarse más que los pies, porque todo él está limpio. Y ustedes están limpios, aunque no todos". Como sabía quién lo iba a entregar, por eso dijo: 'No todos están limpios'.

Cuando acabó de lavarles los pies, se puso otra vez el manto, volvió a la mesa y les dijo: "¿Comprenden lo que acabo de hacer con ustedes? Ustedes me llaman Maestro y Señor, y dicen bien, porque lo soy. Pues si yo, que soy el Maestro y el Señor, les he lavado los pies, también ustedes deben lavarse los pies los unos a los otros. Les he dado ejemplo, para que lo que yo he hecho con ustedes, también ustedes lo hagan".

Palabra del Señor. ℞. **Gloria a ti, Señor Jesús.**

No se dice Credo

ORACIÓN SOBRE LAS OFRENDAS

Concédenos, Señor, participar dignamente en esta Eucaristía, porque cada vez que celebramos el memorial de la muerte de tu Hijo, se realiza la obra de nuestra redención. Por Jesucristo, nuestro Señor.

ANTÍFONA DE LA COMUNIÓN   1 Cor 11, 24-25
Éste es mi Cuerpo, que se da por ustedes. Este cáliz es la nueva alianza establecida por mi Sangre; cuantas veces lo beban, háganlo en memoria mía, dice el Señor.

ORACIÓN DESPUÉS DE LA COMUNIÓN

Señor, tú que nos permites disfrutar en esta vida de la Cena instituida por tu Hijo, concédenos participar también del banquete celestial en tu Reino. Por Jesucristo, nuestro Señor.

Terminada la Misa, el sacerdote lleva la reserva eucarística al sitio donde será guardada para la comunión de mañana. Estamos invitados a venir a orar durante la noche.

¿COMPRENDEN LO QUE ACABO DE HACER CON USTEDES?

❖ Una pregunta clave.

❖ Una pregunta a la que sería de lo más conveniente que le diéramos hoy una respuesta.

❖ Porque si no hemos comprendido lo que Cristo hizo con sus apóstoles al lavarles los pies, de cristianismo no hemos entendido ni jota.

❖ Pero si lo hemos comprendido, casi estamos del otro lado.

❖ Y decimos **"casi"**, porque no basta con comprenderlo intelectualmente; hay que comprenderlo en la práctica:

"Les he dado ejemplo, para que lo que yo he hecho con ustedes, también ustedes lo hagan".

❖ La pregunta que Jesús formuló a sus apóstoles y que este Jueves Santo también nos hace a nosotros, no se responde con un simple "sí".

❖ La respuesta adecuada hay que darla **"quitándose el manto y tomando una toalla".**

❖ Es decir, poniendo manos a la obra.

❖ Hay que **quitarse el manto** de cualquier absurdo complejo de superioridad basado en la clase social, en el puesto que se ocupa, en el papel que se desempeña, en el dinero que se posee o en el color de la piel que se tiene.

❖ Y **tomar la toalla** para prestar todos los servicios que podamos y enjugar todas las lágrimas posibles.

Si hemos comprendido lo que Cristo hizo con los apóstoles, nuestra vida en el hogar y en nuestro lugar de trabajo no podrá seguir siendo la misma de este Jueves Santo en adelante.

6 de abril

Viernes Santo

(Rojo)

Este día en que celebramos la muerte de Cristo, escuchemos el llamamiento de aquel que ha muerto para darnos la vida, cuyos sufrimientos siguen resonando en aquellos que sufren y mueren.

¿Qué vamos a responder ante la cruz, señal de amor universal?

El día de hoy no hay Misa. La celebración consta de tres partes: Liturgia de la Palabra, Adoración de la Cruz y la Sagrada Comunión.

RITO DE ENTRADA

Concentrémonos, ante todo, en silencio, en la presencia de Dios y tomemos conciencia de nuestros pecados, que han causado la muerte de su Hijo en la cruz.

ORACIÓN

Padre nuestro misericordioso, santifica y protege siempre a esta familia tuya, por cuya salvación derramó su Sangre y resucitó glorioso Jesucristo, tu Hijo. El cual vive y reina…

℟. Amén.

LITURGIA DE LA PALABRA

PRIMERA LECTURA

Él fue traspasado por nuestros crímenes.

Del libro del profeta Isaías
52, 13–53, 12

He aquí que mi siervo prosperará,
será engrandecido y exaltado,
será puesto en alto.
Muchos se horrorizaron al verlo,
porque estaba desfigurado su semblante,
que no tenía ya aspecto de hombre;
pero muchos pueblos se llenaron de asombro.
Ante él los reyes cerrarán la boca,
porque verán lo que nunca se les había contado
y comprenderán lo que nunca se habían imaginado.
   ¿Quién habrá de creer lo que hemos anunciado?
¿A quién se le revelará el poder del Señor?
Creció en su presencia como planta débil,
como una raíz en el desierto.
No tenía gracia ni belleza.
No vimos en él ningún aspecto atrayente;
despreciado y rechazado por los hombres,
varón de dolores, habituado al sufrimiento;
como uno del cual se aparta la mirada,
despreciado y desestimado.
   Él soportó nuestros sufrimientos
y aguantó nuestros dolores;
nosotros lo tuvimos por leproso,
herido por Dios y humillado,
traspasado por nuestras rebeliones,
triturado por nuestros crímenes.
Él soportó el castigo que nos trae la paz.
Por sus llagas hemos sido curados.
   Todos andábamos errantes como ovejas,
cada uno siguiendo su camino,
y el Señor cargó sobre él todos nuestros crímenes.
Cuando lo maltrataban, se humillaba y no abría la boca,
como un cordero llevado a degollar;
como oveja ante el esquilador,
enmudecía y no abría la boca.
   Inicuamente y contra toda justicia se lo llevaron.
¿Quién se preocupó de su suerte?
Lo arrancaron de la tierra de los vivos,
lo hirieron de muerte por los pecados de mi pueblo,
le dieron sepultura con los malhechores a la hora de su muerte,
aunque no había cometido crímenes, ni hubo engaño en su boca.

El Señor quiso triturarlo con el sufrimiento.
Cuando entregue su vida como expiación,
verá a sus descendientes, prolongará sus años
y por medio de él prosperarán los designios del Señor.
Por las fatigas de su alma, verá la luz y se saciará;
con sus sufrimientos justificará mi siervo a muchos,
cargando con los crímenes de ellos.

Por eso le daré una parte entre los grandes,
y con los fuertes repartirá despojos,
ya que indefenso se entregó a la muerte
y fue contado entre los malhechores,
cuando tomó sobre sí las culpas de todos
e intercedió por los pecadores.

Palabra de Dios.   ℟. **Te alabamos, Señor.**

SALMO RESPONSORIAL
Del salmo 30

O. Ramírez B.P. 1683

Pa - dre, en tus ma - nos en - co - mien - do mi es - pí - ri - tu.

℟.   Padre, en tus manos encomiendo mi espíritu.

A ti, Señor, me acojo,
que no quede yo nunca defraudado.
En tus manos encomiendo mi espíritu
y tú, mi Dios leal, me librarás. ℟.
    Se burlan de mí mis enemigos,
mis vecinos y parientes de mí se espantan,
los que me ven pasar huyen de mí.
Estoy en el olvido, como un muerto,
como un objeto tirado en la basura. ℟.
    Pero yo, Señor, en ti confío.
Tú eres mi Dios,
y en tus manos está mi destino.
Líbrame de los enemigos que me persiguen. ℟.
    Vuelve, Señor, tus ojos a tu siervo
y sálvame, por tu misericordia.
Sean fuertes y valientes de corazón,
ustedes, los que esperan en el Señor. ℟.

SEGUNDA LECTURA
Aprendió a obedecer y se convirtió en la causa de la salvación eterna para todos los que lo obedecen.

De la carta a los hebreos
4, 14-16; 5, 7-9

Hermanos: Jesús, el Hijo de Dios, es nuestro sumo sacerdote, que ha entrado en el cielo. Mantengamos firme la profesión de nuestra fe. En efecto, no tenemos un sumo sacerdote que no sea capaz de compadecerse de nuestros sufrimientos, puesto que él mismo ha pasado por las mismas pruebas que nosotros, excepto el pecado. Acerquémonos, por lo tanto, con plena confianza al trono de la gracia, para recibir misericordia, hallar la gracia y obtener ayuda en el momento oportuno.

Precisamente por eso, Cristo, durante su vida mortal, ofreció oraciones y súplicas, con fuertes voces y lágrimas, a aquel que podía librarlo de la muerte, y fue escuchado por su piedad. A pesar de que era el Hijo, aprendió a obedecer padeciendo, y llegado a su perfección, se convirtió en la causa de la salvación eterna para todos los que lo obedecen.

Palabra de Dios.   ℞. **Te alabamos, Señor.**

ACLAMACIÓN ANTES DEL EVANGELIO
Flp 2, 8-9

B.P. 1030 Sosa.

Ho - nor   y   glo - ria   a   ti,   Se - ñor   Je - sús.

℞.   Honor y gloria a ti, Señor Jesús.
Cristo se humilló por nosotros
y por obediencia aceptó incluso la muerte,
y una muerte de cruz.
Por eso Dios lo exaltó sobre todas las cosas
y le otorgó el nombre que está sobre todo nombre.
℞.   Honor y gloria a ti, Señor Jesús.

PASIÓN DE NUESTRO SEÑOR JESUCRISTO SEGÚN SAN JUAN
18, 1–19, 42

Apresaron a Jesús y lo ataron

En aquel tiempo, Jesús fue con sus discípulos al otro lado del torrente Cedrón, donde había un huerto, y entraron allí él y sus discípulos. Judas, el traidor, conocía también el sitio, porque Jesús se reunía a menudo allí con sus discípulos.

Entonces Judas tomó un batallón de soldados y guardias de los sumos sacerdotes y de los fariseos y entró en el huerto con linternas, antorchas y armas.

Jesús, sabiendo todo lo que iba a suceder, se adelantó y les dijo: "¿A quién buscan?" Le contestaron: "A Jesús, el nazareno". Les dijo Jesús: "Yo soy". Estaba también con ellos Judas, el traidor. Al decirles 'Yo soy', retrocedieron y cayeron a tierra. Jesús les volvió a preguntar: "¿A quién buscan?" Ellos dijeron: "A Jesús, el nazareno". Jesús contestó: "Les he dicho que soy yo. Si me buscan a mí, dejen que éstos se vayan". Así se cumplió lo que Jesús había dicho: 'No he perdido a ninguno de los que me diste'.

Entonces Simón Pedro, que llevaba una espada, la sacó e hirió a un criado del sumo sacerdote y le cortó la oreja derecha. Este criado se llamaba Malco. Dijo entonces Jesús a Pedro: "Mete la espada en la vaina. ¿No voy a beber el cáliz que me ha dado mi Padre?"

Llevaron a Jesús primero ante Anás

El batallón, su comandante y los criados de los judíos apresaron a Jesús, lo ataron y lo llevaron primero ante Anás, porque era suegro de Caifás, sumo sacerdote aquel año. Caifás era el que había dado a los judíos este consejo: 'Conviene que muera un solo hombre por el pueblo'.

Simón Pedro y otro discípulo iban siguiendo a Jesús. Este discípulo era conocido del sumo sacerdote y entró con Jesús en el palacio del sumo sacerdote, mientras Pedro se quedaba fuera, junto a la puerta. Salió el otro discípulo, el conocido del sumo sacerdote, habló con la portera e hizo entrar a Pedro. La portera dijo entonces a Pedro: "¿No eres tú también uno de los discípulos de ese hombre?" Él dijo: "No lo soy". Los criados y los guardias habían encendido un brasero, porque hacía frío, y se calentaban. También Pedro estaba con ellos de pie, calentándose.

El sumo sacerdote interrogó a Jesús acerca de sus discípulos y de su doctrina. Jesús le contestó: "Yo he hablado abiertamente al mundo y he enseñado continuamente en la sinagoga y en el templo, donde se reúnen todos los judíos, y no he dicho nada a escondidas. ¿Por qué me interrogas a mí? Interroga a los que me han oído, sobre lo que les he hablado. Ellos saben lo que he dicho".

Apenas dijo esto, uno de los guardias le dio una bofetada a Jesús, diciéndole: "¿Así contestas al sumo sacerdote?" Jesús le respondió: "Si he faltado al hablar, demuestra en qué he faltado; pero si he hablado como se debe, ¿por qué me pegas?" Entonces Anás lo envió atado a Caifás, el sumo sacerdote.

¿No eres tú también uno de sus discípulos? No lo soy

Simón Pedro estaba de pie, calentándose, y le dijeron: "¿No eres tú también uno de sus discípulos?" Él lo negó diciendo: "No lo soy". Uno de los criados del sumo sacerdote, pariente de aquel a quien Pedro le había cortado la oreja, le dijo: "¿Qué no te vi yo con él en el huerto?" Pedro volvió a negarlo y en seguida cantó un gallo.

Mi Reino no es de este mundo

Llevaron a Jesús de casa de Caifás al pretorio. Era muy de mañana y ellos no entraron en el palacio para no incurrir en impureza y poder así comer la cena de Pascua.

Salió entonces Pilato a donde estaban ellos y les dijo: "¿De qué acusan a este hombre?" Le contestaron: "Si éste no fuera un malhechor, no te lo hubiéramos traído". Pilato les dijo: "Pues llévenselo y júzguenlo según su ley". Los judíos le respondieron: "No estamos autorizados para dar muerte a nadie". Así se cumplió lo que había dicho Jesús, indicando de qué muerte iba a morir.

Entró otra vez Pilato en el pretorio, llamó a Jesús y le dijo: "¿Eres tú el rey de los judíos?" Jesús le contestó: "¿Eso lo preguntas por tu cuenta o te lo han dicho otros?" Pilato le respondió: "¿Acaso soy yo judío? Tu pueblo y los sumos sacerdotes te han entregado a mí. ¿Qué es lo que has hecho?" Jesús le contestó: "Mi Reino no es de este mundo. Si mi Reino fuera de este mundo, mis servidores habrían luchado para que no cayera yo en manos de los judíos. Pero mi Reino no es de aquí". Pilato le dijo: "¿Conque tú eres rey?" Jesús le contestó: "Tú lo has dicho. Soy rey. Yo nací y vine al mundo para ser testigo de la verdad. Todo el que es de la verdad, escucha mi voz". Pilato le dijo: "¿Y qué es la verdad?"

Dicho esto, salió otra vez a donde estaban los judíos y les dijo: "No encuentro en él ninguna culpa. Entre ustedes es costumbre que por Pascua ponga en libertad a un preso. ¿Quieren que les suelte al rey de los judíos?" Pero todos ellos gritaron: "¡No, a ése no! ¡A Barrabás!" (El tal Barrabás era un bandido).

¡Viva el rey de los judíos!

Entonces Pilato tomó a Jesús y lo mandó azotar. Los soldados trenzaron una corona de espinas, se la pusieron en la cabeza, le echaron encima un manto color púrpura, y acercándose a él, le decían: "¡Viva el rey de los judíos!", y le daban de bofetadas.

Pilato salió otra vez afuera y les dijo: "Aquí lo traigo para que sepan que no encuentro en él ninguna culpa". Salió, pues, Jesús, llevando la corona de espinas y el manto color púrpura. Pilato les dijo: "Aquí está el hombre". Cuando lo vieron los sumos sacerdotes y sus servidores, gritaron: "¡Crucifícalo, crucifícalo!" Pilato les dijo: "Llévenselo ustedes y crucifíquenlo, porque yo no encuentro culpa en él". Los judíos le contestaron: "Nosotros tenemos una ley y según esa ley tiene que morir, porque se ha declarado Hijo de Dios".

Cuando Pilato oyó estas palabras, se asustó aún más, y entrando otra vez en el pretorio, dijo a Jesús: "¿De dónde eres tú?" Pero Jesús no le respondió. Pilato le dijo entonces: "¿A mí no me hablas? ¿No sabes que tengo autoridad para soltarte y autoridad para crucificarte?" Jesús le contestó: "No tendrías ninguna autoridad sobre mí, si no te la hubieran dado de lo alto. Por eso, el que me ha entregado a ti tiene un pecado mayor".

¡Fuera, fuera! Crucifícalo

Desde ese momento Pilato trataba de soltarlo, pero los judíos gritaban: "¡Si sueltas a ése, no eres amigo del César!; porque todo el que pretende ser rey, es enemigo del César". Al oír estas palabras, Pilato sacó a Jesús y lo sentó en el tribunal, en el sitio que llaman "el Enlosado" (en hebreo Gábbata). Era el día de la preparación de la Pascua, hacia el mediodía. Y dijo Pilato a los judíos: "Aquí tienen a su rey". Ellos gritaron: "¡Fuera, fuera! ¡Crucifícalo!" Pilato les dijo: "¿A su rey voy a crucificar?" Contestaron los sumos sacerdotes: "No tenemos más rey que el César". Entonces se lo entregó para que lo crucificaran.

Crucificaron a Jesús y con él a otros dos

Tomaron a Jesús y él, cargando con la cruz, se dirigió hacia el sitio llamado "la Calavera" (que en hebreo se dice Gólgota), donde lo crucificaron, y con él a otros dos, uno de cada lado, y en medio Jesús. Pilato mandó escribir un letrero y ponerlo encima de la cruz; en él estaba escrito: 'Jesús el nazareno, el rey de los judíos'. Leyeron el letrero muchos judíos, porque estaba cerca el lugar donde crucificaron a Jesús y estaba escrito en hebreo, latín y griego. Entonces los sumos sacerdotes de los judíos le dijeron a Pilato: "No escribas: 'El rey de los judíos', sino: 'Éste ha dicho: Soy rey de los judíos' ". Pilato les contestó: "Lo escrito, escrito está".

Se repartieron mi ropa

Cuando crucificaron a Jesús, los soldados cogieron su ropa e hicieron cuatro partes, una para cada soldado, y apartaron la túnica. Era una túnica sin costura, tejida toda de una pieza de arriba a abajo. Por eso se dijeron: "No la rasguemos, sino echemos suertes para ver a quién le toca". Así se cumplió lo que dice la Escritura: *Se repartieron mi ropa y echaron a suerte mi túnica.* Y eso hicieron los soldados.

Ahí está tu hijo - Ahí está tu madre

Junto a la cruz de Jesús estaban su madre, la hermana de su madre, María la de Cleofás, y María Magdalena. Al ver a su madre y junto a ella al discípulo que tanto quería, Jesús dijo a su madre: "Mujer, ahí está tu hijo". Luego dijo al discípulo: "Ahí está tu madre". Y desde aquella hora el discípulo se la llevó a vivir con él.

Todo está cumplido

Después de esto, sabiendo Jesús que todo había llegado a su término, para que se cumpliera la Escritura dijo: *"Tengo sed".* Había allí un jarro lleno de vinagre. Los soldados sujetaron una esponja empapada en vinagre a una caña de hisopo y se la acercaron a la boca. Jesús probó el vinagre y dijo: "Todo está cumplido", e inclinando la cabeza, entregó el espíritu.

Aquí se arrodillan todos y se hace una breve pausa.

Inmediatamente salió sangre y agua

Entonces, los judíos, como era el día de la preparación de la Pascua, para que los cuerpos de los ajusticiados no se quedaran en la cruz el sábado, porque aquel sábado era un día muy solemne, pidieron a Pilato que les quebraran las piernas y los quitaran de la cruz. Fueron los soldados, le quebraron las piernas a uno y luego al otro de los que habían sido crucificados con él. Pero al llegar a Jesús, viendo que ya había muerto, no le quebraron las piernas, sino que uno de los soldados le traspasó el costado con una lanza e inmediatamente salió sangre y agua.

El que vio da testimonio de esto y su testimonio es verdadero y él sabe que dice la verdad, para que también ustedes crean. Esto sucedió para que se cumpliera lo que dice la Escritura: *No le quebrarán ningún hueso;* y en otro lugar la Escritura dice: *Mirarán al que traspasaron.*

Vendaron el cuerpo de Jesús y lo perfumaron

Después de esto, José de Arimatea, que era discípulo de Jesús, pero oculto por miedo a los judíos, pidió a Pilato que lo dejara llevarse el cuerpo de Jesús. Y Pilato lo autorizó. Él fue entonces y se llevó el cuerpo.

Llegó también Nicodemo, el que había ido a verlo de noche, y trajo unas cien libras de una mezcla de mirra y áloe.

Tomaron el cuerpo de Jesús, y lo envolvieron en lienzos con esos aromas, según se acostumbra enterrar entre los judíos. Había un huerto en el sitio donde lo crucificaron, y en el huerto, un sepulcro nuevo, donde nadie había sido enterrado todavía. Y como para los judíos era el día de la preparación de la Pascua y el sepulcro estaba cerca, allí pusieron a Jesús.

Palabra del Señor. ℟. **Gloria a ti, Señor Jesús.**

ORACIÓN UNIVERSAL

1. Por la santa Iglesia

Oremos, hermanos, por la santa Iglesia de Dios, para que el Señor le conceda la paz y la unidad, la proteja en todo el mundo y nos conceda una vida serena, para alabar a Dios Padre todopoderoso.

Se ora un momento en silencio. Luego prosigue el sacerdote:

Dios todopoderoso y eterno, que en Cristo revelaste tu gloria a todas las naciones, conserva la obra de tu amor, para que tu Iglesia, extendida por todo el mundo, persevere con fe inquebrantable en la confesión de tu nombre. Por Jesucristo, nuestro Señor. ℟. **Amén.**

2. Por el Papa

Oremos también por nuestro santo padre, el Papa N., para que Dios nuestro Señor, que lo eligió entre los obispos, lo asista y proteja para bien de su Iglesia, como guía y pastor del pueblo santo de Dios.

Se ora un momento en silencio. Luego prosigue el sacerdote:

Dios todopoderoso y eterno, cuya providencia gobierna todas las cosas, atiende a nuestras súplicas y protege con tu amor al Papa que nos has elegido, para que el pueblo cristiano, confiado por ti a su guía pastoral, progrese siempre en la fe. Por Jesucristo, nuestro Señor. ℞. **Amén.**

3. Por el pueblo de Dios y sus ministros

Oremos también por nuestro obispo N., por todos los obispos, presbíteros, diáconos, por todos los que ejercen algún ministerio en la Iglesia y por todo el pueblo de Dios.

Se ora un momento en silencio. Luego prosigue el sacerdote:

Dios todopoderoso y eterno, que con tu Espíritu santificas y gobiernas a toda tu Iglesia, escucha nuestras súplicas y concédenos tu gracia, para que todos, según nuestra vocación, podamos servirte con fidelidad. Por Jesucristo, nuestro Señor. ℞. **Amén.**

4. Por los catecúmenos

Oremos también por los (nuestros) catecúmenos, para que Dios nuestro Señor los ilumine interiormente y les comunique su amor; y para que, mediante el bautismo, se les perdonen todos sus pecados y queden incorporados a Cristo nuestro Señor.

Se ora un momento en silencio. Luego prosigue el sacerdote:

Dios todopoderoso y eterno, que sin cesar concedes nuevos hijos a tu Iglesia, aumenta en los (nuestros) catecúmenos el conocimiento de su fe, para que puedan renacer por el bautismo a la vida nueva de tus hijos de adopción. Por Jesucristo, nuestro Señor. ℞. **Amén.**

5. Por la unidad de los cristianos

Oremos también por todos los hermanos que creen en Cristo, para que Dios nuestro Señor les conceda vivir sinceramente lo que profesan y se digne reunirlos para siempre en un solo rebaño, bajo un solo pastor.

Se ora un momento en silencio. Luego prosigue el sacerdote:

Dios todopoderoso y eterno, tú que reúnes a los que están dispersos y los mantienes en la unidad, mira con amor a todos los cristianos, a fin de que, cuantos están consagrados por un solo bautismo, formen una sola familia, unida por el amor y la integridad de la fe. Por Jesucristo, nuestro Señor. ℞. **Amén.**

6. Por los judíos

Oremos también por el pueblo judío, al que Dios se dignó hablar por medio de los profetas, para que el Señor le conceda progresar continuamente en el amor a su nombre y en la fidelidad a su alianza.

Se ora un momento en silencio. Luego prosigue el sacerdote:

Dios todopoderoso y eterno, que prometiste llenar de bendiciones a Abraham y a su descendencia, escucha las súplicas de tu Iglesia, y concede al pueblo de la primitiva alianza alcanzar la plenitud de la redención. Por Jesucristo, nuestro Señor. ℞. **Amén.**

7. Por los que no creen en Cristo

Oremos también por los que no creen en Cristo, para que, iluminados por el Espíritu Santo, puedan encontrar el camino de la salvación.

Se ora un momento en silencio. Luego prosigue el sacerdote:

Dios todopoderoso y eterno, concede a quienes no creen en Cristo buscar sinceramente agradarte, para que encuentren la verdad; y a nosotros, tus fieles, concédenos progresar en el amor fraterno y en el deseo de conocerte más, para dar al mundo un testimonio creíble de tu amor. Por Jesucristo, nuestro Señor. ℞. **Amén.**

8. Por los que no creen en Dios

Oremos también por los que no conocen a Dios, para que obren siempre con bondad y rectitud y puedan llegar así a conocer a Dios.

Se ora un momento en silencio. Luego prosigue el sacerdote:

Dios todopoderoso y eterno, que has hecho a los hombres en tal forma que en todo, aun sin saberlo, te busquen y sólo al encontrarte hallen descanso, concédenos que, en medio de las adversidades de este mundo, todos reconozcan las señales de tu amor y, estimulados por el testimonio de nuestra vida, tengan por fin la alegría de creer en ti, único Dios verdadero y Padre de todos los hombres. Por Jesucristo, nuestro Señor. ℟. **Amén.**

9. Por los gobernantes

Oremos también por los jefes de Estado y todos los responsables de los asuntos públicos, para que Dios nuestro Señor les inspire decisiones que promuevan el bien común, en un ambiente de paz y libertad.

Se ora un momento en silencio. Luego prosigue el sacerdote:

Dios todopoderoso y eterno, en cuya mano está mover el corazón de los hombres y defender los derechos de los pueblos, mira con bondad a nuestros gobernantes, para que, con tu ayuda, promuevan una paz duradera, un auténtico progreso social y una verdadera libertad religiosa. Por Jesucristo, nuestro Señor. ℟. **Amén.**

10. Por los que se encuentran en alguna tribulación

Oremos, hermanos, a Dios Padre todopoderoso, para que libre al mundo de todas sus miserias, dé salud a los enfermos y pan a los que tienen hambre, libere a los encarcelados y haga justicia a los oprimidos, conceda seguridad a los que viajan, un pronto retorno a los que se encuentran lejos del hogar y la vida eterna a los moribundos.

Se ora un momento en silencio. Luego prosigue el sacerdote:

Dios todopoderoso y eterno, consuelo de los afligidos y fortaleza de los que sufren, escucha a los que te invocan en su tribulación, para que experimenten todos la alegría de tu misericordia. Por Jesucristo, nuestro Señor. ℟. **Amén.**

ADORACIÓN DE LA SANTA CRUZ

Cuando el sacerdote nos presenta la cruz para venerarla, recordemos las palabras de Jesús: "Así como levantó Moisés la serpiente de bronce en el desierto, así tiene que ser levantado el Hijo del hombre, para que todo el que crea, tenga por él la vida eterna" (Jn 3, 14).

INVITATORIO AL PRESENTAR LA SANTA CRUZ

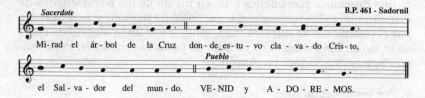

Sacerdote   B.P. 461 - Sadornil

Mi-rad el ár-bol de la Cruz don-de_es-tu-vo cla-va-do Cris-to,

Pueblo

el Sal-va-dor del mun-do.   VE-NID y   A-DO-RE-MOS.

℣.   Mirad el árbol de la Cruz donde estuvo clavado Cristo,
     el Salvador del mundo.
℟.   **Venid y adoremos.**

El sacerdote, el clero y los fieles se acercan procesionalmente y adoran la cruz, haciendo delante de ella una genuflexión simple o algún otro signo de veneración (como el de besarla), según la costumbre de la región.

Los cánticos que acompañan nuestro homenaje a la cruz celebran la victoria del Señor o recuerdan los reproches hechos por Dios a su pueblo, a cada uno de nosotros: "Vino a los suyos y los suyos no lo recibieron" (Jn 1, 11).

Las partes que corresponden al primer coro, se indican con el número 1; las que corresponden al segundo, con el número 2; las que deben cantarse juntamente por los dos coros, con los números 1 y 2.

1 y 2. ANTÍFONA
     Tu Cruz adoramos, Señor,
     y tu santa resurrección alabamos y glorificamos,
     pues del árbol de la Cruz
     ha venido la alegría al mundo entero.

1. SALMO 66, 2
     **Que el Señor se apiade de nosotros y nos bendiga,
     que nos muestre su rostro radiante y misericordioso.**

1 y 2. ANTÍFONA

Tu Cruz adoramos, Señor,
y tu santa resurrección alabamos y glorificamos,
pues del árbol de la Cruz
ha venido la alegría al mundo entero.

IMPROPERIOS I

1 y 2. Pueblo mío, ¿qué mal te he causado,
o en qué cosa te he ofendido? Respóndeme.

1. Porque yo te saqué de Egipto,
¿tú le has preparado una cruz a tu Salvador?

2. Pueblo mío, ¿qué mal te he causado,
o en qué cosa te he ofendido? Respóndeme.

1. Sanctus Deus.
2. Santo Dios.
1. Sanctus Fortis.
2. Santo fuerte.
1. Sanctus Immortalis, miserere nobis.
2. Santo inmortal, ten piedad de nosotros.

1 y 2. ¿Porque yo te guíe cuarenta años por el desierto,
te alimenté con el maná y te introduje en una tierra fértil,
tú le preparaste una cruz a tu Salvador?

Sanctus Deus, etc.

1 y 2. ¿Qué más pude hacer, o qué dejé sin hacer por ti?
Yo mismo te elegí y te planté, hermosa viña mía,
pero tú te has vuelto áspera y amarga conmigo,
porque en mi sed me diste de beber vinagre
y has plantado una lanza en el costado a tu Salvador.

Sanctus Deus, etc.

IMPROPERIOS II

1. Por ti yo azoté a Egipto y a sus primogénitos
y tú me has entregado para que me azoten.

2. ℟. **Pueblo mío, ¿qué mal te he causado,
o en qué cosa te he ofendido? Respóndeme.**

1. Yo te saqué de Egipto y te libré del faraón en el Mar Rojo
   y tú me has entregado a los sumos sacerdotes. 2. ℟.
1. Yo te abrí camino por el mar,
   y tú me has abierto el costado con tu lanza. 2. ℟.
1. Yo te serví de guía con una columna de nubes
   y tú me has conducido al pretorio de Pilato. 2. ℟.
1. Yo te di de comer maná en el desierto
   y tú me has dado de bofetadas y de azotes. 2. ℟.
1. Yo te di a beber el agua salvadora que brotó de la peña
   y tú me has dado a beber hiel y vinagre. 2. ℟.
1. Por ti yo herí a los reyes cananeos
   y tú, con una caña, me has herido en la cabeza. 2. ℟.
1. Yo puse en tus manos un cetro real
   y tú me has puesto en la cabeza una corona de espinas. 2. ℟.
1. Yo te exalté con mi omnipotencia
   y tú me has hecho subir a la deshonra de la Cruz. 2. ℟.

HIMNO

Después de cada estrofa, se van diciendo alternados los versos ℟. 1 y ℟. 2.

**Cruz amable y redentora,
árbol noble, espléndido.
Ningún árbol fue tan rico,
ni en sus frutos ni en su flor.
Dulce leño, dulces clavos,
dulce el fruto que nos dio.**

Canta, oh lengua jubilosa,
el combate singular
en que el Salvador del mundo,
inmolado en una cruz,
con su sangre redentora
a los hombres rescató.

℟. 1. **Cruz amable y redentora,
árbol noble, espléndido.
Ningún árbol fue tan rico,
ni en sus frutos ni en su flor.**

Cuando Adán, movido a engaño,
comió el fruto del Edén,
el Creador, compadecido,
desde entonces decretó
que un árbol nos devolviera
lo que un árbol nos quitó.

℟. 2. **Dulce leño, dulces clavos,
dulce el fruto que nos dio.**

Quiso, con sus propias armas,
vencer Dios al seductor,
la sabiduría a la astucia
fiero duelo le aceptó,
para hacer surgir la vida
donde la muerte brotó. ℟. 1.

Cuando el tiempo hubo llegado,
el Eterno nos envió
a su Hijo desde el cielo,
Dios eterno como él,
que en el seno de una Virgen
carne humana revistió. ℟. 2.

Hecho un niño está llorando,
de un pesebre en la estrechez.
En Belén, la Virgen madre
en pañales lo envolvió.
He allí al Dios potente,
pobre, débil, párvulo. ℟. 1.

Cuando el cuerpo del Dios-Hombre
alcanzó su plenitud,
al tormento, libremente,
cual cordero, se entregó
pues a ello vino al mundo
a morir en una cruz. R. 2.

Ya se enfrenta a las injurias,
a los golpes y al rencor,
ya la sangre está brotando
de la fuente de salud.
En qué río tan divino
se ha lavado la creación. R. 1.

Árbol santo, cruz excelsa,
tu dureza ablanda ya,
que tus ramas se dobleguen
al morir el Redentor
y en tu tronco, suavizado,
lo sostengas con piedad. R. 2.

Feliz puerto preparaste
para el mundo náufrago
y el rescate presentaste
para nuestra redención,
pues la Sangre del Cordero
en tus brazos se ofrendó. R. 1.

*Conclusión que nunca
debe omitirse:*

**Elevemos jubilosos
a la augusta Trinidad
nuestra gratitud inmensa
por su amor y redención,
al eterno Padre, al Hijo,
y al Espíritu de amor.
Amén.**

SAGRADA COMUNIÓN

Sacerdote:

Fieles a la recomendación del Salvador,
y siguiendo su divina enseñanza,
nos atrevemos a decir:

El sacerdote, con las manos extendidas, dice junto con el pueblo:

**Padre nuestro, que estás en el cielo,
santificado sea tu nombre;
venga a nosotros tu reino;
hágase tu voluntad en la tierra como en el cielo.
Danos hoy nuestro pan de cada día;
perdona nuestras ofensas,
como también nosotros perdonamos
a los que nos ofenden;
no nos dejes caer en la tentación,
y líbranos del mal.**

El sacerdote, con las manos extendidas, prosigue él solo en voz alta:

Líbranos de todos los males, Señor,
y concédenos la paz en nuestros días,
para que, ayudados por tu misericordia,
vivamos siempre libres de pecado
y protegidos de toda perturbación,
mientras esperamos la gloriosa venida
de nuestro Salvador Jesucristo.

El sacerdote junta las manos. El pueblo concluye la oración, aclamando:

Tuyo es el reino,
tuyo el poder y la gloria por siempre, Señor.

A continuación el sacerdote, con las manos juntas, dice en secreto:

Señor Jesucristo,
la comunión de tu Cuerpo
no sea para mí un motivo de juicio y condenación,
sino que, por tu piedad,
me aproveche para defensa de alma y cuerpo
y como remedio saludable.

Enseguida hace genuflexión, toma una partícula, la mantiene un poco elevada sobre la patena y dice en voz alta:

Éste es el Cordero de Dios
que quita el pecado del mundo.
Dichosos los invitados a la cena del Señor.

Y, juntamente con el pueblo, añade una sola vez:

Señor, no soy digno
de que entres en mi casa,
pero una palabra tuya
bastará para sanarme.

Luego, comulga reverentemente el Cuerpo de Cristo.

Después distribuye la comunión a los fieles. Durante la comunión se pueden entonar cantos apropiados.

ORACIÓN DESPUÉS DE LA COMUNIÓN

Oremos. Dios todopoderoso y eterno, que nos has redimido con la gloriosa muerte y resurrección de Jesucristo, por medio de nuestra participación en este sacramento prosigue en nosotros la obra de tu amor y ayúdanos a vivir entregados siempre a tu servicio. Por Jesucristo, nuestro Señor. ℟. **Amén.**

ORACIÓN SOBRE EL PUEBLO

Envía, Señor, tu bendición sobre estos fieles tuyos que han conmemorado la muerte de tu Hijo y esperan resucitar con él; concédeles tu perdón y tu consuelo, fortalece su fe y condúcelos a su eterna salvación. Por Jesucristo, nuestro Señor. ℟. **Amén.**

SE SOLICITAN CIRINEOS

Hombres, mujeres, ancianos y niños. Gente que quiera hacerle menos pesada su cruz a Cristo:

✧ A CRISTO-ENFERMO, la cruz de su soledad o de su falta de medicinas.
✧ A CRISTO-POBRE, la cruz de su carencia de lo más necesario para sobrevivir.
✧ A CRISTO-ESPOSA, la cruz de su vida cotidiana, del trabajo que nadie aprecia y, por lo tanto, que nadie agradece y en el que nadie colabora.

✧ A CRISTO-HIJO, la cruz de sus problemas de adolescente.
✧ A CRISTO-PADRE, la cruz de su abandono por parte de los hijos, tanto en el aspecto humano como en el económico.

En la familia, en el trabajo, en la escuela, en las proximidades de nuestra casa hay muchos CRISTOS que apenas pueden con sus cruces y a los que podemos **echarles una manita** con ellas.

7 de abril

Vigilia Pascual

(Blanco)

¿Por qué nos reunimos en la noche?

Tratamos de buscar a Dios y la noche se presta. Nos ofrece recogimiento, tiene un atractivo especial para aquellos que quieren hablar con Dios. Es la hora en que el corazón vela esperando a su Señor.

Por otro lado, Jesucristo resucitó en la noche, a una hora en que nadie esperaba. Pero esta noche es la noche más importante para el mundo. Nosotros vivimos en una noche permanente. Noche de duda, noche de pecado, noche de falta de fe, noche de decepciones, de amores que no son fieles. En medio de esta noche nuestra, que es la "hora del poder de las tinieblas", resucitó Jesucristo, nuestra luz.

En esta noche acogemos en nuestro corazón:
a Cristo, nuestra única LUZ,
a Cristo, la PALABRA DE DIOS,
a Cristo, que es la VIDA,
a Cristo, que es el PAN y el VINO, alimento para el camino.

LUCERNARIO O SOLEMNE COMIENZO DE LA VIGILIA

El sacerdote saluda, como de costumbre, al pueblo congregado y le hace una breve exhortación, con estas palabras u otras semejantes:

Hermanos: En esta noche santa, en que nuestro Señor Jesucristo pasó de la muerte a la vida, la Iglesia invita a todos sus hijos, diseminados por el mundo, a que se reúnan para velar en oración. Conmemoremos, pues, juntos, la Pascua del Señor, escuchando su palabra y participando en sus sacramentos, con la esperanza cierta de participar también en su triunfo sobre la muerte y de vivir con él para siempre en Dios.

BENDICIÓN DEL FUEGO

El fuego nuevo puede ser pequeño (en el interior del templo) o imponente (en el atrio). En el segundo caso convendría que la ceremonia se pareciera a una reunión popular, como a una fogata de campamento.

El fuego nuevo que brilla en medio de la oscuridad no debe distraer nuestra atención del símbolo principal, que es el cirio pascual.

Oremos.

Dios nuestro, que por medio de tu Hijo nos has comunicado el fuego de tu vida divina, bendice + este fuego nuevo y haz que estas fiestas pascuales enciendan en nosotros el deseo del cielo, para que podamos llegar con un espíritu renovado a la fiesta gloriosa de tu Reino. Por Jesucristo, nuestro Señor. ℟. **Amén.**

PREPARACIÓN DEL CIRIO

Se enciende el cirio pascual en el fuego nuevo. El cirio, que se consume para iluminar, es para nosotros un signo de Cristo resucitado y glorioso.

Cristo ayer y hoy,
Principio y fin, Alfa y Omega.
Suyo es el tiempo y la eternidad.
A él la gloria y el poder
por los siglos de los siglos. Amén.

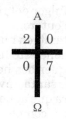

Por sus santas llagas gloriosas,
nos proteja y nos guarde
Jesucristo, nuestro Señor. Amén.

Que la luz de Cristo, resucitado y glorioso,
disipe las tinieblas de nuestro corazón
y de nuestro espíritu.
Amén.

PROCESIÓN

La llama que avanza por en medio del templo oscuro, va iluminando progresivamente las cosas y las personas. De igual manera, Jesucristo, desde su resurrección en medio del silencio, no ha dejado de penetrar en el mundo para transfigurarlo.

B.P. 463

Cris - to,   luz   del   mun - do.   De - mos gra - cias   a   Dios.

Cada uno va encendiendo su vela. Nos comunicamos la llama del cirio pascual, que es la luz de Cristo. Nos comunicamos unos a otros la fe y la esperanza. Todos participamos en la obra de la luz. Todos participamos en la única resurrección, que es la de Cristo.

PREGÓN PASCUAL

Se coloca solemnemente el cirio pascual en un candelabro. El diácono (o algún otro ministro) proclama la alegría del mundo renovado: alegría para todos, aun para aquellos que están afligidos.

Alégrense, por fin, los coros de los ángeles, alégrense las jerarquías del cielo y, por la victoria de rey tan poderoso, que las trompetas anuncien la salvación.

Goce también la tierra, inundada de tanta claridad, y que, radiante con el fulgor del rey eterno, se sienta libre de la tiniebla que cubría el orbe entero.

Alégrese también nuestra madre la Iglesia, revestida de luz tan brillante; resuene este templo con las aclamaciones del pueblo.

(Por eso, queridos hermanos, que asisten a la admirable claridad de esta luz santa, invoquen conmigo la misericordia de Dios omnipotente, para que aquel que, sin mérito mío, me agregó al número de los diáconos, complete mi alabanza a este cirio, infundiendo el resplandor de su luz).

(℣. El Señor esté con ustedes.
℟. Y con tu espíritu).
℣. Levantemos el corazón.
℟. Lo tenemos levantado hacia el Señor.
℣. Demos gracias al Señor, nuestro Dios.
℟. Es justo y necesario.

En verdad es justo y necesario aclamar con nuestras voces y con todo el afecto del corazón, a Dios invisible, el Padre todopoderoso, y a su único Hijo, nuestro Señor Jesucristo.

Porque él ha pagado por nosotros al eterno Padre la deuda de Adán, y ha borrado con su sangre inmaculada la condena del antiguo pecado. Porque éstas son las fiestas de Pascua, en las que se inmola el verdadero Cordero, cuya sangre consagra las puertas de los fieles.

Ésta es la noche en que sacaste de Egipto a los israelitas, nuestros padres, y los hiciste pasar a pie el Mar Rojo.

Ésta es la noche en que la columna de fuego esclareció las tinieblas del pecado.

Ésta es la noche que a todos los que creen en Cristo, por toda la tierra, los arranca de los vicios del mundo y de la oscuridad del pecado, los restituye a la gracia y los agrega a los santos.

Ésta es la noche en que, rotas las cadenas de la muerte, Cristo asciende victorioso del abismo. ¿De qué nos serviría haber nacido si no hubiéramos sido rescatados? ¡Qué asombroso beneficio de tu amor por nosotros! ¡Qué incomparable ternura y caridad! ¡Para rescatar al esclavo entregaste al Hijo!

Necesario fue el pecado de Adán, que ha sido borrado por la muerte de Cristo. ¡Feliz la culpa que mereció tal Redentor!

¡Qué noche tan dichosa! Sólo ella conoció el momento en que Cristo resucitó del abismo. Ésta es la noche de la que estaba escrito: "Será la noche clara como el día, la noche iluminada por mi gozo".

Y así, esta noche santa ahuyenta los pecados, lava las culpas, devuelve la inocencia a los caídos, la alegría a los tristes, expulsa el odio, trae la concordia, doblega a los poderosos.

En esta noche de gracia, acepta, Padre santo, el sacrificio vespertino de alabanza, que la santa Iglesia te ofrece en la solemne ofrenda de este cirio, obra de las abejas.

Sabemos ya lo que anuncia esta columna de fuego, que arde en llama viva para la gloria de Dios. Y aunque distribuye su luz, no mengua al repartirla, porque se alimenta de cera fundida que elaboró la abeja fecunda para hacer esta lámpara preciosa.

¡Qué noche tan dichosa, en que se une el cielo con la tierra, lo humano con lo divino!

Te rogamos, Señor, que este cirio consagrado a tu nombre para destruir la oscuridad de esta noche, arda sin apagarse y, aceptado como perfume, se asocie a las lumbreras del cielo. Que el lucero matinal lo encuentre ardiendo, ese lucero que no conoce ocaso, Jesucristo, tu Hijo, que volviendo del abismo, brilla sereno para el linaje humano y vive y reina por los siglos de los siglos.

℟. **Amén.**

LITURGIA DE LA PALABRA

A la luz de Cristo, simbolizado por el cirio pascual, escuchemos la Biblia, que nos relata las intervenciones de Dios en la historia de su pueblo. Es una historia que nos interesa a todos, porque preparaba el camino de aquel que vino a salvarnos a todos.

Hermanos, con el pregón solemne de la Pascua, hemos entrado ya en la noche santa de la resurrección del Señor. Escuchemos con recogimiento la Palabra de Dios. Meditemos cómo, en la Antigua Alianza, Dios salvó a su pueblo y, en la plenitud de los tiempos, envió al mundo a su Hijo para que nos redimiera.

Oremos para que Dios, nuestro Padre, conduzca a su plenitud esta obra de salvación, iniciada con la muerte y resurrección de Jesucristo.

En esta Vigilia se proponen nueve lecturas, siete del Antiguo Testamento y dos del Nuevo (la Epístola y el Evangelio). Si las circunstancias pastorales lo piden, el número de lecturas del Antiguo Testamento puede reducirse hasta tres y, en caso muy urgente, hasta dos. Aun en este último caso, nunca se omita la tercera lectura, tomada del Éxodo, sobre el paso del Mar Rojo.

PRIMERA LECTURA
Vio Dios todo lo que había hecho y lo encontró muy bueno.

> *Todas las cosas que hizo Dios al principio de la creación eran muy buenas. Y el hombre, hecho a imagen y semejanza de Dios, fue la obra cumbre del Señor. Pero la desobediencia del hombre lo despojó de la grandeza que el Creador le había concedido. Entonces Dios inventó algo más maravilloso todavía: la redención o "re-creación" por medio de su Hijo, Jesucristo, que se hizo hombre, murió y resucitó por todos nosotros.*

Del libro del Génesis
1, 1–2, 2

En el principio creó Dios el cielo y la tierra. La tierra era soledad y caos; y las tinieblas cubrían la faz del abismo. El espíritu de Dios se movía sobre la superficie de las aguas.

Dijo Dios: "Que exista la luz", y la luz existió. Vio Dios que la luz era buena, y separó la luz de las tinieblas. Llamó a la luz "día" y a las tinieblas, "noche". Fue la tarde y la mañana del primer día.

Dijo Dios: "Que haya una bóveda entre las aguas, que separe unas aguas de otras". E hizo Dios una bóveda y separó con ella las aguas de arriba, de las aguas de abajo. Y así fue. Llamó Dios a la bóveda "cielo". Fue la tarde y la mañana del segundo día.

Dijo Dios: "Que se junten las aguas de debajo del cielo en un solo lugar y que aparezca el suelo seco". Y así fue. Llamó Dios "tierra" al suelo seco y "mar" a la masa de las aguas. Y vio Dios que era bueno.

Dijo Dios: "Verdee la tierra con plantas que den semilla y árboles que den fruto y semilla, según su especie, sobre la tierra". Y así fue. Brotó de la tierra hierba verde, que producía semilla, según su especie, y árboles que daban fruto y llevaban semilla, según su especie. Y vio Dios que era bueno. Fue la tarde y la mañana del tercer día.

Dijo Dios: "Que haya lumbreras en la bóveda del cielo, que separen el día de la noche, señalen las estaciones, los días y los años, y luzcan en la bóveda del cielo para iluminar la tierra". Y así fue. Hizo Dios las dos grandes lumbreras: la lumbrera mayor para regir el día y la menor, para regir la noche; y también hizo las estrellas. Dios puso las lumbreras en la bóveda del cielo para iluminar la tierra, para regir el día y la noche, y separar la luz de las tinieblas. Y vio Dios que era bueno. Fue la tarde y la mañana del cuarto día.

Dijo Dios: "Agítense las aguas con un hervidero de seres vivientes y revoloteen sobre la tierra las aves, bajo la bóveda del cielo". Creó Dios los grandes animales marinos y los vivientes que en el agua se deslizan y la pueblan, según su especie. Creó también el mundo de las aves, según sus especies. Vio Dios que era bueno y los bendijo, diciendo: "Sean fecundos y multiplíquense; llenen las aguas del mar; que las aves se multipliquen en la tierra". Fue la tarde y la mañana del quinto día.

Dijo Dios: "Produzca la tierra vivientes, según sus especies: animales domésticos, reptiles y fieras, según sus especies". Y así fue. Hizo Dios las fieras, los animales domésticos y los reptiles, cada uno según su especie. Y vio Dios que era bueno.

Dijo Dios: "Hagamos al hombre a nuestra imagen y semejanza; que domine a los peces del mar, a las aves del cielo, a los animales domésticos y a todo animal que se arrastra sobre la tierra".

Y creó Dios al hombre a su imagen;
a imagen suya lo creó;
hombre y mujer los creó.

Y los bendijo Dios y les dijo: "Sean fecundos y multiplíquense, llenen la tierra y sométanla; dominen a los peces del mar, a las aves del cielo y a todo ser viviente que se mueve sobre la tierra".

Y dijo Dios: "He aquí que les entrego todas las plantas de semilla que hay sobre la faz de la tierra, y todos los árboles que producen fruto y semilla, para que les sirvan de alimento. Y a todas las fieras de la tierra, a todas las aves del cielo, a todos los reptiles de la tierra, a todos los seres que respiran, también les doy por alimento las verdes plantas". Y así fue. Vio Dios todo lo que había hecho y lo encontró muy bueno. Fue la tarde y la mañana del sexto día.

Así quedaron concluidos el cielo y la tierra con todos sus ornamentos, y terminada su obra, descansó Dios el séptimo día de todo cuanto había hecho.

Palabra de Dios.   ℟. **Te alabamos, Señor.**

SALMO RESPONSORIAL
Del salmo 103

M. Íñiguez B.P. 1684

Ben - di - ce al Se - ñor, al - ma mí - a.

℟.   Bendice al Señor, alma mía.

Bendice al Señor, alma mía;
Señor y Dios mío, inmensa es tu grandeza.
Te vistes de belleza y majestad,
la luz te envuelve como un manto. ℟.

Sobre bases inconmovibles
asentaste la tierra para siempre.
Con un vestido de mares la cubriste
y las aguas en los montes concentraste. ℟.

En los valles haces brotar las fuentes,
que van corriendo entre montañas;
junto al arroyo vienen a vivir las aves,
que cantan entre las ramas. ℟.

Desde tu cielo riegas los montes
y sacias la tierra del fruto de tus manos;
haces brotar hierba para los ganados
y pasto para los que sirven al hombre. ℞.

¡Qué numerosas son tus obras, Señor,
y todas las hiciste con maestría!
La tierra está llena de tus creaturas.
Bendice al Señor, alma mía. ℞.

ORACIÓN

Oremos. Dios todopoderoso y eterno, que en todas las obras de tu amor te muestras admirable, concédenos comprender que la redención realizada por Cristo, nuestra Pascua, es una obra más maravillosa todavía que la misma creación del universo. Por Jesucristo, nuestro Señor. ℞. **Amén.**

SEGUNDA LECTURA

El sacrificio de nuestro patriarca Abraham.

> *Se puede decir que Abraham es una profecía de la acción de Dios, quien, "para rescatar al esclavo, entregó a su Hijo". El Señor había prometido a Abraham una numerosa descendencia, nacida de su hijo único, Isaac. El Señor quiso probar la fe de Abraham y le ordenó sacrificar a su hijo. Abraham no dudó en sacrificarlo, como Dios se lo ordenaba, pero el mismo Dios intervino para impedir la muerte de Isaac. En esta forma, Abraham es "padre de nuestra fe" y su hijo, Isaac, representa a Cristo, que muere y resucita por nosotros.*

Del libro del Génesis
22, 1-18

En aquel tiempo, Dios le puso una prueba a Abraham y le dijo: "¡Abraham, Abraham!" Él respondió: "Aquí estoy". Y Dios le dijo: "Toma a tu hijo único, Isaac, a quien tanto amas; vete a la región de Moria y ofrécemelo en sacrificio, en el monte que yo te indicaré".

Abraham madrugó, aparejó su burro, tomó consigo a dos de sus criados y a su hijo Isaac; cortó leña para el sacrificio y se encaminó al lugar que Dios le había indicado. Al tercer día divisó a lo lejos el lugar. Les dijo entonces a sus criados: "Quédense aquí con el burro; yo iré con el muchacho hasta allá, para adorar a Dios y después regresaremos".

Abraham tomó la leña para el sacrificio, se la cargó a su hijo Isaac y tomó en su mano el fuego y el cuchillo. Los dos caminaban juntos. Isaac dijo a su padre Abraham: "¡Padre!" Él respondió: "¿Qué quieres, hijo?" El muchacho contestó: "Ya tenemos fuego y leña, pero ¿dónde está el cordero para el sacrificio?" Abraham le contestó: "Dios nos dará el cordero para el sacrificio, hijo mío". Y siguieron caminando juntos.

Cuando llegaron al sitio que Dios le había señalado, Abraham levantó un altar y acomodó la leña. Luego ató a su hijo Isaac, lo puso sobre el altar, encima de la leña, y tomó el cuchillo para degollarlo.

Pero el ángel del Señor lo llamó desde el cielo y le dijo: "¡Abraham, Abraham!" Él contestó: "Aquí estoy". El ángel le dijo: "No descargues la mano contra tu hijo, ni le hagas daño. Ya veo que temes a Dios, porque no le has negado a tu hijo único".

Abraham levantó los ojos y vio un carnero, enredado por los cuernos en la maleza. Atrapó el carnero y lo ofreció en sacrificio en lugar de su hijo. Abraham puso por nombre a aquel sitio "el Señor provee", por lo que aun el día de hoy se dice: "el monte donde el Señor provee".

El ángel del Señor volvió a llamar a Abraham desde el cielo y le dijo: "Juro por mí mismo, dice el Señor, que por haber hecho esto y no haberme negado a tu hijo único, yo te bendeciré y multiplicaré tu descendencia como las estrellas del cielo y las arenas del mar. Tus descendientes conquistarán las ciudades enemigas. En tu descendencia serán bendecidos todos los pueblos de la tierra, porque obedeciste a mis palabras".

Palabra de Dios.   ℞. **Te alabamos, Señor.**

SALMO RESPONSORIAL
Del salmo 15

E. Estrella B.P. 1685

Pro - té - ge - me, Dios mí - o, por - que me re - fu - gio en ti.

℞. Protégeme, Dios mío, porque me refugio en ti.

El Señor es la parte que me ha tocado en herencia:
mi vida está en sus manos.
Tengo siempre presente al Señor
y con él a mi lado, jamás tropezaré. ℞.

Por eso se me alegran el corazón y el alma
y mi cuerpo vivirá tranquilo,
porque tú no me abandonarás a la muerte,
ni dejarás que sufra yo la corrupción. ℞.

Enséñame el camino de la vida,
sáciame de gozo en tu presencia
y de alegría perpetua junto a ti. ℞.

ORACIÓN

Oremos. Señor Dios, Padre de los creyentes, que por medio del sacramento pascual del bautismo, sigues cumpliendo la promesa hecha a Abraham, de multiplicar su descendencia por toda la tierra y de hacerlo el padre de todas las naciones, concede a tu pueblo responder dignamente a la gracia de tu llamado. Por Jesucristo, nuestro Señor. ℞. **Amén**.

TERCERA LECTURA

Los israelitas entraron en el mar sin mojarse.

Los israelitas salen de Egipto y cruzan el Mar Rojo: éste es el nacimiento del pueblo de Israel y un símbolo del pueblo cristiano. Los egipcios perseguidores, que se hunden en las aguas del mar, y los israelitas liberados, son una de las maravillas que el Señor ha hecho por su pueblo. El agua del Mar Rojo prefigura el agua del bautismo. Y el pueblo que cruza las aguas del mar simboliza al pueblo cristiano que, por medio del bautismo en el agua, queda libre del pecado y de la muerte, por la victoria de Cristo.

Del libro del Éxodo
14, 15–15, 1

En aquellos días, dijo el Señor a Moisés: "¿Por qué sigues clamando a mí? Diles a los israelitas que se pongan en marcha. Y tú, alza tu bastón, extiende tu mano sobre el mar y divídelo, para que los israelitas entren en el mar sin mojarse. Yo voy a endurecer el corazón de los egipcios para que los persigan, y me cubriré de gloria a expensas del faraón y de todo su ejército, de sus carros y jinetes. Cuando me haya cubierto de gloria a expensas del faraón, de sus carros y jinetes, los egipcios sabrán que yo soy el Señor".

El ángel del Señor, que iba al frente de las huestes de Israel, se colocó tras ellas. Y la columna de nubes que iba adelante, también se desplazó y se puso a sus espaldas, entre el campamento de los israelitas y el campamento de los egipcios. La nube era tinieblas para unos y claridad para otros, y así los ejércitos no trabaron contacto durante toda la noche.

Moisés extendió la mano sobre el mar, y el Señor hizo soplar durante toda la noche un fuerte viento del este, que secó el mar, y dividió las aguas. Los israelitas entraron en el mar y no se mojaban, mientras las aguas formaban una muralla a su derecha y a su izquierda. Los egipcios se lanzaron en su persecución y toda la caballería del faraón, sus carros y jinetes, entraron tras ellos en el mar.

Hacia el amanecer, el Señor miró desde la columna de fuego y humo al ejército de los egipcios y sembró entre ellos el pánico. Trabó las ruedas de sus carros, de suerte que no avanzaban sino pesadamente. Dijeron entonces los egipcios: "Huyamos de Israel, porque el Señor lucha en su favor contra Egipto".

Entonces el Señor le dijo a Moisés: "Extiende tu mano sobre el mar, para que vuelvan las aguas sobre los egipcios, sus carros y sus jinetes". Y extendió Moisés su mano sobre el mar, y al amanecer, las aguas volvieron a su sitio, de suerte que al huir, los egipcios se encontraron con ellas, y el Señor los derribó en medio del mar. Volvieron las aguas y cubrieron los carros, a los jinetes y a todo el ejército del faraón, que se había metido en el mar para perseguir a Israel. Ni uno solo se salvó.

Pero los hijos de Israel caminaban por lo seco en medio del mar. Las aguas les hacían muralla a derecha e izquierda. Aquel día salvó el Señor a Israel de las manos de Egipto. Israel vio a los egipcios, muertos en la orilla del mar. Israel vio la mano fuerte del Señor sobre los egipcios, y el pueblo temió al Señor y creyó en el Señor y en Moisés, su siervo. Entonces Moisés y los hijos de Israel cantaron este cántico al Señor:

SALMO RESPONSORIAL
Éxodo 15

E. Estrella B.P. 1686

A - la - be - mos al Se - ñor por su vic - to - ria.

℞. Alabemos al Señor por su victoria.

Cantemos al Señor, sublime es su victoria:
caballos y jinetes arrojó en el mar.
Mi fortaleza y mi canto es el Señor,
él es mi salvación;
él es mi Dios, y yo lo alabaré,
es el Dios de mis padres, y yo le cantaré. ℞.

El Señor es un guerrero, su nombre es el Señor.
Precipitó en el mar los carros del faraón
y a sus guerreros;
ahogó en el Mar Rojo a sus mejores capitanes. ℞.

Las olas los cubrieron,
cayeron hasta el fondo, como piedras.
Señor, tu diestra brilla por su fuerza,
tu diestra, Señor, tritura al enemigo. ℞.

Tú llevas a tu pueblo
para plantarlo en el monte que le diste en herencia,
en el lugar que convertiste en tu morada,
en el santuario que construyeron tus manos.
Tú, Señor, reinarás para siempre. ℞.

ORACIÓN
Oremos. Tus antiguos prodigios se renuevan, Señor, también en
nuestros tiempos, pues lo que tu poder hizo con las aguas para librar a un solo pueblo de la esclavitud del faraón, lo repites ahora,
por medio del agua del bautismo, para salvar a todas las naciones.
Concede a todos los hombres del mundo entero contarse entre los
hijos de Abraham y participar de la dignidad del pueblo elegido. Por
Jesucristo, nuestro Señor. ℞. **Amén.**

CUARTA LECTURA
Con amor eterno se ha apiadado de ti tu redentor.

> *Las lecturas anteriores han descrito la acción salvadora de Dios con su pueblo. Ahora vamos a responder a Dios con nuestra propia historia. Los profetas nos invitan a aceptar la salvación que Dios nos ofrece, es decir, a convertirnos. Esta lectura nos recuerda que el Señor, a pesar de nuestras infidelidades, está dispuesto a recibirnos y a renovar su amor por nosotros.*

Del libro del profeta Isaías
54, 5-14

"El que te creó, te tomará por esposa;
su nombre es 'Señor de los ejércitos'.
Tu redentor es el Santo de Israel;
será llamado 'Dios de toda la tierra'.
Como a una mujer abandonada y abatida
te vuelve a llamar el Señor.
¿Acaso repudia uno a la esposa de la juventud?,
dice tu Dios.
    Por un instante te abandoné,
pero con inmensa misericordia te volveré a tomar.
En un arrebato de ira
te oculté un instante mi rostro,
pero con amor eterno me he apiadado de ti,
dice el Señor, tu redentor.
    Me pasa ahora como en los días de Noé:
entonces juré que las aguas del diluvio
no volverían a cubrir la tierra;
ahora juro no enojarme ya contra ti
ni volver a amenazarte.
Podrán desaparecer los montes
y hundirse las colinas,
pero mi amor por ti no desaparecerá
y mi alianza de paz quedará firme para siempre.
Lo dice el Señor, el que se apiada de ti.
    Tú, la afligida, la zarandeada por la tempestad,
la no consolada:
He aquí que yo mismo coloco tus piedras sobre piedras finas,
tus cimientos sobre zafiros;

te pondré almenas de rubí
y puertas de esmeralda
y murallas de piedras preciosas.

Todos tus hijos serán discípulos del Señor,
y será grande su prosperidad.
Serás consolidada en la justicia.
Destierra la angustia,
pues ya nada tienes que temer;
olvida tu miedo,
porque ya no se acercará a ti".

Palabra de Dios.   ℟. **Te alabamos, Señor.**

SALMO RESPONSORIAL
Del salmo 29

W. Iñiguez B.P. 1687

Te_a - la - ba - ré, Se - ñor, e - ter-na - men - te,   e - ter-na - men - te.

℟. Te alabaré, Señor, eternamente.

Te alabaré, Señor, pues no dejaste
que se rieran de mí mis enemigos.
Tú, Señor, me salvaste de la muerte
y a punto de morir, me reviviste. ℟.

Alaben al Señor quienes lo aman,
den gracias a su nombre,
porque su ira dura un solo instante
y su bondad, toda la vida.
El llanto nos visita por la tarde;
por la mañana, el júbilo. ℟.

Escúchame, Señor, y compadécete;
Señor, ven en mi ayuda.
Convertiste mi duelo en alegría,
te alabaré por eso eternamente. ℟.

ORACIÓN

Oremos. Señor Dios, siempre fiel a tus promesas, aumenta, por medio del bautismo, el número de tus hijos y multiplica la descendencia prometida a la fe de los patriarcas, para que tu Iglesia vea que se va cumpliendo tu voluntad de salvar a todos los hombres, como los patriarcas lo creyeron y esperaron. Por Jesucristo, nuestro Señor. ℟. **Amén.**

QUINTA LECTURA

Vengan a mí y vivirán. Sellaré con ustedes una alianza perpetua.

En esta noche santa nacen en el seno de la Iglesia nuevos cristianos. También nosotros, que hemos seguido a Cristo, renovaremos las promesas de nuestro bautismo y propondremos vivir con valor la vida cristiana. A los nuevos cristianos y a los que vamos a renovar las promesas del bautismo, el profeta nos describe el camino y las riquezas de la salvación.

Del libro del profeta Isaías
55, 1-11

E sto dice el Señor:
  "Todos ustedes, los que tienen sed, vengan por agua;
y los que no tienen dinero,
vengan, tomen trigo y coman;
tomen vino y leche sin pagar.
¿Por qué gastar el dinero en lo que no es pan
y el salario, en lo que no alimenta?
    Escúchenme atentos y comerán bien,
saborearán platillos sustanciosos.
Préstenme atención, vengan a mí,
escúchenme y vivirán.
    Sellaré con ustedes una alianza perpetua,
cumpliré las promesas que hice a David.
Como a él lo puse por testigo ante los pueblos,
como príncipe y soberano de las naciones,
así tú reunirás a un pueblo desconocido,
y las naciones que no te conocían acudirán a ti,
por amor del Señor, tu Dios,
por el Santo de Israel, que te ha honrado.

Busquen al Señor mientras lo pueden encontrar,
invóquenlo mientras está cerca;
que el malvado abandone su camino,
y el criminal, sus planes;
que regrese al Señor, y él tendrá piedad;
a nuestro Dios, que es rico en perdón.

Mis pensamientos no son los pensamientos de ustedes,
sus caminos no son mis caminos.
Porque así como aventajan los cielos a la tierra,
así aventajan mis caminos a los de ustedes
y mis pensamientos a sus pensamientos.

Como bajan del cielo la lluvia y la nieve
y no vuelven allá, sino después de empapar la tierra,
de fecundarla y hacerla germinar,
a fin de que dé semilla para sembrar y pan para comer,
así será la palabra que sale de mi boca:
no volverá a mí sin resultado,
sino que hará mi voluntad
y cumplirá su misión".

Palabra de Dios.   ℟. **Te alabamos, Señor.**

SALMO RESPONSORIAL
Isaías 12

E. Estrella B.P. 1688

El Se - ñor es mi Dios y sal - va - dor.

℟.   El Señor es mi Dios y salvador.

El Señor es mi Dios y salvador,
con él estoy seguro y nada temo.
El Señor es mi protección y mi fuerza,
y ha sido mi salvación.
Sacarán agua con gozo
de la fuente de salvación. ℟.

Den gracias al Señor,
invoquen su nombre,
cuenten a los pueblos sus hazañas,
proclamen que su nombre es sublime. ℟.

[℞. El Señor es mi Dios y salvador.]

Alaben al Señor por sus proezas,
anúncienlas a toda la tierra.
Griten jubilosos, habitantes de Sión,
porque el Dios de Israel
ha sido grande con ustedes. ℞.

ORACIÓN

Oremos. Dios todopoderoso y eterno, única esperanza del mundo,
tú que anunciaste por la voz de tus profetas los misterios que estamos celebrando esta noche, infunde en nuestros corazones la gracia
de tu Espíritu, para que podamos vivir una vida digna de tu redención. Por Jesucristo, nuestro Señor. ℞. **Amén.**

SEXTA LECTURA
Sigue el camino que te conduce a la luz del Señor.

> *Con frecuencia nos sentimos decepcionados de nuestra propia vida, por-*
> *que no hemos seguido el camino que nos habíamos propuesto, ni nos he-*
> *mos entregado al Señor, como lo intentábamos. ¿Quizá nos hemos de-*
> *jado cautivar por otra clase de sabiduría, diferente de la del Evange-*
> *lio?... ¡No dejemos que unos ideales, contrarios al Evangelio, influyan*
> *en nosotros y nos dominen!*

Del libro del profeta Baruc
3, 9-15. 32—4, 4

Escucha, Israel, los mandatos de vida,
presta oído para que adquieras prudencia.
¿A qué se debe, Israel, que estés aún en país enemigo,
que envejezcas en tierra extranjera,
que te hayas contaminado por el trato con los muertos,
que te veas contado entre los que descienden al abismo?
   Es que abandonaste la fuente de la sabiduría.
Si hubieras seguido los senderos de Dios,
habitarías en paz eternamente.
   Aprende dónde están la prudencia,
la inteligencia y la energía,
así aprenderás dónde se encuentra el secreto de vivir larga vida,
y dónde la luz de los ojos y la paz.

¿Quién es el que halló el lugar de la sabiduría
y tuvo acceso a sus tesoros?
El que todo lo sabe, la conoce;
con su inteligencia la ha escudriñado.
El que cimentó la tierra para todos los tiempos,
y la pobló de animales cuadrúpedos;
el que envía la luz, y ella va,
la llama, y temblorosa le obedece;
llama a los astros, que brillan jubilosos
en sus puestos de guardia,
y ellos le responden: "Aquí estamos",
y refulgen gozosos para aquel que los hizo.
Él es nuestro Dios
y no hay otro como él;
él ha escudriñado los caminos de la sabiduría
y se la dio a su hijo Jacob,
a Israel, su predilecto.
Después de esto, ella apareció en el mundo
y convivió con los hombres.

   La sabiduría es el libro de los mandatos de Dios,
la ley de validez eterna;
los que la guardan, vivirán,
los que la abandonan, morirán.

   Vuélvete a ella, Jacob, y abrázala;
camina hacia la claridad de su luz;
no entregues a otros tu gloria,
ni tu dignidad a un pueblo extranjero.
Bienaventurados nosotros, Israel,
porque lo que agrada al Señor
nos ha sido revelado.

Palabra de Dios.   ℟. **Te alabamos, Señor.**

SALMO RESPONSORIAL
Del salmo 18

E. Estrella B.P. 1689

Tú tie - nes, Se - ñor, pa - la - bras de vi - da_e - ter - na.

℟. Tú tienes, Señor, palabras de vida eterna.

La ley del Señor es perfecta del todo
y reconforta el alma;
inmutables son las palabras del Señor
y hacen sabio al sencillo. ℟.

En los mandamientos del Señor hay rectitud
y alegría para el corazón;
son luz los preceptos del Señor
para alumbrar el camino. ℟.

La voluntad de Dios es santa
y para siempre estable;
los mandatos del Señor son verdaderos
y enteramente justos. ℟.

Más deseables que el oro y las piedras preciosas
las normas del Señor,
y más dulces que la miel
de un panal que gotea. ℟.

ORACIÓN

Oremos. Dios nuestro, que haces crecer continuamente a tu Iglesia con hijos llamados de todos los pueblos, dígnate proteger siempre con tu gracia a quienes has hecho renacer en el bautismo. Por Jesucristo, nuestro Señor. ℟. **Amén.**

SÉPTIMA LECTURA
Los rociaré con agua pura y les daré un corazón nuevo.

> El pueblo de Israel estaba desterrado en Babilonia, pero el Señor le anunció la liberación. Las palabras del profeta se realizan más plenamente en nosotros: el Señor nos purifica por medio del bautismo y de nuestros sacrificios cuaresmales, por medio de su Espíritu en la confirmación y por medio de nuestra unión con la Iglesia, pueblo de Dios.

Del libro del profeta Ezequiel
36, 16-28

En aquel tiempo, me fue dirigida la palabra del Señor en estos términos: "Hijo de hombre, cuando los de la casa de Israel habitaban en su tierra, la mancharon con su conducta y con sus obras;

como inmundicia fue su proceder ante mis ojos. Entonces descargué mi furor contra ellos, por la sangre que habían derramado en el país y por haberlo profanado con sus idolatrías. Los dispersé entre las naciones y anduvieron errantes por todas las tierras. Los juzgué según su conducta, según sus acciones los sentencié. Y en las naciones a las que se fueron, desacreditaron mi santo nombre, haciendo que de ellos se dijera: 'Éste es el pueblo del Señor, y ha tenido que salir de su tierra'.

Pero, por mi santo nombre, que la casa de Israel profanó entre las naciones a donde llegó, me he compadecido. Por eso, dile a la casa de Israel: 'Esto dice el Señor: no lo hago por ustedes, casa de Israel. Yo mismo mostraré la santidad de mi nombre excelso, que ustedes profanaron entre las naciones. Entonces ellas reconocerán que yo soy el Señor, cuando, por medio de ustedes les haga ver mi santidad.

Los sacaré a ustedes de entre las naciones, los reuniré de todos los países y los llevaré a su tierra. Los rociaré con agua pura y quedarán purificados; los purificaré de todas sus inmundicias e idolatrías.

Les daré un corazón nuevo y les infundiré un espíritu nuevo; arrancaré de ustedes el corazón de piedra y les daré un corazón de carne. Les infundiré mi espíritu y los haré vivir según mis preceptos y guardar y cumplir mis mandamientos. Habitarán en la tierra que di a sus padres; ustedes serán mi pueblo y yo seré su Dios' ".

Palabra de Dios.   ℟. **Te alabamos, Señor.**

SALMO RESPONSORIAL
De los salmos 41 y 42

J.D. Delgado B.P. 1690

Es - toy se - dien - to del Dios que da la vi - da.

℟.   Estoy sediento del Dios que da la vida.

Como el venado busca
el agua de los ríos,
así, cansada, mi alma
te busca a ti, Dios mío. ℟.

[℟. Estoy sediento del Dios que da la vida.]

Del Dios que da la vida
está mi ser sediento.
¿Cuándo será posible
ver de nuevo su templo? ℟.
Recuerdo cuando íbamos
a casa del Señor,
cantando, jubilosos,
alabanzas a Dios. ℟.
Envíame, Señor, tu luz y tu verdad;
que ellas se conviertan en mi guía
y hasta tu monte santo me conduzcan,
allí donde tú habitas. ℟.
Al altar del Señor me acercaré,
al Dios que es mi alegría,
y a mi Dios, el Señor, le daré gracias
al compás de la cítara. ℟.

ORACIÓN

Oremos. Señor Dios nuestro, poder inmutable y luz sin ocaso, prosigue bondadoso a través de tu Iglesia, sacramento de salvación, la obra que tu amor dispuso desde la eternidad; que todo el mundo vea y reconozca que los caídos se levantan, que se renueva lo que había envejecido y que todo se integra en aquel que es el principio de todo, Jesucristo, nuestro Señor, que vive y reina contigo por los siglos de los siglos. ℟. **Amén.**

Después de la última oración, todos cantan el himno **Gloria a Dios en el cielo** (pág. 4).

ORACIÓN COLECTA

Oremos. Dios nuestro, que haces resplandecer esta noche santa con la gloria del Señor resucitado, aviva en tu Iglesia el espíritu filial, para que, renovados en cuerpo y alma, nos entreguemos plenamente a tu servicio. Por nuestro Señor Jesucristo...

EPÍSTOLA

Cristo, una vez resucitado de entre los muertos, ya no morirá nunca.

De la carta del apóstol san Pablo a los romanos
6, 3-11

Hermanos: ¿No saben ustedes que todos los que hemos sido incorporados a Cristo Jesús por medio del bautismo, hemos sido incorporados a él en su muerte? En efecto, por el bautismo fuimos sepultados con él en su muerte, para que, así como Cristo resucitó de entre los muertos por la gloria del Padre, así también nosotros llevemos una vida nueva.

Porque, si hemos estado íntimamente unidos a él por una muerte semejante a la suya, también lo estaremos en su resurrección. Sabemos que nuestro hombre viejo fue crucificado con Cristo, para que el cuerpo del pecado quedara destruido, a fin de que ya no sirvamos al pecado, pues el que ha muerto queda libre del pecado.

Por lo tanto, si hemos muerto con Cristo, estamos seguros de que también viviremos con él; pues sabemos que Cristo, una vez resucitado de entre los muertos, ya no morirá nunca. La muerte ya no tiene dominio sobre él, porque al morir, murió al pecado de una vez para siempre; y al resucitar, vive ahora para Dios. Lo mismo ustedes, considérense muertos al pecado y vivos para Dios en Cristo Jesús, Señor nuestro.

Palabra de Dios.   ℞. **Te alabamos, Señor.**

SALMO RESPONSORIAL
Del salmo 117

B.P. 1245 Haendel.

A - le - lu - ya,   A - le - lu - ya,   A - le - lu - ya.

℞.   Aleluya, aleluya.

Te damos gracias, Señor, porque eres bueno,
porque tu misericordia es eterna.
Diga la casa de Israel:
"Su misericordia es eterna". ℞.
　　　La diestra del Señor es poderosa,
la diestra del Señor es nuestro orgullo.
No moriré, continuaré viviendo,
para contar lo que el Señor ha hecho. ℞.
　　　La piedra que desecharon los constructores,
es ahora la piedra angular.
Esto es obra de la mano del Señor,
es un milagro patente. ℞.

EVANGELIO

¿Por qué buscan entre los muertos al que está vivo?

✠ Del santo Evangelio según san Lucas
24, 1-12

E l primer día después del sábado, muy de mañana, llegaron las mujeres al sepulcro, llevando los perfumes que habían preparado. Encontraron que la piedra ya había sido retirada del sepulcro y entraron, pero no hallaron el cuerpo del Señor Jesús.

Estando ellas todas desconcertadas por esto, se les presentaron dos varones con vestidos resplandecientes. Como ellas se llenaron de miedo e inclinaron el rostro a tierra, los varones les dijeron: "¿Por qué buscan entre los muertos al que está vivo? No está aquí; ha resucitado. Recuerden que cuando estaba todavía en Galilea les dijo: 'Es necesario que el Hijo del hombre sea entregado en manos de los pecadores y sea crucificado y al tercer día resucite'". Y ellas recordaron sus palabras.

Cuando regresaron del sepulcro, las mujeres anunciaron todas estas cosas a los Once y a todos los demás. Las que decían estas cosas a los apóstoles eran María Magdalena, Juana, María (la madre de Santiago) y las demás que estaban con ellas. Pero todas estas palabras les parecían desvaríos y no les creían.

Pedro se levantó y corrió al sepulcro. Se asomó, pero sólo vio los lienzos y se regresó a su casa, asombrado por lo sucedido.

Palabra del Señor.   ℟. **Gloria a ti, Señor Jesús.**

LITURGIA BAUTISMAL

Si están presentes los que se van a bautizar:
Hermanos, acompañemos con nuestra oración a estos catecúmenos que anhelan renacer a una nueva vida en la fuente del bautismo, para que Dios, nuestro Padre, les otorgue su protección y su amor.

Si se bendice la fuente, pero no va a haber bautizos:
Hermanos, pidamos a Dios todopoderoso que con su poder santifique esta fuente bautismal, para que cuantos en el bautismo van a ser regenerados en Cristo, sean acogidos en la familia de Dios.

LETANÍAS DE LOS SANTOS

En las letanías se pueden añadir algunos nombres de santos, especialmente el del titular de la iglesia, el de los patronos del lugar y el de los que van a ser bautizados.

Señor, ten piedad de nosotros	Señor, ten piedad de nosotros
Cristo, ten piedad de nosotros	Cristo, ten piedad de nosotros
Señor, ten piedad de nosotros	Señor, ten piedad de nosotros
Santa María, Madre de Dios	ruega por nosotros
San Miguel	ruega por nosotros
Santos ángeles de Dios	rueguen por nosotros
San Juan Bautista	ruega por nosotros
San José	ruega por nosotros
Santos Pedro y Pablo	rueguen por nosotros
San Andrés	ruega por nosotros
San Juan	ruega por nosotros
Santa María Magdalena	ruega por nosotros
San Esteban	ruega por nosotros
San Ignacio de Antioquía	ruega por nosotros
San Lorenzo	ruega por nosotros
Santas Perpetua y Felícitas	rueguen por nosotros
Santa Inés	ruega por nosotros
San Gregorio	ruega por nosotros
San Agustín	ruega por nosotros
San Atanasio	ruega por nosotros
San Basilio	ruega por nosotros
San Martín	ruega por nosotros
San Benito	ruega por nosotros
Santos Francisco y Domingo	rueguen por nosotros
San Francisco Javier	ruega por nosotros
San Juan María Vianney	ruega por nosotros
Santa Catalina de Siena	ruega por nosotros
Santa Teresa de Jesús	ruega por nosotros
Santos y santas de Dios	rueguen por nosotros
Muéstrate propicio	líbranos, Señor
De todo mal	líbranos, Señor
De todo pecado	líbranos, Señor
De la muerte eterna	líbranos, Señor
Por tu encarnación	líbranos, Señor
Por tu muerte y resurrección	líbranos, Señor

Por el don del Espíritu Santo   líbranos, Señor
Nosotros, que somos pecadores   te rogamos, óyenos

Si hay bautizos:
Para que te dignes comunicar tu propia vida
a quienes has llamado al bautismo   te rogamos, óyenos

Si no hay bautizos:
Para que santifiques esta agua
por la que renacerán tus nuevos hijos   te rogamos, óyenos
Jesús, Hijo de Dios vivo   te rogamos, óyenos

Si hay bautizos, el sacerdote, con las manos juntas, dice la siguiente oración:

Derrama, Señor, tu infinita bondad en este sacramento del bautismo y envía tu santo Espíritu, para que haga renacer de la fuente bautismal a estos nuevos hijos tuyos, que van a ser santificados por tu gracia, mediante la colaboración de nuestro ministerio. Por Jesucristo, nuestro Señor.

BENDICIÓN DEL AGUA BAUTISMAL

En las iglesias donde se celebran bautizos, lo cual es muy deseable que se haga esta noche de la Resurrección:

Dios nuestro, que con tu poder invisible realizas obras admirables por medio de los signos de los sacramentos y has hecho que tu creatura, el agua, signifique de muchas maneras la gracia del bautismo.

Dios nuestro, cuyo Espíritu aleteaba sobre la superficie de las aguas en los mismos principios del mundo, para que ya desde entonces, el agua recibiera el poder de dar la vida.

Dios nuestro, que incluso en las aguas torrenciales del diluvio prefiguraste el nuevo nacimiento de los hombres, al hacer que de una manera misteriosa, un mismo elemento diera fin al pecado y origen a la virtud.

Dios nuestro, que hiciste pasar a pie enjuto por el Mar Rojo a los hijos de Abraham, a fin de que el pueblo liberado de la esclavitud del faraón, prefigurara al pueblo de los bautizados.

Dios nuestro, cuyo Hijo, al ser bautizado por el precursor en el agua del Jordán, fue ungido por el Espíritu Santo; suspendido en la cruz, quiso que brotaran de su costado sangre y agua; y después de su resurrección mandó a sus apóstoles: "Vayan y enseñen a todas las naciones, bautizándolas en el nombre del Padre y del Hijo y del Espíritu Santo".

Mira ahora a tu Iglesia en oración y abre para ella la fuente del bautismo. Que por la obra del Espíritu Santo esta agua adquiera la gracia de tu Unigénito, para que el hombre, creado a tu imagen, limpio de su antiguo pecado por el sacramento del bautismo, renazca a la vida nueva por el agua y el Espíritu Santo.

Te pedimos, Señor, que el poder del Espíritu Santo, por tu Hijo, descienda sobre el agua de esta fuente, para que todos los que en ella reciban el bautismo, sepultados con Cristo en su muerte, resuciten también con él a la vida. Por Jesucristo, nuestro Señor.
℟. Amén.

Se pueden cantar algunas aclamaciones:

Fuentes del Señor, bendigan al Señor,
alábenlo y glorifíquenlo por los siglos.

BENDICIÓN DEL AGUA

Si no hay bautizos ni bendición de la fuente bautismal, el sacerdote invita al pueblo a orar, diciendo:

Pidamos, queridos hermanos, a Dios Padre todopoderoso, que bendiga esta agua, con la cual seremos rociados en memoria de nuestro bautismo, y que nos renueve interiormente, para que permanezcamos fieles al Espíritu que hemos recibido.

Y después de una breve oración en silencio, prosigue con las manos juntas:

Señor, Dios nuestro, mira con bondad a este pueblo tuyo, que vela en oración en esta noche santísima, recordando la obra admirable de nuestra creación y la obra, más admirable todavía, de nuestra redención. Dígnate bendecir + esta agua, que tú creaste para dar fertilidad a la tierra, frescura y limpieza a nuestros cuerpos.

Tú, además, has convertido el agua en un instrumento de tu misericordia: a través de las aguas del Mar Rojo liberaste a tu pueblo de la esclavitud; en el desierto hiciste brotar un manantial para saciar su sed; con la imagen del agua viva los profetas anunciaron la Nueva Alianza que deseabas establecer con los hombres; finalmente, en el agua del Jordán, santificada por Cristo, inauguraste el sacramento de una vida nueva, que nos libra de la corrupción del pecado.

Que esta agua nos recuerde ahora nuestro bautismo y nos haga participar en la alegría de nuestros hermanos, que han sido bautizados en esta Pascua del Señor, el cual vive y reina por los siglos de los siglos. ℟. Amén.

RENOVACIÓN DE LAS PROMESAS DEL BAUTISMO

Todo el pueblo cristiano reunido renueva solemnemente su profesión de fe bautismal. Cada uno toma en la mano su vela encendida.

Hermanos, por medio del bautismo, hemos sido hechos partícipes del misterio pascual de Cristo; es decir, por medio del bautismo, hemos sido sepultados con él en su muerte para resucitar con él a una vida nueva. Por eso, después de haber terminado el tiempo de Cuaresma, que nos preparó a la Pascua, es muy conveniente que renovemos las promesas de nuestro bautismo, con las cuales un día renunciamos a Satanás y a sus obras y nos comprometimos a servir a Dios, en la santa Iglesia católica.

Así pues:

¿Renuncian ustedes a Satanás? –**Sí, renuncio.**

¿Renuncian a todas sus obras? –**Sí, renuncio.**

¿Renuncian a todas sus seducciones? –**Sí, renuncio.**

O bien:

¿Renuncian ustedes al pecado para vivir en la libertad de los hijos de Dios? –**Sí, renuncio.**

¿Renuncian a todas las seducciones del mal para que el pecado no los esclavice? –**Sí, renuncio.**

¿Renuncian a Satanás, padre y autor de todo pecado? –**Sí, renuncio.**

Prosigue el sacerdote:

¿Creen ustedes en Dios, Padre todopoderoso, creador del cielo y de la tierra? –**Sí, creo.**

¿Creen en Jesucristo, su Hijo único y Señor nuestro, que nació de la Virgen María, padeció y murió por nosotros, resucitó y está sentado a la derecha del Padre? –**Sí, creo.**

¿Creen en el Espíritu Santo, en la santa Iglesia católica, en la comunión de los santos, en el perdón de los pecados, en la resurrección de los muertos y en la vida eterna? –**Sí, creo.**

Que Dios todopoderoso, Padre de nuestro Señor Jesucristo, que nos liberó del pecado y nos ha hecho renacer por el agua y el Espíritu Santo, nos conserve con su gracia unidos a Jesucristo nuestro Señor, hasta la vida eterna. ℟. **Amén.**

*El sacerdote rocía al pueblo con el agua bendita, mientras todos cantan la
siguiente antífona o algún otro canto bautismal.*

Vi brotar agua del lado derecho del templo, aleluya.
Vi que en todos aquellos que recibían el agua,
surgía una vida nueva y cantaban con gozo: Aleluya, aleluya.

No se dice Credo

ORACIÓN SOBRE LAS OFRENDAS

Acepta, Señor, los dones que te presentamos y concédenos que el memorial de la muerte y resurrección de Jesucristo, que estamos celebrando, nos obtenga la fuerza para llegar a la vida eterna. Por Jesucristo, nuestro Señor.

ANTÍFONA DE LA COMUNIÓN   1 Cor 5, 7-8

Cristo, nuestro Cordero pascual, ha sido inmolado. Celebremos, pues, la Pascua, con una vida de rectitud y santidad. Aleluya.

ORACIÓN DESPUÉS DE LA COMUNIÓN

Infúndenos, Señor, tu espíritu de caridad, para que vivamos siempre unidos en tu amor los que hemos participado en este sacramento de la muerte y resurrección de Jesucristo, que vive y reina por los siglos de los siglos.

DESPEDIDA

Pueden ir en paz, aleluya, aleluya.
℟. **Demos gracias a Dios, aleluya, aleluya.**

CRISTO HA RESUCITADO. CRISTO ESTÁ VIVO

➻ Por eso creemos firmemente que también nosotros resucitaremos.

➻ Por eso, aunque la muerte de nuestros seres queridos nos duela hasta las lágrimas, no nos desesperamos.

➻ Por eso, nos esforzamos en vivir de acuerdo con sus enseñanzas y con las de la Iglesia que él fundó y con la que prometió estar hasta el fin del mundo.

➻ Por eso, aun en las dificultades más grandes, confiamos en su amor y en su ayuda.

➻ Por eso, nos esforzamos en cumplir su mandamiento de amarnos los unos a los otros (especialmente en el hogar).

➻ Por eso lo descubrimos, como él mismo nos lo dijo, en el hambriento, el sediento, el enfermo, el forastero y en el que no tiene nada que ponerse...

➻ Por eso, porque Jesucristo está vivo, acudimos cada domingo a recibirlo en la Eucaristía.

8 de abril

Domingo de Pascua de la Resurrección del Señor

(Blanco)

ANTÍFONA DE ENTRADA   Sal 138, 18. 5-6

He resucitado y viviré siempre contigo; has puesto tu mano sobre mí, tu sabiduría ha sido maravillosa. Aleluya.

ORACIÓN COLECTA

Dios nuestro, que por medio de tu Hijo venciste a la muerte y nos has abierto las puertas de la vida eterna, concede a quienes celebramos hoy la Pascua de Resurrección, resucitar también a una nueva vida, renovados por la gracia del Espíritu Santo. Por nuestro Señor Jesucristo...

El mensaje de Pascua: ¡Cristo ha resucitado!, se repite en cada una de las lecturas de la Misa. San Juan nos lleva a la entrada del sepulcro vacío, que es la garantía de nuestra fe (EVANGELIO). San Pedro afirma que ha comido y bebido con Jesús después de su resurrección y, por lo tanto, puede afirmar con seguridad que Dios resucitó a su Hijo (PRIMERA LECTURA). San Pablo nos habla del cordero pascual sacrificado, que es Cristo, y nos recuerda que si hemos resucitado con Cristo por el bautismo, debemos vivir de su nueva vida, en espera de su regreso (SEGUNDA LECTURA).

PRIMERA LECTURA
Hemos comido y bebido con Cristo resucitado.

Del libro de los Hechos de los Apóstoles
10, 34. 37-43

En aquellos días, Pedro tomó la palabra y dijo: "Ya saben ustedes lo sucedido en toda Judea, que tuvo principio en Galilea, después del bautismo predicado por Juan: cómo Dios ungió con el poder del Espíritu Santo a Jesús de Nazaret y cómo éste pasó haciendo el bien, sanando a todos los oprimidos por el diablo, porque Dios estaba con él.

Nosotros somos testigos de cuanto él hizo en Judea y en Jerusalén. Lo mataron colgándolo de la cruz, pero Dios lo resucitó al tercer día y concedió verlo, no a todo el pueblo, sino únicamente a los testigos que él, de antemano, había escogido: a nosotros, que hemos comido y bebido con él después de que resucitó de entre los muertos.

Él nos mandó predicar al pueblo y dar testimonio de que Dios lo ha constituido juez de vivos y muertos. El testimonio de los profetas es unánime: que cuantos creen en él reciben, por su medio, el perdón de los pecados".

Palabra de Dios.   ℟. **Te alabamos, Señor.**

SALMO RESPONSORIAL
Del salmo 117

M. Íñiguez B.P. 1692

És-te_es el dí-a del triun-fo del Se - ñor. A-le - lu-ya, a - le - lu-ya.

℟.   Éste es el día del triunfo del Señor. Aleluya.

Te damos gracias, Señor, porque eres bueno,
porque tu misericordia es eterna.
Diga la casa de Israel:
"Su misericordia es eterna". ℟.
La diestra del Señor es poderosa,
la diestra del Señor es nuestro orgullo.
No moriré, continuaré viviendo
para contar lo que el Señor ha hecho. ℟.
La piedra que desecharon los constructores,
es ahora la piedra angular.
Esto es obra de la mano del Señor,
es un milagro patente. ℟.

SEGUNDA LECTURA

Busquen los bienes del cielo, donde está Cristo.

De la carta del apóstol san Pablo a los colosenses
3, 1-4

H ermanos: Puesto que han resucitado con Cristo, busquen los bienes de arriba, donde está Cristo, sentado a la derecha de Dios. Pongan todo el corazón en los bienes del cielo, no en los de la tierra. Porque han muerto y su vida está escondida con Cristo en Dios. Cuando se manifieste Cristo, vida de ustedes, entonces también ustedes se manifestarán gloriosos, juntamente con él.

Palabra de Dios.   ℟. **Te alabamos, Señor.**

SECUENCIA

(Sólo el día de hoy es obligatoria; durante la octava es opcional)

Ofrezcan los cristianos
ofrendas de alabanza
a gloria de la víctima
propicia de la Pascua.

Cordero sin pecado,
que a las ovejas salva,
a Dios y a los culpables
unió con nueva alianza.

Lucharon vida y muerte
en singular batalla,
y, muerto el que es la vida,
triunfante se levanta.

"¿Qué has visto de camino,
María, en la mañana?"
"A mi Señor glorioso,
la tumba abandonada,

los ángeles testigos,
sudarios y mortaja.
¡Resucitó de veras
mi amor y mi esperanza!

Venid a Galilea,
allí el Señor aguarda;
allí veréis los suyos
la gloria de la Pascua".

Primicia de los muertos,
sabemos por tu gracia
que estás resucitado;
la muerte en ti no manda.

Rey vencedor, apiádate
de la miseria humana
y da a tus fieles parte
en tu victoria santa.

ACLAMACIÓN ANTES DEL EVANGELIO

Cfr 1 Cor 5, 7-8

B.P. 1245 Haendel.

A - le - lu - ya,   A - le - lu - ya,   A - le - lu - ya.

℟.   Aleluya, aleluya.
Cristo, nuestro cordero pascual, ha sido inmolado;
celebremos, pues, la Pascua.
℟.   Aleluya, aleluya.

EVANGELIO
Él debía resucitar de entre los muertos.

✠ Del santo Evangelio según san Juan
20, 1-9

E l primer día después del sábado, estando todavía oscuro, fue María Magdalena al sepulcro y vio removida la piedra que lo cerraba. Echó a correr, llegó a la casa donde estaban Simón Pedro y el otro discípulo, a quien Jesús amaba, y les dijo: "Se han llevado del sepulcro al Señor y no sabemos dónde lo habrán puesto".
Salieron Pedro y el otro discípulo camino del sepulcro. Los dos iban corriendo juntos, pero el otro discípulo corrió más aprisa que Pedro y llegó primero al sepulcro, e inclinándose, miró los lienzos puestos en el suelo, pero no entró.
En eso llegó también Simón Pedro, que lo venía siguiendo, y entró en el sepulcro. Contempló los lienzos puestos en el suelo y el sudario, que había estado sobre la cabeza de Jesús, puesto no con los lienzos en el suelo, sino doblado en sitio aparte. Entonces entró también el otro discípulo, el que había llegado primero al sepulcro, y vio y creyó, porque hasta entonces no habían entendido las Escrituras, según las cuales Jesús debía resucitar de entre los muertos.
Palabra del Señor.   ℟. **Gloria a ti, Señor Jesús.**

ORACIÓN SOBRE LAS OFRENDAS
Regocijados con la alegría de la Pascua, te ofrecemos, Señor, esta Eucaristía, mediante la cual tu Iglesia se renueva y alimenta de un modo admirable. Por Jesucristo, nuestro Señor.

ANTÍFONA DE LA COMUNIÓN   1 Cor 5, 7-8
Cristo, nuestro Cordero pascual, ha sido inmolado. Celebremos, pues, la Pascua, con una vida de rectitud y santidad. Aleluya.

ORACIÓN DESPUÉS DE LA COMUNIÓN

Señor, protege siempre a tu Iglesia con amor paterno, para que, renovada ya por los sacramentos de Pascua, pueda llegar a la gloria de la resurrección. Por Jesucristo, nuestro Señor.

DESPEDIDA

Pueden ir en paz, aleluya, aleluya.
℟. **Demos gracias a Dios, aleluya, aleluya.**

PASCUA ES ANUNCIAR QUE EL SEÑOR HA RESUCITADO

✳ Tan pronto como los discípulos de Emaús descubrieron, gracias a la fracción del pan, que aquel viajero al que habían invitado a su casa era el Señor (es decir, tan pronto como cayeron en la cuenta de que Jesús de veras había resucitado), salieron de estampida hacia Jerusalén, donde se encontraban los Once con sus compañeros, para darles la noticia.

✳ Los que allí estaban, ni tiempo les dieron para ello: **"De veras ha resucitado el Señor y se le ha aparecido a Pedro".**

✳ Señal ésta de que también Pedro les había ido luego luego con la novedad.

✳ Por otra parte, apenas María Magdalena reconoció en el **"jardinero"** a su Señor, corrió a avisárselo a los demás.

✳ Pascua es, pues, entre otras cosas, **anunciar que el Señor ha resucitado.**

✳ Hay dos formas de hacerlo: **una,** como lo hicieron los de Emaús, los otros discípulos, Pedro y Magdalena; es decir, **de viva voz.**

✳ **Otra**, mediante una vida que manifieste a quienes nos rodean que realmente creemos que el Señor ha resucitado; es decir, **con las obras.**

✳ Ésta es la forma principal en que a los cristianos nos toca anunciar la resurrección de Jesucristo: viviendo de acuerdo con sus enseñanzas, en un mundo que cada día vive menos de acuerdo con ellas; juzgando los acontecimientos y las cosas con los mismos criterios con que las juzgaría Cristo, en una época en la que parece que los criterios válidos son muy distintos de los del Evangelio.

✳ Pascua es anunciar que el Señor ha resucitado.

✳ Es salir cada domingo de esa cena eucarística en la que, en la fracción del pan, el Señor se nos revela y comunica, para volver a la casa, al trabajo y a la vida social de la siguiente semana, con el corazón enardecido a anunciarles a todos (no con nuestras palabras, sino con nuestra servicialidad, afecto y alegría fundamentales, aun en los momentos más difíciles) que el Señor ha resucitado y que creemos absolutamente en esto.

15 de abril

2º Domingo de Pascua o "de la Divina Misericordia"

(Blanco)

ANTÍFONA DE ENTRADA 1 Pedro 2, 2

Como niños recién nacidos, deseen una leche pura y espiritual que los haga crecer hacia la salvación. Aleluya.

ORACIÓN COLECTA

Dios de eterna misericordia, que reavivas la fe de tu pueblo con la celebración anual de las fiestas pascuales, aumenta en nosotros tu gracia, para que comprendamos a fondo la inestimable riqueza del bautismo que nos ha purificado, del Espíritu que nos ha dado una vida nueva y de la Sangre que nos ha redimido. Por nuestro Señor Jesucristo...

A pesar de que es propio de este domingo el relato de la aparición del Señor a su apóstol Tomás, ocho días después de su resurrección (EVANGELIO), hay que hacer notar la importancia de la aparición de Jesús a sus apóstoles al anochecer del día de su resurrección, cuando les dijo: "Como el Padre me ha enviado, así también los envío yo". Es la consagración misionera de la Iglesia; pero esa misión no es posible cumplirla, sino cuando los hijos de la Iglesia permanecen unidos junto a Pedro, el supremo pastor (PRIMERA LECTURA), y cuando a lo largo de su peregrinación en este mundo, mantienen fijos los ojos en el que vive por los siglos (SEGUNDA LECTURA).

PRIMERA LECTURA

Crecía el número de los creyentes en el Señor.

Del libro de los Hechos de los Apóstoles
5, 12-16

E n aquellos días, los apóstoles realizaban muchas señales mila-
grosas y prodigios en medio del pueblo. Todos los creyentes so-
lían reunirse, por común acuerdo, en el pórtico de Salomón. Los demás no se atrevían a juntárseles, aunque la gente los tenía en gran
estima.

El número de hombres y mujeres que creían en el Señor iba creciendo de día en día, hasta el punto de que tenían que sacar en literas y camillas a los enfermos y ponerlos en las plazas, para que, cuando
Pedro pasara, al menos su sombra cayera sobre alguno de ellos.

Mucha gente de los alrededores acudía a Jerusalén y llevaba a
los enfermos y a los atormentados por espíritus malignos, y todos
quedaban curados.

Palabra de Dios.   ℟. **Te alabamos, Señor.**

SALMO RESPONSORIAL
Del salmo 117

M. Íñiguez B.P. 1693

La mi-se-ri-cor-dia del Se-ñor es e-ter-na. A-le-lu - ya.

℟. La misericordia del Señor es eterna. Aleluya.

Diga la casa de Israel: "Su misericordia es eterna".
Diga la casa de Aarón: "Su misericordia es eterna".
Digan los que temen al Señor: "Su misericordia es eterna". ℟.

     La piedra que desecharon los constructores,
es ahora la piedra angular.
Esto es obra de la mano del Señor,
es un milagro patente.
Éste es el día del triunfo del Señor,
día de júbilo y de gozo. ℟.

     Libéranos, Señor, y danos tu victoria.
Bendito el que viene en nombre del Señor.
Que Dios desde su templo nos bendiga.
Que el Señor, nuestro Dios, nos ilumine. ℟.

SEGUNDA LECTURA
Estuve muerto y ahora, como ves, estoy vivo para siempre.

Del libro del Apocalipsis del apóstol san Juan
1, 9-11. 12-13. 17-19

Yo, Juan, hermano y compañero de ustedes en la tribulación, en el Reino y en la perseverancia en Jesús, estaba desterrado en la isla de Patmos, por haber predicado la palabra de Dios y haber dado testimonio de Jesús.

Un domingo caí en éxtasis y oí a mis espaldas una voz potente, como de trompeta, que decía: "Escribe en un libro lo que veas y envíalo a las siete comunidades cristianas de Asia". Me volví para ver quién me hablaba, y al volverme, vi siete lámparas de oro, y en medio de ellas, un hombre vestido de larga túnica, ceñida a la altura del pecho, con una franja de oro.

Al contemplarlo, caí a sus pies como muerto; pero él, poniendo sobre mí la mano derecha, me dijo: "No temas. Yo soy el primero y el último; yo soy el que vive. Estuve muerto y ahora, como ves, estoy vivo por los siglos de los siglos. Yo tengo las llaves de la muerte y del más allá. Escribe lo que has visto, tanto sobre las cosas que están sucediendo, como sobre las que sucederán después".

Palabra de Dios.   ℟. **Te alabamos, Señor.**

SECUENCIA opcional, pág. 164

ACLAMACIÓN ANTES DEL EVANGELIO
Jn 20, 29

B.P. 1245 Haendel.

A - le - lu - ya,   A - le - lu - ya,   A - le - lu - ya.

℟. Aleluya, aleluya.
Tomás, tú crees porque me has visto;
dichosos los que creen sin haberme visto, dice el Señor.
℟. Aleluya, aleluya.

EVANGELIO
Ocho días después, se les apareció Jesús.

✠✠ Del santo Evangelio según san Juan
20, 19-31

Al anochecer del día de la resurrección, estando cerradas las puertas de la casa donde se hallaban los discípulos, por miedo a los judíos, se presentó Jesús en medio de ellos y les dijo: "La paz esté con ustedes". Dicho esto, les mostró las manos y el costado. Cuando los discípulos vieron al Señor, se llenaron de alegría.

De nuevo les dijo Jesús: "La paz esté con ustedes. Como el Padre me ha enviado, así también los envío yo". Después de decir esto, sopló sobre ellos y les dijo: "Reciban el Espíritu Santo. A los que les perdonen los pecados, les quedarán perdonados; y a los que no se los perdonen, les quedarán sin perdonar".

Tomás, uno de los Doce, a quien llamaban el Gemelo, no estaba con ellos cuando vino Jesús, y los otros discípulos le decían: "Hemos visto al Señor". Pero él les contestó: "Si no veo en sus manos la señal de los clavos y si no meto mi dedo en los agujeros de los clavos y no meto mi mano en su costado, no creeré".

Ocho días después, estaban reunidos los discípulos a puerta cerrada y Tomás estaba con ellos. Jesús se presentó de nuevo en medio de ellos y les dijo: "La paz esté con ustedes". Luego le dijo a Tomás: "Aquí están mis manos; acerca tu dedo. Trae acá tu mano, métela en mi costado y no sigas dudando, sino cree". Tomás le respondió: "¡Señor mío y Dios mío!" Jesús añadió: "Tú crees porque me has visto; dichosos los que creen sin haber visto".

Otros muchos signos hizo Jesús en presencia de sus discípulos, pero no están escritos en este libro. Se escribieron éstos para que ustedes crean que Jesús es el Mesías, el Hijo de Dios, y para que, creyendo, tengan vida en su nombre.

Palabra del Señor.   ℞. **Gloria a ti, Señor Jesús.**

ORACIÓN SOBRE LAS OFRENDAS

Recibe, Señor, las ofrendas que (junto con los recién bautizados) te presentamos; tú que nos llamaste a la fe y nos has hecho renacer por el bautismo, guíanos a la felicidad eterna. Por Jesucristo, nuestro Señor.

ANTÍFONA DE LA COMUNIÓN   Cfr Jn 20, 27
Jesús dijo a Tomás: acerca tu mano, toca las cicatrices dejadas por los clavos y no seas incrédulo, sino creyente. Aleluya.

ORACIÓN DESPUÉS DE LA COMUNIÓN

Concédenos, Dios todopoderoso, que la gracia recibida en este sacramento, nos impulse siempre a servirte mejor. Por Jesucristo, nuestro Señor.

¡HEMOS VISTO AL SEÑOR!

- Esto lo dijeron los discípulos al anochecer del día de la resurrección... y Tomás no les creyó.

- Esto lo decimos los cristianos de ahora... y no hay muchos que nos crean.

- Y es que, entonces como ahora, hay mucha gente que no cree sino lo que ve con sus propios ojos y toca con sus propias manos.

- Ahí está, para no ir más lejos, ese par, trío o quinteto de **Tomasitos,** que hemos echado al mundo y que no creerán que nosotros, sus papás, hemos visto con los ojos de la fe al Señor, si no ven que nos queremos y que rezamos y que ayudamos a los demás, como el Señor nos lo mandó.

- Ahí está, al lado de nuestra casa, la familia de **don Tomás,** que tampoco creerá que nuestra familia ha visto al Señor, si ven y oyen que vivimos "como perros y gatos".

- Y allí, un poquito más allá, está **doña Tomasa**, esa pobre mujer viuda o abandonada, llena de hijos y de problemas para vestirlos, alimentarlos y mandarlos al colegio, a la que le será muy difícil creer que hemos visto al Señor, si ella no ve sobre los cuerpecitos de sus hijos alguna ropita en buen estado que no les haga mucha falta a los nuestros y no toca con la lengua algo más nutritivo para el desayuno familiar, que un tecito de esto o de lo otro.

- Ahí está **Tomás,** el obrero, que no puede creer que el patrón, que no le paga ni el salario mínimo o al que no le preocupan en lo más mínimo los problemas de Tomás, haya visto al Señor en la Misa del domingo o en los libros de "justicia social" que compra.

- Todos ellos, con mucho mayor razón que el apóstol Tomás, quieren ver y tocar.

22 de abril
3er Domingo de Pascua
(Blanco)

3er Domingo de Pascua *(Blanco)*

ANTÍFONA DE ENTRADA   Sal 65, 1-2

Aclamen al Señor, habitantes todos de la tierra, canten un himno a su nombre, denle gracias y alábenlo. Aleluya.

ORACIÓN COLECTA

Señor, tú que nos has renovado en el espíritu al devolvernos la dignidad de hijos tuyos, concédenos aguardar, llenos de júbilo y esperanza, el día glorioso de la resurrección. Por nuestro Señor Jesucristo...

Cristo resucitado es, al mismo tiempo el Maestro absolutamente humano, que prepara sobre la arena de la playa la comida para sus discípulos que regresan de la pesca (EVANGELIO) y el Hijo de Dios absolutamente santo, a quien los ángeles adoran en el cielo (SEGUNDA LECTURA). Pedro y los otros apóstoles estaban convencidos de esto y por eso dieron un testimonio muy firme de la resurrección de Jesús frente a las autoridades y proclamaron el gran desafío de la fe: "Primero hay que obedecer a Dios y luego a los hombres" (PRIMERA LECTURA).

PRIMERA LECTURA

Nosotros somos testigos de todo esto y también lo es el Espíritu Santo.

Del libro de los Hechos de los Apóstoles
5, 27-32. 40-41

En aquellos días, el sumo sacerdote reprendió a los apóstoles y les dijo: "Les hemos prohibido enseñar en nombre de ese Jesús; sin embargo, ustedes han llenado a Jerusalén con sus enseñanzas y quieren hacernos responsables de la sangre de ese hombre".

Pedro y los otros apóstoles replicaron: "Primero hay que obedecer a Dios y luego a los hombres. El Dios de nuestros padres resucitó a Jesús, a quien ustedes dieron muerte colgándolo de la cruz. La mano de Dios lo exaltó y lo ha hecho jefe y salvador, para dar a Israel la gracia de la conversión y el perdón de los pecados. Nosotros somos testigos de todo esto y también lo es el Espíritu Santo, que Dios ha dado a los que lo obedecen".

Los miembros del sanedrín mandaron azotar a los apóstoles, les prohibieron hablar en nombre de Jesús y los soltaron. Ellos se retiraron del sanedrín, felices de haber padecido aquellos ultrajes por el nombre de Jesús.

Palabra de Dios.   ℟. **Te alabamos, Señor.**

SALMO RESPONSORIAL
Del salmo 29

C.M. Gálvez B.P. 1694

Te_a - la - ba - ré, Se - ñor, e - ter - na - men - te. A - le - lu - ya.

℟.   Te alabaré, Señor, eternamente. Aleluya.

Te alabaré, Señor, pues no dejaste
que se rieran de mí mis enemigos.
Tú, Señor, me salvaste de la muerte
y a punto de morir, me reviviste. ℟.

　　Alaben al Señor quienes lo aman,
den gracias a su nombre,
porque su ira dura un solo instante
y su bondad, toda la vida.
El llanto nos visita por la tarde;
por la mañana, el júbilo. ℟.

　　Escúchame, Señor, y compadécete;
Señor, ven en mi ayuda.
Convertiste mi duelo en alegría,
te alabaré por eso eternamente. ℟.

SEGUNDA LECTURA
Digno es el Cordero, que fue inmolado, de recibir el poder y la riqueza.

Del libro del Apocalipsis del apóstol san Juan
5, 11-14

Yo, Juan, tuve una visión, en la cual oí alrededor del trono de los vivientes y los ancianos, la voz de millones y millones de ángeles, que cantaban con voz potente:

"Digno es el Cordero, que fue inmolado,
de recibir el poder y la riqueza,
la sabiduría y la fuerza,
el honor, la gloria y la alabanza".

Oí a todas las creaturas que hay en el cielo, en la tierra, debajo de la tierra y en el mar –todo cuanto existe–, que decían:

"Al que está sentado en el trono y al Cordero,
la alabanza, el honor, la gloria y el poder,
por los siglos de los siglos".

Y los cuatro vivientes respondían: "Amén". Los veinticuatro ancianos se postraron en tierra y adoraron al que vive por los siglos de los siglos.

Palabra de Dios.   ℞. **Te alabamos, Señor.**

ACLAMACIÓN ANTES DEL EVANGELIO

B.P. 1245 Haendel.

A - le - lu - ya,   A - le - lu - ya,   A - le - lu - ya.

℞.   Aleluya, aleluya.
Resucitó Cristo, que creó todas las cosas
y se compadeció de todos los hombres.
℞.   Aleluya, aleluya.

EVANGELIO
Jesús tomó el pan y el pescado y se los dio a los discípulos.

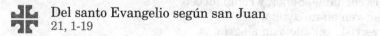 **Del santo Evangelio según san Juan**
21, 1-19

En aquel tiempo, Jesús se les apareció otra vez a los discípulos junto al lago de Tiberíades. Se les apareció de esta manera:

Estaban juntos Simón Pedro, Tomás (llamado el Gemelo), Natanael (el de Caná de Galilea), los hijos de Zebedeo y otros dos discípulos. Simón Pedro les dijo: "Voy a pescar". Ellos le respondieron: "También nosotros vamos contigo". Salieron y se embarcaron, pero aquella noche no pescaron nada.

Estaba amaneciendo, cuando Jesús se apareció en la orilla, pero los discípulos no lo reconocieron. Jesús les dijo: "Muchachos, ¿han pescado algo?" Ellos contestaron: "No". Entonces él les dijo: "Echen la red a la derecha de la barca y encontrarán peces". Así lo hicieron, y luego ya no podían jalar la red por tantos pescados.

Entonces el discípulo a quien amaba Jesús le dijo a Pedro: "Es el Señor". Tan pronto como Simón Pedro oyó decir que era el Señor, se anudó a la cintura la túnica, pues se la había quitado, y se tiró al agua. Los otros discípulos llegaron en la barca, arrastrando la red con los pescados, pues no distaban de tierra más de cien metros.

Tan pronto como saltaron a tierra, vieron unas brasas y sobre ellas un pescado y pan. Jesús les dijo: "Traigan algunos pescados de los que acaban de pescar". Entonces Simón Pedro subió a la barca y arrastró hasta la orilla la red, repleta de pescados grandes. Eran ciento cincuenta y tres, y a pesar de que eran tantos, no se rompió la red. Luego les dijo Jesús: "Vengan a almorzar". Y ninguno de los discípulos se atrevía a preguntarle: '¿Quién eres?', porque ya sabían que era el Señor. Jesús se acercó, tomó el pan y se lo dio y también el pescado.

Ésta fue la tercera vez que Jesús se apareció a sus discípulos después de resucitar de entre los muertos.

Después de almorzar le preguntó Jesús a Simón Pedro: "Simón, hijo de Juan, ¿me amas más que éstos?" Él le contestó: "Sí, Señor, tú sabes que te quiero". Jesús le dijo: "Apacienta mis corderos".

Por segunda vez le preguntó: "Simón, hijo de Juan, ¿me amas?" Él le respondió: "Sí, Señor, tú sabes que te quiero". Jesús le dijo: "Pastorea mis ovejas".

Por tercera vez le preguntó: "Simón, hijo de Juan, ¿me quieres?" Pedro se entristeció de que Jesús le hubiera preguntado por tercera vez si lo quería y le contestó: "Señor, tú lo sabes todo; tú bien sabes que te quiero". Jesús le dijo: "Apacienta mis ovejas.

Yo te aseguro: cuando eras joven, tú mismo te ceñías la ropa e ibas a donde querías; pero cuando seas viejo, extenderás los brazos y otro te ceñirá y te llevará a donde no quieras". Esto se lo dijo para indicarle con qué género de muerte habría de glorificar a Dios. Después le dijo: "Sígueme".

Palabra del Señor.   ℟. **Gloria a ti, Señor Jesús.**

ORACIÓN SOBRE LAS OFRENDAS

Acepta, Señor, los dones que te presentamos llenos de júbilo por la resurrección de tu Hijo, y concédenos participar con él, un día, de la felicidad eterna. Por Jesucristo, nuestro Señor.

ANTÍFONA DE LA COMUNIÓN   Cfr Jn 21, 12-13

Dijo Jesús a sus discípulos: Vengan y coman. Y tomó un pan y lo repartió entre ellos. Aleluya.

ORACIÓN DESPUÉS DE LA COMUNIÓN

Mira, Señor, con bondad a estos hijos tuyos que has renovado por medio de los sacramentos, y condúcelos al gozo eterno de la resurrección. Por Jesucristo, nuestro Señor.

FULANO O FULANA DE TAL, ¿ME AMAS?

En vez de "fulano o fulana de tal", ponga usted su propio nombre, relea la pregunta de Cristo a Pedro y, si la respuesta es afirmativa o, al menos, quisiera serlo, ya sabe usted lo que tiene que hacer: **apacentar sus ovejas;** sí, las de usted, porque da la casualidad de que son las mismas que las de Cristo.

Y **apacentar** sus ovejas es:

✳ cuidar y defender con todas sus fuerzas la vida de ese **corderito** que está por nacer...

✳ educar cristianamente, con la palabra y el ejemplo, a esas **ovejitas** que Dios ha puesto bajo nuestra responsabilidad en el hogar...

✳ velar especialmente por aquellos miembros de la familia que se encuentran enfermos o viven lejos del rebaño... medio abandonados por nosotros...

✳ buscar la forma de ayudar a aquella **oveja descarriada** que conocemos, y orar por ella...

✳ mirar por el bienestar material y espiritual de todos aquellos que se encuentran a nuestro servicio o bajo nuestras órdenes...

✳ brindar toda la comprensión y ayuda posible a la **oveja negra** de la familia.

AMAR A CRISTO ES APACENTAR SUS OVEJAS.

29 de abril

4° Domingo de Pascua
(Blanco)

ANTÍFONA DE ENTRADA   Sal 32, 5-6
Alabemos al Señor llenos de gozo, porque la tierra está llena de su amor y su palabra hizo los cielos. Aleluya.

ORACIÓN COLECTA
Dios omnipotente y misericordioso, guíanos a la felicidad eterna de tu Reino, a fin de que el pequeño rebaño de tu Hijo pueda llegar seguro a donde ya está su Pastor, resucitado, que vive y reina contigo...

Cristo es el Cordero, pero también es el Pastor; es el Cordero Pascual que con su sangre purificó nuestros pecados (SEGUNDA LECTURA) y es el Pastor que da la vida eterna a sus ovejas (EVANGELIO). Pero ante todo, es el Hijo de Dios, a quien los ángeles y los santos adoran en el cielo. Precisamente, los apóstoles emprendieron su labor misionera para anunciar la salvación, en nombre del Hijo de Dios. Esa labor iba a estar llena de dificultades, pero los discípulos de Jesús la emprendían "llenos de alegría y del Espíritu Santo" (PRIMERA LECTURA), sabiendo que al final del camino está Dios para enjugar las lágrimas de sus ojos.

PRIMERA LECTURA
Ahora nos dirigiremos a los paganos.

Del libro de los Hechos de los Apóstoles
13, 14. 43-52

En aquellos días, Pablo y Bernabé prosiguieron su camino desde Perge hasta Antioquía de Pisidia, y el sábado entraron en la sinagoga y tomaron asiento. Cuando se disolvió la asamblea, muchos judíos y prosélitos piadosos acompañaron a Pablo y a Bernabé, quienes siguieron exhortándolos a permanecer fieles a la gracia de Dios.

El sábado siguiente casi toda la ciudad de Antioquía acudió a oír la palabra de Dios. Cuando los judíos vieron una concurrencia tan grande, se llenaron de envidia y comenzaron a contradecir a Pablo con palabras injuriosas. Entonces Pablo y Bernabé dijeron con valentía: "La palabra de Dios debía ser predicada primero a ustedes; pero como la rechazan y no se juzgan dignos de la vida eterna, nos dirigiremos a los paganos. Así nos lo ha ordenado el Señor, cuando dijo: *Yo te he puesto como luz de los paganos, para que lleves la salvación hasta los últimos rincones de la tierra*".

Al enterarse de esto, los paganos se regocijaban y glorificaban la palabra de Dios, y abrazaron la fe todos aquellos que estaban destinados a la vida eterna.

La palabra de Dios se iba propagando por toda la región. Pero los judíos azuzaron a las mujeres devotas de la alta sociedad y a los ciudadanos principales, y provocaron una persecución contra Pablo y Bernabé, hasta expulsarlos de su territorio.

Pablo y Bernabé se sacudieron el polvo de los pies, como señal de protesta, y se marcharon a Iconio, mientras los discípulos se quedaron llenos de alegría y del Espíritu Santo.

Palabra de Dios.   ℟. **Te alabamos, Señor.**

SALMO RESPONSORIAL
Del salmo 99

C. M. Gálvez B.P. 1695

El   Se - ñor es nues - tro Dios y   no - so - tros   su   pue - blo. A - le - lu - ya.

℟.   El Señor es nuestro Dios y nosotros su pueblo. Aleluya.

Alabemos a Dios todos los hombres,
sirvamos al Señor con alegría
y con júbilo entremos en su templo. ℟.

Reconozcamos que el Señor es Dios,
que él fue quien nos hizo y somos suyos,
que somos su pueblo y su rebaño. ℟.

Porque el Señor es bueno, bendigámoslo,
porque es eterna su misericordia
y su fidelidad nunca se acaba. ℟.

SEGUNDA LECTURA
El Cordero será su pastor y los conducirá a las fuentes del agua de la vida.

Del libro del Apocalipsis del apóstol san Juan
7, 9. 14-17

Yo, Juan, vi una muchedumbre tan grande, que nadie podía contarla. Eran individuos de todas las naciones y razas, de todos los pueblos y lenguas. Todos estaban de pie, delante del trono y del Cordero; iban vestidos con una túnica blanca y llevaban palmas en las manos.

Uno de los ancianos que estaban junto al trono, me dijo: "Éstos son los que han pasado por la gran persecución y han lavado y blanqueado su túnica con la sangre del Cordero. Por eso están ante el trono de Dios y le sirven día y noche en su templo, y el que está sentado en el trono los protegerá continuamente.

Ya no sufrirán hambre ni sed,
no los quemará el sol ni los agobiará el calor.
Porque el Cordero, que está en el trono, será su pastor
y los conducirá a las fuentes del agua de la vida
y Dios enjugará de sus ojos toda lágrima".

Palabra de Dios. ℟. **Te alabamos, Señor.**

ACLAMACIÓN ANTES DEL EVANGELIO
Jn 10, 14

B.P. 1245 Haendel.

A - le - lu - ya,   A - le - lu - ya,   A - le - lu - ya.

℟. Aleluya, aleluya.
Yo soy el buen pastor, dice el Señor;
yo conozco a mis ovejas y ellas me conocen a mí.
℟. Aleluya, aleluya.

EVANGELIO

Yo les doy la vida eterna a mis ovejas.

✠ Del santo Evangelio según san Juan
10, 27-30

En aquel tiempo, Jesús dijo a los judíos: "Mis ovejas escuchan mi voz; yo las conozco y ellas me siguen. Yo les doy la vida eterna y no perecerán jamás; nadie las arrebatará de mi mano. Me las ha dado mi Padre, y él es superior a todos, y nadie puede arrebatarlas de la mano del Padre. El Padre y yo somos uno".

Palabra del Señor.   ℟. **Gloria a ti, Señor Jesús.**

ORACIÓN SOBRE LAS OFRENDAS

Concédenos, Señor, que este sacrificio pascual que vamos a ofrecerte, nos llene siempre de alegría, prosiga en nosotros tu obra redentora y nos obtenga de ti la felicidad eterna. Por Jesucristo, nuestro Señor.

ANTÍFONA DE LA COMUNIÓN

Ha resucitado Jesús, el Buen Pastor, que dio la vida por sus ovejas, y que se dignó morir para salvarnos. Aleluya.

ORACIÓN DESPUÉS DE LA COMUNIÓN

Vela, Señor, con solicitud, por las ovejas que rescataste con la Sangre preciosa de tu Hijo, para que puedan alcanzar, un día, la felicidad eterna de tu Reino. Por Jesucristo, nuestro Señor.

OVEJAS A MEDIAS

– **En aquel tiempo, Jesús dijo a los judíos:** "Mis ovejas escuchan mi voz y me siguen", **lo que significa:** me oyen y me hacen caso.

– En estos tiempos, es decir en los nuestros, muchas de las ovejas de Cristo lo escuchamos, pero no le hacemos el menor caso.

– Cristo nos dice que nos amemos los unos a los otros como él nos ama, pero, en la práctica, hay que ver los gritos que nos pegamos los esposos, los pleitos que armamos los hermanos, las guerritas que organizamos con los del piso de arriba o con los vecinos de al lado...

– Somos sus ovejas, pero nada más a medias.

– ¿Por qué no le pedimos hoy su ayuda para dar el estirón?

6 de mayo

5º Domingo de Pascua

(Blanco)

ANTÍFONA DE ENTRADA   Sal 97, 1-2

Canten al Señor un cántico nuevo, porque ha hecho maravillas y todos los pueblos han presenciado su victoria. Aleluya.

ORACIÓN COLECTA

Señor, tú que te has dignado redimirnos y has querido hacernos hijos tuyos, míranos siempre con amor de Padre y haz que cuantos creemos en Cristo obtengamos la verdadera libertad y la herencia eterna. Por nuestro Señor Jesucristo...

Es necesario vivir realizando el trabajo apostólico, con la visión de la gloria y en la intimidad con Cristo, para llevar a cabo la experiencia cristiana en toda su plenitud. Los apóstoles vivieron un momento excepcional de intimidad con el Señor durante la tarde del Jueves Santo, cuando les confió el mandamiento nuevo del amor fraterno (EVANGELIO). Sólo una experiencia personal y la esperanza de la Jerusalén celestial (SEGUNDA LECTURA) hubieran podido sostener a san Pablo y sus colaboradores en medio de las pruebas que sufrieron por el nombre de Jesús (PRIMERA LECTURA).

PRIMERA LECTURA

Contaban a la comunidad cristiana lo que había hecho Dios por medio de ellos.

Del libro de los Hechos de los Apóstoles
14, 21-27

En aquellos días, volvieron Pablo y Bernabé a Listra, Iconio y Antioquía, y ahí animaban a los discípulos y los exhortaban a perseverar en la fe, diciéndoles que hay que pasar por muchas tribulaciones para entrar en el Reino de Dios. En cada comunidad designaban presbíteros, y con oraciones y ayunos los encomendaban al Señor, en quien habían creído.

Atravesaron luego Pisidia y llegaron a Panfilia; predicaron en Perge y llegaron a Atalía. De ahí se embarcaron para Antioquía, de donde habían salido, con la gracia de Dios, para la misión que acababan de cumplir.

Al llegar, reunieron a la comunidad y les contaron lo que había hecho Dios por medio de ellos y cómo les había abierto a los paganos las puertas de la fe.

Palabra de Dios.   ℟. **Te alabamos, Señor.**

SALMO RESPONSORIAL
Del salmo 144

M. Ramírez B.P. 1696

℟.   Bendeciré al Señor eternamente. Aleluya.

El Señor es compasivo y misericordioso,
lento para enojarse y generoso para perdonar.
Bueno es el Señor para con todos
y su amor se extiende a todas sus creaturas. ℟.

Que te alaben, Señor, todas tus obras
y que todos tus fieles te bendigan.
Que proclamen la gloria de tu reino
y den a conocer tus maravillas. ℟.

Que muestren a los hombres tus proezas,
el esplendor y la gloria de tu reino.
Tu reino, Señor, es para siempre,
y tu imperio, por todas las generaciones. ℟.

SEGUNDA LECTURA
Dios les enjugará todas sus lágrimas.

Del libro del Apocalipsis del apóstol san Juan
21, 1-5

Yo, Juan, vi un cielo nuevo y una tierra nueva, porque el primer cielo y la primera tierra habían desaparecido y el mar ya no existía.

También vi que descendía del cielo, desde donde está Dios, la ciudad santa, la nueva Jerusalén, engalanada como una novia, que va a desposarse con su prometido. Oí una gran voz, que venía del cielo, que decía:

"Ésta es la morada de Dios con los hombres;
vivirá con ellos como su Dios
y ellos serán su pueblo.
Dios les enjugará todas sus lágrimas
y ya no habrá muerte ni duelo,
ni penas ni llantos,
porque ya todo lo antiguo terminó".

Entonces el que estaba sentado en el trono, dijo: "Ahora yo voy a hacer nuevas todas las cosas".

Palabra de Dios. ℞. **Te alabamos, Señor.**

ACLAMACIÓN ANTES DEL EVANGELIO
Jn 13, 34

B.P. 1245 Haendel.

A - le - lu - ya, A - le - lu - ya, A - le - lu - ya.

℞. Aleluya, aleluya.
Les doy un mandamiento nuevo, dice el Señor,
que se amen los unos a los otros, como yo los he amado.
℞. Aleluya, aleluya.

EVANGELIO
Un mandamiento nuevo les doy: que se amen los unos a los otros.

Del santo Evangelio según san Juan
13, 31-33. 34-35

C uando Judas salió del cenáculo, Jesús dijo: "Ahora ha sido glorificado el Hijo del hombre y Dios ha sido glorificado en él. Si Dios ha sido glorificado en él, también Dios lo glorificará en sí mismo y pronto lo glorificará.

Hijitos, todavía estaré un poco con ustedes. Les doy un mandamiento nuevo: que se amen los unos a los otros, como yo los he amado; y por este amor reconocerán todos que ustedes son mis discípulos".

Palabra del Señor.   ℟. **Gloria a ti, Señor Jesús.**

ORACIÓN SOBRE LAS OFRENDAS

Dios nuestro, que por medio de estos dones que vas a convertir en el Cuerpo y la Sangre de tu Hijo, nos haces participar de tu misma vida divina, concédenos que nuestra conducta ponga de manifiesto las verdades que nos has revelado. Por Jesucristo, nuestro Señor.

ANTÍFONA DE LA COMUNIÓN   Jn 15, 1. 5
Yo soy la vid verdadera y ustedes los sarmientos, dice el Señor; si permanecen en mí y yo en ustedes, darán fruto abundante. Aleluya.

ORACIÓN DESPUÉS DE LA COMUNIÓN

Señor, tú que nos has concedido participar en esta Eucaristía, míranos con bondad y ayúdanos a vencer nuestra fragilidad humana, para poder vivir como hijos tuyos. Por Jesucristo, nuestro Señor.

TODOS RECONOCERÁN QUE USTEDES SON MIS DISCÍPULOS

◆ No por esa medallita que llevan colgada al cuello.

◆ No porque se persignen cada vez que pasan frente a una iglesia, se echen un clavado o vayan a tirar un "penalty"...

(Todo lo cual, entre paréntesis, está bien, pero ciertamente no basta.)

SINO POR EL AMOR QUE SE TENGAN UNOS A OTROS.

◆ Porque en casa no se muerden unos a otros por "quítame de ahí esa ropa sucia que no es mía", "ahora te toca a ti lavar los platos", "no te vuelvo a prestar mi falda"...

◆ Porque son respetuosos y serviciales con los vecinos en el condominio, en la vecindad, en la misma cuadra...

ES DECIR, "PORQUE SE AMAN LOS UNOS A LOS OTROS, COMO YO LOS HE AMADO".

13 de mayo

6° Domingo de Pascua

(Blanco)

ANTÍFONA DE ENTRADA   Cfr Is 48, 20

Con voz de júbilo, anúncienlo; que se oiga, que llegue a todos los rincones de la tierra: el Señor ha redimido a su pueblo. Aleluya.

ORACIÓN COLECTA

Concédenos, Dios todopoderoso, continuar celebrando con amor y alegría la victoria de Cristo resucitado, y que el misterio de su Pascua transforme nuestra vida y se manifieste en nuestras obras. Por nuestro Señor Jesucristo...

El Concilio de Jerusalén, celebrado en el año 49, concluyó con la ruptura definitiva con el judaísmo y su apertura al mundo pagano (PRIMERA LECTURA). A partir de entonces, la nueva Jerusalén irá en peregrinación a través de los siglos, en espera de irradiar su gloria en la plenitud de los tiempos (SEGUNDA LECTURA). Pero en medio de sus trabajos y sus penas, goza en lo más íntimo de una paz que no procede de los hombres, sino de que el Padre, el Hijo y el Espíritu Santo están en ella (EVANGELIO).

PRIMERA LECTURA

El Espíritu Santo y nosotros hemos decidido no imponerles más cargas que las necesarias.

Del libro de los Hechos de los Apóstoles
15, 1-2. 22-29

En aquellos días, vinieron de Judea a Antioquía algunos discípulos y se pusieron a enseñar a los hermanos que si no se circuncidaban de acuerdo con la ley de Moisés, no podrían salvarse.

Esto provocó un altercado y una violenta discusión con Pablo y Bernabé; al fin se decidió que Pablo, Bernabé y algunos más fueran a Jerusalén para tratar el asunto con los apóstoles y los presbíteros.

Los apóstoles y los presbíteros, de acuerdo con toda la comunidad cristiana, juzgaron oportuno elegir a algunos de entre ellos y enviarlos a Antioquía con Pablo y Bernabé. Los elegidos fueron Judas (llamado Barsabás) y Silas, varones prominentes en la comunidad. A ellos les entregaron una carta que decía:

"Nosotros, los apóstoles y los presbíteros, hermanos suyos, saludamos a los hermanos de Antioquía, Siria y Cilicia, convertidos del paganismo. Enterados de que algunos de entre nosotros, sin mandato nuestro, los han alarmado e inquietado a ustedes con sus palabras, hemos decidido de común acuerdo elegir a dos varones y enviárselos, en compañía de nuestros amados hermanos Pablo y Bernabé, que han consagrado su vida a la causa de nuestro Señor Jesucristo. Les enviamos, pues, a Judas y a Silas, quienes les trasmitirán, de viva voz, lo siguiente: 'El Espíritu Santo y nosotros hemos decidido no imponerles más cargas que las estrictamente necesarias. A saber: que se abstengan de la fornicación y de comer lo inmolado a los ídolos, la sangre y los animales estrangulados. Si se apartan de esas cosas, harán bien'. Los saludamos".

Palabra de Dios.   ℟. **Te alabamos, Señor.**

SALMO RESPONSORIAL
Del salmo 66

M. Ramírez B.P. 1697

Que te a-la-ben, Se - ñor, to-dos los   pue-blos.   A-le-lu - ya.

℟.   Que te alaben, Señor, todos los pueblos. Aleluya.

Ten piedad de nosotros y bendícenos;
vuelve, Señor, tus ojos a nosotros.
Que conozca la tierra tu bondad
y los pueblos tu obra salvadora.   ℟.

Las naciones con júbilo te canten,
porque juzgas al mundo con justicia;
con equidad tú juzgas a los pueblos
y riges en la tierra a las naciones. ℞.

Que te alaben, Señor, todos los pueblos,
que los pueblos te aclamen todos juntos.
Que nos bendiga Dios
y que le rinda honor el mundo entero. ℞.

SEGUNDA LECTURA
Un ángel me mostró la ciudad santa, que descendía del cielo.

Del libro del Apocalipsis del apóstol san Juan
21, 10-14. 22-23

Un ángel me transportó en espíritu a una montaña elevada, y me mostró a Jerusalén, la ciudad santa, que descendía del cielo, resplandeciente con la gloria de Dios. Su fulgor era semejante al de una piedra preciosa, como el de un diamante cristalino.

Tenía una muralla ancha y elevada, con doce puertas monumentales, y sobre ellas, doce ángeles y doce nombres escritos, los nombres de las doce tribus de Israel. Tres de estas puertas daban al oriente, tres al norte, tres al sur y tres al poniente. La muralla descansaba sobre doce cimientos, en los que estaban escritos los doce nombres de los apóstoles del Cordero.

No vi ningún templo en la ciudad, porque el Señor Dios todopoderoso y el Cordero son el templo. No necesita la luz del sol o de la luna, porque la gloria de Dios la ilumina y el Cordero es su lumbrera.

Palabra de Dios.   ℞. **Te alabamos, Señor.**

ACLAMACIÓN ANTES DEL EVANGELIO
Jn 14, 23

B.P. 1245 Haendel.

A - le - lu - ya,   A - le - lu - ya,   A - le - lu - ya.

℞.   Aleluya, aleluya.
El que me ama, cumplirá mi palabra, dice el Señor,
y mi Padre lo amará y vendremos a él.
℞.   Aleluya, aleluya.

EVANGELIO
El Espíritu Santo les recordará todo cuanto les he dicho.

 Del santo Evangelio según san Juan
14, 23-29

En aquel tiempo, Jesús dijo a sus discípulos: "El que me ama, cumplirá mi palabra y mi Padre lo amará y vendremos a él y haremos en él nuestra morada. El que no me ama no cumplirá mis palabras. La palabra que están oyendo no es mía, sino del Padre, que me envió. Les he hablado de esto ahora que estoy con ustedes; pero el Paráclito, el Espíritu Santo que mi Padre les enviará en mi nombre, les enseñará todas las cosas y les recordará todo cuanto yo les he dicho.

La paz les dejo, mi paz les doy. No se la doy como la da el mundo. No pierdan la paz ni se acobarden. Me han oído decir: 'Me voy, pero volveré a su lado'. Si me amaran, se alegrarían de que me vaya al Padre, porque el Padre es más que yo. Se lo he dicho ahora, antes de que suceda, para que cuando suceda, crean".

Palabra del Señor.   ℞. **Gloria a ti, Señor Jesús.**

ORACIÓN SOBRE LAS OFRENDAS
Acepta, Señor, las ofrendas que te presentamos, y purifica nuestros corazones para que podamos participar dignamente en este sacramento de tu amor. Por Jesucristo, nuestro Señor.

ANTÍFONA DE LA COMUNIÓN   Jn 14, 15-16
Si me aman, cumplan mis mandamientos, dice el Señor; y yo rogaré al Padre, y él les dará otro Abogado, que permanecerá con ustedes para siempre. Aleluya.

ORACIÓN DESPUÉS DE LA COMUNIÓN
Dios todopoderoso y eterno, que, en Cristo resucitado, nos has hecho renacer a la vida eterna, haz que este misterio pascual en el que acabamos de participar por medio de la Eucaristía, dé en nosotros abundantes frutos de salvación. Por Jesucristo, nuestro Señor.

EL ESPÍRITU SANTO LES RECORDARÁ TODO CUANTO YO LES HE DICHO

Dentro de dos domingos vamos a celebrar la venida del Espíritu Santo. Si no tenemos ni la más remota idea de quién es el Espíritu Santo, ¿a quién le va a importar que venga o que no venga o a quién se le va a antojar que lo haga?

* Y es importantísimo que el Espíritu Santo venga para recordarnos a los cristianos todo lo que Jesús nos ha dicho.

* Porque hay muchas cosas de las dichas por él que se nos están olvidando:

– que **"lo que Dios ha unido, no lo separe el hombre"**...

– que **"el que recibe a un niño, recibe a Jesucristo"**...

– que Pedro es la roca y que **"sobre esta roca fundaré mi Iglesia"**... y que él estará con ella hasta el fin de los tiempos...

– que lo que hagamos por el más insignificante de sus hermanos, Jesús lo tomará como hecho a él (tanto lo bueno como lo malo...)

* Y si es importante que el Espíritu Santo nos recuerde esto (porque por olvidarlo andamos como andamos), todavía es más importante que venga para ayudarnos a vivir lo que Jesús nos ha enseñado.

* Para "no acobardarnos" ante la tarea –como Jesús nos dice– es necesario que venga el Espíritu Santo y que nos dé el don de fortaleza.

20 de mayo   La Ascensión del Señor

(Blanco)

ANTÍFONA DE ENTRADA   Hechos 1, 11
Hombres de Galilea, ¿qué hacen allí parados mirando al cielo? Ese mismo Jesús, que los ha dejado para subir al cielo, volverá como lo han visto marcharse. Aleluya.

ORACIÓN COLECTA

Llena, Señor, nuestro corazón de gratitud y de alegría por la gloriosa ascensión de tu Hijo, ya que su triunfo es también nuestra victoria, pues a donde llegó él, nuestra cabeza, tenemos la esperanza cierta de llegar nosotros, que somos su cuerpo. Por nuestro Señor Jesucristo…

Tanto al final de su Evangelio como al principio del libro de los Hechos de los Apóstoles (PRIMERA LECTURA), san Lucas nos habla de la Ascensión del Señor. En el EVANGELIO, Jesús, antes de subir al cielo, indica a sus apóstoles que deben ser testigos de su muerte y resurrección y les anuncia el cumplimiento de la promesa que les había hecho de darles el Espíritu Santo. Por su parte, san Pablo nos habla en la SEGUNDA LECTURA, de que Cristo resucitado es, en el cielo, la cabeza del mundo actual y futuro y también de la Iglesia.

PRIMERA LECTURA
Se fue elevando a la vista de sus apóstoles.

Del libro de los Hechos de los Apóstoles
1, 1-11

En mi primer libro, querido Teófilo, escribí acerca de todo lo que Jesús hizo y enseñó, hasta el día en que ascendió al cielo, después de dar sus instrucciones, por medio del Espíritu Santo, a los apóstoles que había elegido. A ellos se les apareció después de la pasión, les dio numerosas pruebas de que estaba vivo y durante cuarenta días se dejó ver por ellos y les habló del Reino de Dios.

Un día, estando con ellos a la mesa, les mandó: "No se alejen de Jerusalén. Aguarden aquí a que se cumpla la promesa de mi Padre, de la que ya les he hablado: Juan bautizó con agua; dentro de pocos días ustedes serán bautizados con el Espíritu Santo".

Los ahí reunidos le preguntaban: "Señor, ¿ahora sí vas a restablecer la soberanía de Israel?" Jesús les contestó: "A ustedes no les toca conocer el tiempo y la hora que el Padre ha determinado con su autoridad; pero cuando el Espíritu Santo descienda sobre ustedes, los llenará de fortaleza y serán mis testigos en Jerusalén, en toda Judea, en Samaria y hasta los últimos rincones de la tierra".

Dicho esto, se fue elevando a la vista de ellos, hasta que una nube lo ocultó a sus ojos. Mientras miraban fijamente al cielo, viéndolo alejarse, se les presentaron dos hombres vestidos de blanco, que les dijeron: "Galileos, ¿qué hacen allí parados, mirando al cielo? Ese mismo Jesús que los ha dejado para subir al cielo, volverá como lo han visto alejarse".

Palabra de Dios. ℟. **Te alabamos, Señor.**

SALMO RESPONSORIAL
Del salmo 46

J. Venegas B.P. 1698

℟. Entre voces de júbilo, Dios asciende a su trono. Aleluya.

Aplaudan, pueblos todos;
aclamen al Señor, de gozo llenos;
que el Señor, el Altísimo, es terrible
y de toda la tierra, rey supremo. ℟.

[℞. Entre voces de júbilo, Dios asciende a su trono. Aleluya.]

Entre voces de júbilo y trompetas,
Dios, el Señor, asciende hasta su trono.
Cantemos en honor de nuestro Dios,
al rey honremos y cantemos todos. ℞.

Porque Dios es el rey del universo,
cantemos el mejor de nuestros cantos.
Reina Dios sobre todas las naciones
desde su trono santo. ℞.

SEGUNDA LECTURA
Lo hizo sentar a su derecha en el cielo.

De la carta del apóstol san Pablo a los efesios
1, 17-23

Hermanos: Pido al Dios de nuestro Señor Jesucristo, el Padre de la gloria, que les conceda espíritu de sabiduría y de revelación para conocerlo.

Le pido que les ilumine la mente para que comprendan cuál es la esperanza que les da su llamamiento, cuán gloriosa y rica es la herencia que Dios da a los que son suyos y cuál la extraordinaria grandeza de su poder para con nosotros, los que confiamos en él, por la eficacia de su fuerza poderosa.

Con esta fuerza resucitó a Cristo de entre los muertos y lo hizo sentar a su derecha en el cielo, por encima de todos los ángeles, principados, potestades, virtudes y dominaciones, y por encima de cualquier persona, no sólo del mundo actual sino también del futuro.

Todo lo puso bajo sus pies y a él mismo lo constituyó cabeza suprema de la Iglesia, que es su cuerpo, y la plenitud del que lo consuma todo en todo.

Palabra de Dios.   ℞. **Te alabamos, Señor.**

ACLAMACIÓN ANTES DEL EVANGELIO
Mt 28, 19. 20

B.P. 1031 Sosa.

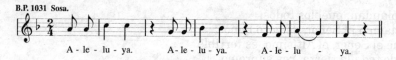

A - le - lu - ya.   A - le - lu - ya.   A - le - lu - ya.

R̶. Aleluya, aleluya.
Vayan y enseñen a todas las naciones, dice el Señor,
y sepan que yo estaré con ustedes todos los días
hasta el fin del mundo.
R̶. Aleluya, aleluya.

EVANGELIO
Mientras los bendecía, iba subiendo al cielo.

✠ Del santo Evangelio según san Lucas
24, 46-53

En aquel tiempo, Jesús se apareció a sus discípulos y les dijo: "Está escrito que el Mesías tenía que padecer y había de resucitar de entre los muertos al tercer día, y que en su nombre se había de predicar a todas las naciones, comenzando por Jerusalén, la necesidad de volverse a Dios para el perdón de los pecados. Ustedes son testigos de esto. Ahora yo les voy a enviar al que mi Padre les prometió. Permanezcan, pues, en la ciudad, hasta que reciban la fuerza de lo alto".

Después salió con ellos fuera de la ciudad, hacia un lugar cercano a Betania; levantando las manos, los bendijo, y mientras los bendecía, se fue apartando de ellos y elevándose al cielo. Ellos, después de adorarlo, regresaron a Jerusalén, llenos de gozo, y permanecían constantemente en el templo, alabando a Dios.

Palabra del Señor.   R̶. **Gloria a ti, Señor Jesús.**

ORACIÓN SOBRE LAS OFRENDAS
Acepta, Señor, este sacrificio que vamos a ofrecerte en acción de gracias por la ascensión de tu Hijo, y concédenos que esta Eucaristía eleve nuestro espíritu a los bienes del cielo. Por Jesucristo, nuestro Señor.

ANTÍFONA DE LA COMUNIÓN   Mt 28, 20
Yo estaré con ustedes todos los días hasta el fin del mundo. Aleluya.

ORACIÓN DESPUÉS DE LA COMUNIÓN
Dios todopoderoso, que ya desde este mundo nos haces participar de tu vida divina, aviva en nosotros el deseo de la patria eterna, donde nos aguarda Cristo, Hijo tuyo y hermano nuestro. Él, que vive y reina por los siglos de los siglos.

27 de mayo

Domingo de Pentecostés
(Rojo)

El Espíritu del Señor ha llenado toda la tierra; él da unidad a todas las cosas y se hace comprender en todas las lenguas. Aleluya.

ORACIÓN COLECTA

Dios nuestro, que por el misterio de Pentecostés santificas a tu Iglesia extendida por todas las naciones, concede al mundo entero los dones del Espíritu Santo y continúa realizando entre los fieles la unidad y el amor de la primitiva Iglesia. Por nuestro Señor Jesucristo…

En el pasaje de los Hechos de los Apóstoles (PRIMERA LECTURA), se nos describe en detalle el acontecimiento del día de Pentecostés, aquel día en que el Espíritu Santo descendió sobre los apóstoles, reunidos con María, para que cumplieran con la misión que les había sido encomendada, como nos lo dice san Juan (EVANGELIO). También san Pablo (SEGUNDA LECTURA) se refiere a la venida del Espíritu Santo como principio de la unidad de la Iglesia en la diversidad de sus ministerios.

PRIMERA LECTURA
Todos quedaron llenos del Espíritu Santo y empezaron a hablar.

Del libro de los Hechos de los Apóstoles
2, 1-11

El día de Pentecostés, todos los discípulos estaban reunidos en un mismo lugar. De repente se oyó un gran ruido que venía del cielo, como cuando sopla un viento fuerte, que resonó por toda la casa donde se encontraban. Entonces aparecieron lenguas de fuego, que se distribuyeron y se posaron sobre ellos; se llenaron todos del Espíritu Santo y empezaron a hablar en otros idiomas, según el Espíritu los inducía a expresarse.

En esos días había en Jerusalén judíos devotos, venidos de todas partes del mundo. Al oír el ruido, acudieron en masa y quedaron desconcertados, porque cada uno los oía hablar en su propio idioma.

Atónitos y llenos de admiración, preguntaban: "¿No son galileos, todos estos que están hablando? ¿Cómo, pues, los oímos hablar en nuestra lengua nativa? Entre nosotros hay medos, partos y elamitas; otros vivimos en Mesopotamia, Judea, Capadocia, en el Ponto y en Asia, en Frigia y en Panfilia, en Egipto o en la zona de Libia que limita con Cirene. Algunos somos visitantes, venidos de Roma, judíos y prosélitos; también hay cretenses y árabes. Y sin embargo, cada quien los oye hablar de las maravillas de Dios en su propia lengua".

Palabra de Dios.   ℟. **Te alabamos, Señor.**

SALMO RESPONSORIAL
Del salmo 103

M. Ramírez B.P. 1700

En - ví - a, Se - ñor, tu Es - pí - ri - tu
a re - no - var la tie - rra. A - le - lu - ya.

℟.   Envía, Señor, tu Espíritu a renovar la tierra. Aleluya.

Bendice al Señor, alma mía;
Señor y Dios mío, inmensa es tu grandeza.
¡Qué numerosas son tus obras, Señor!
La tierra está llena de tus creaturas.   ℟.

[℞. Envía, Señor, tu Espíritu a renovar la tierra. Aleluya.]

Si retiras tu aliento,
toda creatura muere y vuelve al polvo;
pero envías tu espíritu, que da vida,
y renuevas el aspecto de la tierra. ℞.

Que Dios sea glorificado para siempre
y se goce en sus creaturas.
Ojalá que le agraden mis palabras
y yo me alegraré en el Señor. ℞.

SEGUNDA LECTURA

Hemos sido bautizados en un mismo Espíritu para formar un solo cuerpo.

De la primera carta del apóstol san Pablo a los corintios
12, 3-7. 12-13

Hermanos: Nadie puede llamar a Jesús "Señor", si no es bajo la acción del Espíritu Santo.

Hay diferentes dones, pero el Espíritu es el mismo. Hay diferentes servicios, pero el Señor es el mismo. Hay diferentes actividades, pero Dios, que hace todo en todos, es el mismo.

En cada uno se manifiesta el Espíritu para el bien común. Porque así como el cuerpo es uno y tiene muchos miembros y todos ellos, a pesar de ser muchos, forman un solo cuerpo, así también es Cristo. Porque todos nosotros, seamos judíos o no judíos, esclavos o libres, hemos sido bautizados en un mismo Espíritu para formar un solo cuerpo, y a todos se nos ha dado a beber del mismo Espíritu.

Palabra de Dios.   ℞. **Te alabamos, Señor.**

SECUENCIA

Ven, Dios Espíritu Santo,
y envíanos desde el cielo
tu luz, para iluminarnos.

Ven ya, padre de los pobres,
luz que penetra en las almas,
dador de todos los dones.

Fuente de todo consuelo,
amable huésped del alma,
paz en las horas de duelo.

Eres pausa en el trabajo;
brisa, en un clima de fuego;
consuelo, en medio del llanto.

Ven, luz santificadora,
y entra hasta el fondo del alma
de todos los que te adoran.

Sin tu inspiración divina
los hombres nada podemos
y el pecado nos domina.

Lava nuestras inmundicias,
fecunda nuestros desiertos
y cura nuestras heridas.

Doblega nuestra soberbia,
calienta nuestra frialdad,
endereza nuestras sendas.

Concede a aquellos que ponen
en ti su fe y su confianza
tus siete sagrados dones.

Danos virtudes y méritos,
danos una buena muerte
y contigo el gozo eterno.

ACLAMACIÓN ANTES DEL EVANGELIO

B.P. 1032 - Sosa

A - le - lu - ya, a - le - lu - ya, a - le - lu - ya.

℞. Aleluya, aleluya.
Ven, Espíritu Santo, llena los corazones de tus fieles
y enciende en ellos el fuego de tu amor.
℞. Aleluya, aleluya.

EVANGELIO
Como el Padre me ha enviado, así también los envío yo: Reciban el Espíritu Santo.

✠ Del santo Evangelio según san Juan
20, 19-23

Al anochecer del día de la resurrección, estando cerradas las puertas de la casa donde se hallaban los discípulos, por miedo a los judíos, se presentó Jesús en medio de ellos y les dijo: "La paz esté con ustedes". Dicho esto, les mostró las manos y el costado. Cuando los discípulos vieron al Señor, se llenaron de alegría.

De nuevo les dijo Jesús: "La paz esté con ustedes. Como el Padre me ha enviado, así también los envío yo". Después de decir esto, sopló sobre ellos y les dijo: "Reciban el Espíritu Santo. A los que les perdonen los pecados, les quedarán perdonados; y a los que no se los perdonen, les quedarán sin perdonar".

Palabra del Señor.   ℞. **Gloria a ti, Señor Jesús.**

ORACIÓN SOBRE LAS OFRENDAS

Señor, que el Espíritu Santo nos haga comprender mejor, según la promesa de tu Hijo, el misterio de este sacrificio y toda la profundidad del Evangelio. Por Jesucristo, nuestro Señor.

ANTÍFONA DE LA COMUNIÓN   Hechos 2, 4. 11

Todos quedaron llenos del Espíritu Santo, y proclamaban las maravillas de Dios. Aleluya.

ORACIÓN DESPUÉS DE LA COMUNIÓN

Señor, tú que nos concedes participar de la vida divina por medio de tus sacramentos, conserva en nosotros el don de tu amor y la presencia viva del Espíritu Santo, para que esta comunión nos ayude a obtener nuestra salvación eterna. Por Jesucristo, nuestro Señor.

DESPEDIDA

Pueden ir en paz, aleluya, aleluya.

℟. **Demos gracias a Dios, aleluya, aleluya.**

"¡VEN, ESPÍRITU SANTO!...

... y enciende en nosotros el fuego de tu amor";

○ porque cada día nos amamos más a nosotros mismos y amamos menos a los demás;

○ porque el amor lo estamos convirtiendo sólo en sexo;

○ **porque en nombre del amor** ("¡Pobrecito, qué vida va a llevar!") **se está matando a muchos niños antes de que nazcan;**

○ **porque, so pretexto del amor, se está buscando la forma de deshacernos de esos seres enfermos o ancianos que nos dieron todo** ("Es que su vida, ya no es vida");

○ **porque al amor –al verdadero amor que es, como el de Dios,** fiel **y** fecundo– **lo estamos mutilando por el lado de** la fidelidad **o por el lado de** la fecundidad;

○ porque al amor, que –como dice san Pablo– aguanta todo, perdona todo y siempre piensa bien, le estamos dando otros nombres que no pueden escribirse;

○ porque decimos que amamos a Dios, al que no vemos, y no amamos a los que sí vemos: al cónyuge, que a veces refunfuña y grita; a los hijos, que en ocasiones nos hacen trastada y media; al padre y a la madre, que no nos cumplen nuestros antojos, y a tanta gente que podríamos ayudar y no ayudamos... Y esto, según san Juan, es ser mentirosos.

¡VEN, pues, ESPÍRITU SANTO!

3 de junio

La Santísima Trinidad

(Blanco)

ANTÍFONA DE ENTRADA

Bendito sea Dios, Padre, Hijo y Espíritu Santo, porque nos ha mostrado un amor inmenso.

ORACIÓN COLECTA

Dios Padre, que al enviar al mundo al Verbo de verdad y al Espíritu de santidad, revelaste a los hombres tu misterio admirable, concédenos que al profesar la fe verdadera, reconozcamos la gloria de la eterna Trinidad y adoremos la unidad de su majestad omnipotente. Por nuestro Señor Jesucristo...

Cuando los apóstoles comprendieron que Jesús era el Señor, el Hijo de Dios enviado por el Padre, y cuando experimentaron la acción del Espíritu Santo dentro de sus corazones (SEGUNDA LECTURA), comprendieron que el único Dios era Padre, Hijo y Espíritu Santo. Poco a poco penetraron en el significado de las palabras de Jesús, cuando les hablaba de su Padre y les prometía el Espíritu de la verdad (EVANGELIO). Ya el Antiguo Testamento había preparado los espíritus para esta revelación, invitando a escuchar la Sabiduría de Dios (PRIMERA LECTURA).

PRIMERA LECTURA

Antes de que existiera la tierra, la sabiduría ya había sido engendrada.

Del libro de los Proverbios
8, 22-31

E sto dice la sabiduría de Dios:
"El Señor me poseía desde el principio,
antes que sus obras más antiguas.
Quedé establecida desde la eternidad, desde el principio,
antes de que la tierra existiera.
Antes de que existieran los abismos
y antes de que brotaran los manantiales de las aguas,
fui concebida.
Antes de que las montañas
y las colinas quedaran asentadas, nací yo.
Cuando aún no había hecho el Señor la tierra ni los campos
ni el primer polvo del universo,
cuando él afianzaba los cielos,
ahí estaba yo.
Cuando ceñía con el horizonte la faz del abismo,
cuando colgaba las nubes en lo alto,
cuando hacía brotar las fuentes del océano,
cuando fijó al mar sus límites
y mandó a las aguas que no los traspasaran,
cuando establecía los cimientos de la tierra,
yo estaba junto a él como arquitecto de sus obras,
yo era su encanto cotidiano;
todo el tiempo me recreaba en su presencia,
jugando con el orbe de la tierra
y mis delicias eran estar con los hijos de los hombres".

Palabra de Dios.   ℟. **Te alabamos, Señor.**

SALMO RESPONSORIAL
Del salmo 8

V.M. Amaral B.P. 1734

¡Qué ad-mi-ra-ble, Se-ñor, es tu po-der!

℟.   ¡Qué admirable, Señor, es tu poder!

Cuando contemplo el cielo, obra de tus manos,
la luna y las estrellas, que has creado, me pregunto:
¿Qué es el hombre para que de él te acuerdes,
ese pobre ser humano para que de él te preocupes? ℟.

Sin embargo, lo hiciste un poquito inferior a los ángeles,
lo coronaste de gloria y dignidad;
le diste el mando sobre las obras de tus manos
y todo lo sometiste bajo sus pies. R.

Pusiste a su servicio los rebaños y las manadas,
todos los animales salvajes,
las aves del cielo y los peces del mar,
que recorren los caminos de las aguas. R.

SEGUNDA LECTURA

Vayamos a Dios por Cristo mediante el amor que nos ha infundido el Espíritu Santo.

De la carta del apóstol san Pablo a los romanos
5, 1-5

Hermanos: Ya que hemos sido justificados por la fe, mantengámonos en paz con Dios, por mediación de nuestro Señor Jesucristo. Por él hemos obtenido, con la fe, la entrada al mundo de la gracia, en el cual nos encontramos; por él, podemos gloriarnos de tener la esperanza de participar en la gloria de Dios.

Más aún, nos gloriamos hasta de los sufrimientos, pues sabemos que el sufrimiento engendra la paciencia, la paciencia engendra la virtud sólida, la virtud sólida engendra la esperanza y la esperanza no defrauda, porque Dios ha infundido su amor en nuestros corazones, por medio del Espíritu Santo, que él mismo nos ha dado.

Palabra de Dios. R. **Te alabamos, Señor.**

ACLAMACIÓN ANTES DEL EVANGELIO

Cfr Apoc 1, 8

B.P. 1033 - Palazón

A - le - lu - ya, a - le - lu - ya, a - le - lu - ya.

R. Aleluya, aleluya.
Gloria al Padre y al Hijo y al Espíritu Santo.
Al Dios que es, que era y que vendrá.
R. Aleluya, aleluya.

EVANGELIO

Todo lo que tiene el Padre es mío. - El Espíritu recibirá de mí lo que les vaya comunicando a ustedes.

 Del santo Evangelio según san Juan
16, 12-15

En aquel tiempo, Jesús dijo a sus discípulos: "Aún tengo muchas cosas que decirles, pero todavía no las pueden comprender. Pero cuando venga el Espíritu de la verdad, él los irá guiando hasta la verdad plena, porque no hablará por su cuenta, sino que dirá lo que haya oído y les anunciará las cosas que van a suceder. Él me glorificará, porque primero recibirá de mí lo que les vaya comunicando. Todo lo que tiene el Padre es mío. Por eso he dicho que tomará de lo mío y se lo comunicará a ustedes".

Palabra del Señor.   ℟. **Gloria a ti, Señor Jesús.**

ORACIÓN SOBRE LAS OFRENDAS

Por la invocación de tu nombre, santifica, Señor, estos dones que te presentamos y transfórmanos por ellos en una continua oblación a ti. Por Jesucristo, nuestro Señor.

ANTÍFONA DE LA COMUNIÓN   Gál 4, 6

Porque ustedes son hijos de Dios, Dios infundió en sus corazones el Espíritu de su Hijo, que clama: Padre.

ORACIÓN DESPUÉS DE LA COMUNIÓN

Que la recepción de este sacramento y nuestra profesión de fe en la Trinidad santa y eterna, y en su unidad indivisible, nos aprovechen, Señor, Dios nuestro, para la salvación del cuerpo y el alma. Por Jesucristo, nuestro Señor.

USTED ¿CÓMO SE SANTIGUA?

✴ La pregunta viene a cuento, porque el misterio de la Santísima Trinidad que celebramos hoy es el que debemos recordar todos los días cuando al salir de casa, al pasar frente a un templo o al empezar algún trabajo, nos santiguamos en el nombre DEL PADRE Y DEL HIJO Y DEL ESPÍRITU SANTO.

✴ ¿Nos santiguamos conscientes de que con este signo de la cruz sobre nuestro cuerpo, manifestamos nuestra fe en la obra redentora de Jesucristo?

✴ ¿Nos santiguamos sabiendo que este acto de fe en la Santísima Trinidad nos compromete no sólo a creer en ella, sino a tratar de vivir de acuerdo con su voluntad?

✴ Usted, pues, ¿cómo se santigua?

7 de junio
Jueves

El Cuerpo y la Sangre de Cristo
(Blanco)

ANTÍFONA DE ENTRADA
Sal 80, 17

Alimentó a su pueblo con lo mejor del trigo y lo sació con miel sacada de la roca.

ORACIÓN COLECTA

Señor nuestro Jesucristo, que en este sacramento admirable nos dejaste el memorial de tu pasión, concédenos venerar de tal modo los sagrados misterios de tu Cuerpo y de tu Sangre, que experimentemos constantemente en nosotros el fruto de tu redención. Tú que vives y reinas con el Padre…

San Pablo nos presenta hoy (SEGUNDA LECTURA) el testimonio más antiguo de la celebración de la comida del Señor por parte de los cristianos, con el primer relato de su institución, recogido por el mismo san Pablo hacia el año 57. La multiplicación de los panes (EVANGELIO) preparó a los discípulos para recibir la revelación del banquete en que Jesús se entregaba como comida. El Génesis narra (PRIMERA LECTURA) la ofrenda de pan y vino que hizo el sacerdote Melquisedec, como una remota profecía de la Eucaristía y del sacerdocio de Cristo.

PRIMERA LECTURA
Melquisedec presentó pan y vino.

Del libro del Génesis
14, 18-20

En aquellos días, Melquisedec, rey de Salem, presentó pan y vino, pues era sacerdote del Dios altísimo, y bendijo a Abram, diciendo: "Bendito sea Abram de parte del Dios altísimo, creador de cielos y tierra; y bendito sea el Dios altísimo, que entregó a tus enemigos en tus manos".

Y Abram le dio el diezmo de todo lo que había rescatado.

Palabra de Dios.   ℟. **Te alabamos, Señor.**

SALMO RESPONSORIAL
Del salmo 109

V.M. Amaral B.P. 1735

Tú e - res sa - cer - do - te pa - ra siem - pre.

℟.   Tú eres sacerdote para siempre.

Esto ha dicho el Señor a mi Señor:
"Siéntate a mi derecha;
yo haré de tus contrarios el estrado
donde pongas los pies". ℟.

Extenderá el Señor desde Sión
tu cetro poderoso
y tú dominarás
al enemigo. ℟.

Es tuyo el señorío;
el día en que naciste
en los montes sagrados,
te consagró el Señor antes del alba. ℟.

Juró el Señor y no ha de retractarse:
"Tú eres sacerdote para siempre, como Melquisedec". ℟.

SEGUNDA LECTURA
Cada vez que ustedes comen de este pan y beben de este cáliz, proclaman la muerte del Señor.

De la primera carta del apóstol san Pablo a los corintios
11, 23-26

Hermanos: Yo recibí del Señor lo mismo que les he transmitido: Que el Señor Jesús, la noche en que iba a ser entregado, tomó pan en sus manos, y pronunciando la acción de gracias, lo partió y dijo: "Esto es mi cuerpo, que se entrega por ustedes. Hagan esto en memoria mía".

Lo mismo hizo con el cáliz, después de cenar, diciendo: "Este cáliz es la nueva alianza que se sella con mi sangre. Hagan esto en memoria mía siempre que beban de él".

Por eso, cada vez que ustedes comen de este pan y beben de este cáliz, proclaman la muerte del Señor, hasta que vuelva.

Palabra de Dios.   ℟. **Te alabamos, Señor.**

SECUENCIA

(Puede omitirse o puede recitarse en forma abreviada, comenzando por la estrofa: * "El pan que del cielo baja...")

Al Salvador alabemos,
que es nuestro pastor y guía.
Alabémoslo con himnos
y canciones de alegría.

Alabémoslo sin límites
y con nuestras fuerzas todas;
pues tan grande es el Señor,
que nuestra alabanza es poca.

Gustosos hoy aclamamos
a Cristo, que es nuestro pan,
pues él es el pan de vida,
que nos da vida inmortal.

Doce eran los que cenaban
y les dio pan a los doce.
Doce entonces lo comieron,
y, después, todos los hombres.

Sea plena la alabanza
y llena de alegres cantos;
que nuestra alma se desborde
en todo un concierto santo.

Hoy celebramos con gozo
la gloriosa institución
de este banquete divino,
el banquete del Señor.

Ésta es la nueva Pascua,
Pascua del único Rey,
que termina con la alianza
tan pesada de la ley.

Esto nuevo, siempre nuevo,
es la luz de la verdad,
que sustituye a lo viejo
con reciente claridad.

En aquella última cena
Cristo hizo la maravilla
de dejar a sus amigos
el memorial de su vida.

Enseñados por la Iglesia,
consagramos pan y vino,
que a los hombres nos redimen,
y dan fuerza en el camino.

Es un dogma del cristiano
que el pan se convierte en carne,
y lo que antes era vino
queda convertido en sangre.

Hay cosas que no entendemos,
pues no alcanza la razón;
mas si las vemos con fe,
entrarán al corazón.

Bajo símbolos diversos
y en diferentes figuras,
se esconden ciertas verdades
maravillosas, profundas.

Su sangre es nuestra bebida;
su carne, nuestro alimento;
pero en el pan o en el vino
Cristo está todo completo.

Quien lo come, no lo rompe,
no lo parte ni divide;
él es el todo y la parte;
vivo está en quien lo recibe.

Puede ser tan sólo uno
el que se acerca al altar,
o pueden ser multitudes:
Cristo no se acabará.

Lo comen buenos y malos,
con provecho diferente;
no es lo mismo tener vida
que ser condenado a muerte.

A los malos les da muerte
y a los buenos les da vida.
¡Qué efecto tan diferente
tiene la misma comida!

Si lo parten, no te apures;
sólo parten lo exterior;
en el mínimo fragmento
entero late el Señor.

Cuando parten lo exterior,
sólo parten lo que has visto;
no es una disminución
de la persona de Cristo.

*El pan que del cielo baja
es comida de viajeros.
Es un pan para los hijos.
¡No hay que tirarlo a los perros!

Isaac, el inocente,
es figura de este pan,
con el cordero de Pascua
y el misterioso maná.

Ten compasión de nosotros,
buen pastor, pan verdadero.
Apaciéntanos y cuídanos
y condúcenos al cielo.

Todo lo puedes y sabes,
pastor de ovejas, divino.
Concédenos en el cielo
gozar la herencia contigo. Amén.

ACLAMACIÓN ANTES DEL EVANGELIO
Jn 6, 51

B.P. 1032 - Sosa

A - le - lu - ya, a - le - lu - ya, a - le - lu - ya.

℟. Aleluya, aleluya.
Yo soy el pan vivo que ha bajado del cielo, dice el Señor;
el que coma de este pan vivirá para siempre.
℟. Aleluya, aleluya.

EVANGELIO
Comieron todos y se saciaron.

 Del santo Evangelio según san Lucas
9, 11-17

En aquel tiempo, Jesús habló del Reino de Dios a la multitud y curó a los enfermos.

Cuando caía la tarde, los doce apóstoles se acercaron a decirle: "Despide a la gente para que vayan a los pueblos y caseríos a buscar alojamiento y comida, porque aquí estamos en un lugar solitario". Él les contestó: "Denles ustedes de comer". Pero ellos le replicaron: "No tenemos más que cinco panes y dos pescados; a no ser que vayamos nosotros mismos a comprar víveres para toda esta gente". Eran como cinco mil varones.

Entonces Jesús dijo a sus discípulos: "Hagan que se sienten en grupos como de cincuenta". Así lo hicieron, y todos se sentaron. Después Jesús tomó en sus manos los cinco panes y los dos pescados, y levantando su mirada al cielo, pronunció sobre ellos una oración de acción de gracias, los partió y los fue dando a los discípulos, para que ellos los distribuyeran entre la gente.

Comieron todos y se saciaron, y de lo que sobró se llenaron doce canastos.

Palabra del Señor.   ℟. **Gloria a ti, Señor Jesús.**

ORACIÓN SOBRE LAS OFRENDAS
Señor, concede a tu Iglesia los dones de la unidad y de la paz, simbolizados en las ofrendas sacramentales que te presentamos. Por Jesucristo, nuestro Señor.

ANTÍFONA DE LA COMUNIÓN   Jn 6, 56
El que come mi carne y bebe mi sangre, permanece en mí y yo en él, dice el Señor.

ORACIÓN DESPUÉS DE LA COMUNIÓN
Concédenos, Señor, disfrutar eternamente del gozo de tu divinidad que ahora pregustamos, en la comunión de tu Cuerpo y de tu Sangre. Tú que vives y reinas por los siglos de los siglos.

"HAGAN ESTO EN MEMORIA MÍA"

→ **Y ¿qué es ESTO que tenemos que hacer en memoria de Cristo?**

✠ **En primer lugar**, celebrar la Eucaristía **que, según nos dice Pablo en la segunda lectura de hoy, fue lo que Cristo hizo:** "tomó pan en sus manos, y pronunciando la acción de gracias, lo partió y dijo: 'Esto es mi cuerpo, que se entrega por ustedes' ".

✠ **En segundo lugar,** entregarnos por los demás, **porque si Cristo quiso que en cada Eucaristía comiéramos el cuerpo** "que se entrega por ustedes", **es porque, evidentemente, quiere que también nosotros, los cristianos, como efecto de esa comi-** da, nos entreguemos por los demás:

✠ Es decir, que entreguemos generosamente nuestro tiempo al cónyuge y a los hijos...

✠ que entreguemos nuestra ayuda económica, en la medida de nuestras posibilidades, a quienes no tienen o apenas tienen posibilidades...

✠ que entreguemos nuestro perdón al que nos ha ofendido...

Y ES QUE NO SE PUEDE COMER EL CUERPO "QUE SE ENTREGA" POR TODOS LOS SERES HUMANOS... Y VIVIR EGOÍSTAMENTE PARA UNO MISMO.

10 de junio

10° Domingo Ordinario

(Verde)

ANTÍFONA DE ENTRADA   Sal 26, 1-2

El Señor es mi luz y mi salvación, ¿a quién temeré? El Señor es la defensa de mi vida, ¿quién me hará temblar? Cuando me asaltan mis enemigos, tropiezan y caen.

ORACIÓN COLECTA

Dios nuestro, de quien todo bien procede, inspíranos propósitos de justicia y santidad, y concédenos tu ayuda para poder cumplirlos. Por nuestro Señor Jesucristo…

El Señor nos hace palpar su misericordia, su amor y su poder, al resucitar, por medio de Elías, al hijo pequeño de una mujer (PRIMERA LECTURA). En el EVANGELIO se nos relata cómo Jesucristo le devuelve la vida a un joven, hijo único de una mujer viuda. San Pablo escribe a los gálatas sobre su vida de perseguidor encarnizado y su elección para ser apóstol entre los paganos, por llamamiento exclusivo de Dios (SEGUNDA LECTURA).

PRIMERA LECTURA
Tu hijo está vivo.

Del primer libro de los Reyes
17, 17-24

E n aquellos días, cayó enfermo el hijo de la dueña de la casa en la que se hospedaba Elías. La enfermedad fue tan grave, que el niño murió. Entonces la mujer le dijo a Elías: "¿Qué te he hecho yo, hombre de Dios? ¿Has venido a mi casa para que recuerde yo mis pecados y se muera mi hijo?"

Elías le respondió: "Dame acá a tu hijo". Lo tomó del regazo de la madre, lo subió a la habitación donde él dormía y lo acostó sobre el lecho. Luego clamó al Señor: "Señor y Dios mío, ¿es posible que también con esta viuda que me hospeda te hayas irritado, haciendo morir a su hijo?"

Luego se tendió tres veces sobre el niño y suplicó al Señor, diciendo: "Devuélvele la vida a este niño". El Señor escuchó la súplica de Elías y el niño volvió a la vida.

Elías tomó al niño, lo llevó abajo y se lo entregó a su madre, diciendo: "Mira, tu hijo está vivo". Entonces la mujer dijo a Elías: "Ahora sé que eres un hombre de Dios y que tus palabras vienen del Señor".

Palabra de Dios.   ℟. **Te alabamos, Señor.**

SALMO RESPONSORIAL
Del salmo 29

F. Picón B.P. 1709

Te_a - la - ba - ré,   Se - ñor,   te_a - la - ba - ré,   Se - ñor,   te_a - la - ba - ré,   Se - ñor,   e - ter - na - men - te.

℟.   Te alabaré, Señor, eternamente.

Te alabaré, Señor, pues no dejaste
que se rieran de mí mis enemigos.
Tú, Señor, me salvaste de la muerte
y a punto de morir, me reviviste. ℟.

Alaben al Señor los que lo aman,
den gracias a su nombre,
porque su ira dura un solo instante
y su bondad, toda la vida.
El llanto nos visita por la tarde;
y en la mañana, el júbilo. ℟.

Escúchame, Señor, y compadécete;
Señor, ven en mi ayuda.
convertiste mi duelo en alegría,
te alabaré por eso eternamente. ℟.

SEGUNDA LECTURA

Dios quiso revelarme a su Hijo, para que yo lo anunciara entre los paganos.

De la carta del apóstol san Pablo a los gálatas
1, 11-19

Hermanos: Les hago saber que el Evangelio que he predicado, no proviene de los hombres, pues no lo recibí ni lo aprendí de hombre alguno, sino por revelación de Jesucristo.

Ciertamente ustedes han oído hablar de mi conducta anterior en el judaísmo, cuando yo perseguía encarnizadamente a la Iglesia de Dios, tratando de destruirla; deben saber que me distinguía en el judaísmo, entre los jóvenes de mi pueblo y de mi edad, porque los superaba en el celo por las tradiciones paternas.

Pero Dios me había elegido desde el seno de mi madre, y por su gracia me llamó. Un día quiso revelarme a su Hijo, para que yo lo anunciara entre los paganos. Inmediatamente, sin solicitar ningún consejo humano y sin ir siquiera a Jerusalén para ver a los apóstoles anteriores a mí, me trasladé a Arabia y después regresé a Damasco. Al cabo de tres años fui a Jerusalén, para ver a Pedro y estuve con él quince días. No vi a ningún otro de los apóstoles, excepto a Santiago, el pariente del Señor.

Palabra de Dios.   ℞. **Te alabamos, Señor.**

ACLAMACIÓN ANTES DEL EVANGELIO

Lc 7, 16

B.P. 1032 - Sosa

A - le - lu - ya, a - le - lu - ya, a - le - lu - ya.

℞.   Aleluya, aleluya.
Un gran profeta ha surgido entre nosotros.
Dios ha visitado a su pueblo.
℞.   Aleluya, aleluya.

EVANGELIO

Joven, yo te lo mando: levántate.

✠ Del santo Evangelio según san Lucas
7, 11-17

En aquel tiempo, se dirigía Jesús a una población llamada Naím, acompañado de sus discípulos y de mucha gente. Al llegar a la entrada de la población, se encontró con que sacaban a enterrar a un muerto, hijo único de una viuda, a la que acompañaba una gran muchedumbre.

Cuando el Señor la vio, se compadeció de ella y le dijo: "No llores". Acercándose al ataúd, lo tocó y los que lo llevaban se detuvieron. Entonces dijo Jesús: "Joven, yo te lo mando: levántate". Inmediatamente el que había muerto se levantó y comenzó a hablar. Jesús se lo entregó a su madre.

Al ver esto, todos se llenaron de temor y comenzaron a glorificar a Dios, diciendo: "Un gran profeta ha surgido entre nosotros. Dios ha visitado a su pueblo".

La noticia de este hecho se divulgó por toda Judea y por las regiones cincunvecinas.

Palabra del Señor.   ℟. **Gloria a ti, Señor Jesús.**

ORACIÓN SOBRE LAS OFRENDAS

Mira, Señor, con bondad, estos dones que te presentamos humildemente, para que sean gratos a tus ojos y nos hagan crecer en tu amor. Por Jesucristo, nuestro Señor.

ANTÍFONA DE LA COMUNIÓN   Sal 17, 3

Señor, tú eres mi amor, mi fuerza y mi refugio, mi liberación y mi ayuda. Tú eres mi Dios.

ORACIÓN DESPUÉS DE LA COMUNIÓN

Que la fuerza redentora de esta Eucaristía nos proteja, Señor, de nuestras malas inclinaciones y nos guíe siempre por el camino de tus mandamientos. Por Jesucristo, nuestro Señor.

YO SE LO DIGO A USTEDES: ¡LEVÁNTENSE!

* A ustedes, esposos, que han caído en la rutina del "¡Buenos días!", "¿Cómo te fue?", "¡Buenas noches!" ...y se han olvidado de decirse "¡Te quiero!" en las 20,000 formas en que puede decirse en la vida de todos los días.

* A ustedes, papás y mamás, que en la educación cristiana de sus hijos se han cansado de ir contra la corriente y han aterrizado en un "¡Hagan lo que quieran!"

* A ustedes, jefes de familia, que en la lucha diaria por conseguir el sustento –y todo lo demás– han caído en prácticas poco honradas y más productivas.

* A ustedes, matrimonios, que han caído en los métodos no naturales de planeación familiar.

* A ustedes, muchachos y muchachas, que están cayendo en la trampa del alcohol y de las drogas, del sexo disfrazado de amor, de la irresponsabilidad disfrazada de libertad, de la irreligiosidad disfrazada de ciencia...

* A ustedes, privilegiados que tienen trabajo y disfrutan de una posición más holgada, y han caído en la insolidaridad egoísta.

* A ustedes, a los que las penas y las enfermedades han arrojado al desaliento y a la desesperanza.

YO SE LO DIGO: ¡LEVÁNTENSE!

Y ésta no es sólo una frase bonita de Cristo.

En la comunión, Cristo –que es el que nos invita hoy a levantarnos– nos ofrece la fuerza que necesitamos para ello, porque nos da a comer su cuerpo, que venció a la muerte en la resurrección, y con este alimento suyo podemos levantarnos de todas estas situaciones de muerte.

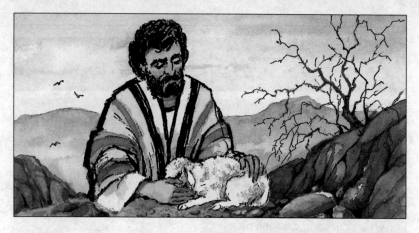

15 de junio
Viernes

El Sagrado Corazón de Jesús
(Blanco)

ANTÍFONA DE ENTRADA   Sal 32, 11. 19

Los proyectos de su corazón subsisten de edad en edad, para librar de la muerte la vida de sus fieles y reanimarlos en tiempo de hambre.

ORACIÓN COLECTA

Al celebrarse hoy la solemnidad del Corazón de Jesús, en la que recordamos el inmenso amor de tu Hijo hacia nosotros, te suplicamos, Padre todopoderoso, que nos concedas alcanzar de esa fuente inagotable la abundancia de tu gracia. Por nuestro Señor Jesucristo…

El profeta Ezequiel nos habla de Dios como el pastor que va en busca de la oveja perdida para devolverla al redil (PRIMERA LECTURA). Esa misma imagen nos la ofrece Jesús de sí mismo al presentarse como el buen pastor, que cuida de sus ovejas (EVANGELIO). Cristo es la revelación del amor de Dios, del amor del pastor por sus ovejas. La prueba de que Dios nos ama, dice san Pablo en su carta (SEGUNDA LECTURA), es que Cristo murió por nosotros.

PRIMERA LECTURA
Yo mismo apacentaré a mis ovejas y las haré reposar.

Del libro del profeta Ezequiel
34, 11-16

Esto dice el Señor Dios: "Yo mismo iré a buscar a mis ovejas y velaré por ellas. Así como un pastor vela por su rebaño cuando las ovejas se encuentran dispersas, así velaré yo por mis ovejas e iré por ellas a todos los lugares por donde se dispersaron un día de niebla y de oscuridad.

Las sacaré de en medio de los pueblos, las congregaré de entre las naciones, las traeré a su tierra y las apacentaré por los montes de Israel, por las cañadas y por los poblados del país. Las apacentaré en pastizales escogidos, y en lo alto de los montes de Israel tendrán su aprisco; allí reposarán en buenos prados, y en pastos suculentos serán apacentadas sobre los montes de Israel.

Yo mismo apacentaré a mis ovejas; yo mismo las haré reposar, dice el Señor Dios.

Buscaré a la oveja perdida y haré volver a la descarriada; curaré a la herida, robusteceré a la débil, y a la que está gorda y fuerte, la cuidaré. Yo las apacentaré en la justicia".

Palabra de Dios.   ℟. **Te alabamos, Señor.**

SALMO RESPONSORIAL
Del salmo 22

V.M. Amaral B.P. 1736

El Se - ñor es mi pas - tor, na - da me fal - ta - rá.

℟.   El Señor es mi pastor, nada me faltará.

El Señor es mi pastor, nada me falta;
en verdes praderas me hace reposar
y hacia fuentes tranquilas me conduce
para reparar mis fuerzas. ℟.

Por ser un Dios fiel a sus promesas,
me guía por el sendero recto;
así, aunque camine por cañadas oscuras,
nada temo, porque tú estás conmigo.
Tu vara y tu cayado me dan seguridad. ℟.

Tú mismo me preparas la mesa,
a despecho de mis adversarios;
me unges la cabeza con perfume
y llenas mi copa hasta los bordes. ℟.

[℟. El Señor es mi pastor, nada me faltará.]

Tu bondad y tu misericordia me acompañarán
todos los días de mi vida;
y viviré en la casa del Señor
por años sin término. ℟.

SEGUNDA LECTURA

La prueba de que Dios nos ama está en que Cristo murió por nosotros.

De la carta del apóstol san Pablo a los romanos
5, 5-11

Hermanos: Dios ha infundido su amor en nuestros corazones por medio del Espíritu Santo, que él mismo nos ha dado.

En efecto, cuando todavía no teníamos fuerzas para salir del pecado, Cristo murió por los pecadores en el tiempo señalado. Difícilmente habrá alguien que quiera morir por un justo, aunque puede haber alguno que esté dispuesto a morir por una persona sumamente buena. Y la prueba de que Dios nos ama está en que Cristo murió por nosotros, cuando aún éramos pecadores.

Con mayor razón, ahora que ya hemos sido justificados por su sangre, seremos salvados por él del castigo final. Porque, si cuando éramos enemigos de Dios, fuimos reconciliados con él por la muerte de su Hijo, con mucho más razón, estando ya reconciliados, recibiremos la salvación participando de la vida de su Hijo. Y no sólo esto, sino que también nos gloriamos en Dios, por medio de nuestro Señor Jesucristo, por quien hemos obtenido ahora la reconciliación.

Palabra de Dios.   ℟. **Te alabamos, Señor.**

ACLAMACIÓN ANTES DEL EVANGELIO
Jn 10, 14

B.P. 1032 - Sosa

A - le - lu - ya, a - le - lu - ya, a - le - lu - ya.

℟.   Aleluya, aleluya.
Yo soy el buen pastor, dice el Señor,
yo conozco a mis ovejas y ellas me conocen a mí.
℟.   Aleluya, aleluya.

EVANGELIO

Alégrense conmigo, porque ya encontré la oveja que se me había perdido.

✠ Del santo Evangelio según san Lucas
15, 3-7

En aquel tiempo, Jesús dijo a los fariseos y a los escribas esta parábola: "¿Quién de ustedes, si tiene cien ovejas y se le pierde una, no deja las noventa y nueve en el campo y va en busca de la que se le perdió hasta encontrarla? Y una vez que la encuentra, la carga sobre sus hombros, lleno de alegría, y al llegar a su casa, reúne a los amigos y vecinos y les dice: 'Alégrense conmigo, porque ya encontré la oveja que se me había perdido'.

Yo les aseguro que también en el cielo habrá más alegría por un pecador que se arrepiente, que por noventa y nueve justos, que no necesitan arrepentirse".

Palabra del Señor. ℟. **Gloria a ti, Señor Jesús.**

ORACIÓN SOBRE LAS OFRENDAS

Ten en cuenta, Señor, el inefable amor del corazón de tu Hijo, para que este don que te ofrecemos, sea agradable a tus ojos y sirva como expiación de nuestros pecados. Por Jesucristo, nuestro Señor.

ANTÍFONA DE LA COMUNIÓN   Jn 7, 37-38

Dice el Señor: Si alguno tiene sed, que venga a mí y beba. De aquel que cree en mí, brotarán ríos de agua viva.

ORACIÓN DESPUÉS DE LA COMUNIÓN

Señor, que este sacramento de caridad nos haga arder en un santo amor que, atrayéndonos siempre hacia tu Hijo, nos enseñe a reconocerlo en cada uno de nuestros hermanos. Por Jesucristo, nuestro Señor.

CONSAGRACIÓN DE LA TERCERA EDAD AL CORAZÓN DE JESÚS

Señor, queremos consagrar a tu Corazón, desde hoy y hasta el día de nuestra muerte, nuestros pequeños o grandes achaques de salud; nuestras alegrías con los hijos y los nietos; nuestras penas y angustias al ver sus problemas y no poder resolverlos; nuestras paulatinas desilusiones al ver cómo cada día encajamos menos en sus fiestas, en sus paseos, en sus prioridades; nuestras comidas solitarias, nuestro natural pero doloroso ir quedando cada día más al margen de tantas cosas…

Esta consagración considérala ratificada cada nuevo amanecer que quieras concedernos, cuando te digamos: "Señor, estoy en lo dicho".

17 de junio   11° Domingo Ordinario

(Verde)

ANTÍFONA DE ENTRADA   Sal 26, 7. 9

Escucha, Señor, mi voz y mis clamores y ven en mi ayuda; no me rechaces, ni me abandones, Dios, salvador mío.

ORACIÓN COLECTA

Dios nuestro, fuerza de todos los que en ti confían, ayúdanos con tu gracia, sin la cual nada puede nuestra humana debilidad, para que podamos serte fieles en la observancia de tus mandamientos. Por nuestro Señor Jesucristo…

San Lucas, el autor del que se llama "Evangelio de la Misericordia", nos presenta hoy la narración de la pecadora perdonada (EVANGELIO). Pero ya el Antiguo Testamento está lleno con la presencia de Dios misericordioso, y Samuel nos relata cómo el Señor perdonó a David su crimen, cuando el rey se arrepintió de haberlo cometido (PRIMERA LECTURA). San Pablo (SEGUNDA LECTURA) nos confiesa su ardiente amor por Cristo, diciéndonos: "me amó y se entregó a sí mismo por mí… Vivo, pero ya no soy yo el que vive, es Cristo quien vive en mí".

PRIMERA LECTURA

El Señor te perdona tu pecado. No morirás.

Del segundo libro de Samuel
12, 7-10. 13

En aquellos días, dijo el profeta Natán al rey David: "Así dice el Dios de Israel: 'Yo te consagré rey de Israel y te libré de las manos de Saúl, te confié la casa de tu señor y puse sus mujeres en tus brazos; te di poder sobre Judá e Israel, y si todo esto te parece poco, estoy dispuesto a darte todavía más.

¿Por qué, pues, has despreciado el mandato del Señor, haciendo lo que es malo a sus ojos? Mataste a Urías, el hitita, y tomaste a su esposa por mujer. A él lo hiciste morir por la espada de los amonitas. Pues bien, la muerte por espada no se apartará nunca de tu casa, pues me has despreciado, al apoderarte de la esposa de Urías, el hitita, y hacerla tu mujer' ".

David le dijo a Natán: "¡He pecado contra el Señor!" Natán le respondió: "El Señor te perdona tu pecado. No morirás".

Palabra de Dios.　　℟. **Te alabamos, Señor.**

SALMO RESPONSORIAL
Del salmo 31

L. Reyes, B.P. 1710

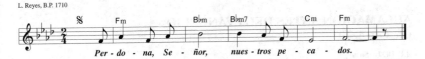

Per - do - na, Se - ñor, nues - tros pe - ca - dos.

℟.　Perdona, Señor, nuestros pecados.

Dichoso aquel que ha sido absuelto
de su culpa y su pecado.
Dichoso aquel en el que Dios no encuentra
ni delito ni engaño. ℟.

　　Ante el Señor reconocí mi culpa,
no oculté mi pecado.
Te confesé, Señor, mi gran delito
y tú me has perdonado. ℟.

　　Por eso, en el momento de la angustia,
que todo fiel te invoque,
y no lo alcanzarán las grandes aguas,
aunque éstas se desborden. ℟.

　　Alégrense con el Señor y regocíjense
los justos todos,
y todos los hombres de corazón sincero
canten de gozo. ℟.

SEGUNDA LECTURA
Vivo, pero ya no soy yo el que vive, es Cristo quien vive en mí.

De la carta del apóstol san Pablo a los gálatas
2, 16. 19-21

Hermanos: Sabemos que el hombre no llega a ser justo por cumplir la ley, sino por creer en Jesucristo. Por eso también nosotros hemos creído en Cristo Jesús, para ser justificados por la fe en Cristo y no por cumplir la ley. Porque nadie queda justificado por el cumplimiento de la ley.

Por la ley estoy muerto a la ley, a fin de vivir para Dios. Estoy crucificado con Cristo. Vivo, pero ya no soy yo el que vive, es Cristo quien vive en mí. Pues mi vida en este mundo la vivo en la fe que tengo en el Hijo de Dios, que me amó y se entregó a sí mismo por mí. Así no vuelvo inútil la gracia de Dios, pues si uno pudiera ser justificado por cumplir la ley, Cristo habría muerto en vano.

Palabra de Dios.   ℟. **Te alabamos, Señor.**

ACLAMACIÓN ANTES DEL EVANGELIO
Cfr 1 Jn 4, 10

B.P. 1032 - Sosa

A - le - lu - ya, a - le - lu - ya, a - le - lu - ya.

℟.   Aleluya, aleluya.
Dios nos amó y nos envió a su Hijo,
como víctima de expiación por nuestros pecados.
℟.   Aleluya, aleluya.

EVANGELIO
Sus pecados le han quedado perdonados, porque ha amado mucho.

✠   Del santo Evangelio según san Lucas
7, 36–8, 3

En aquel tiempo, un fariseo invitó a Jesús a comer con él. Jesús fue a la casa del fariseo y se sentó a la mesa. Una mujer de mala vida en aquella ciudad, cuando supo que Jesús iba a comer ese día en casa del fariseo, tomó consigo un frasco de alabastro con perfume, fue y se puso detrás de Jesús, y comenzó a llorar, y con sus lágrimas bañaba sus pies, los enjugó con su cabellera, los besó y los ungió con el perfume.

Viendo esto, el fariseo que lo había invitado comenzó a pensar: "Si este hombre fuera profeta, sabría qué clase de mujer es la que lo está tocando; sabría que es una pecadora".

Entonces Jesús le dijo: "Simón, tengo algo que decirte". El fariseo contestó: "Dímelo, Maestro". Él le dijo: "Dos hombres le debían dinero a un prestamista. Uno le debía quinientos denarios y el otro, cincuenta. Como no tenían con qué pagarle, les perdonó la deuda a los dos. ¿Cuál de ellos lo amará más?" Simón le respondió: "Supongo que aquel a quien le perdonó más".

Entonces Jesús le dijo: "Has juzgado bien". Luego, señalando a la mujer, dijo a Simón: "¿Ves a esta mujer? Entré en tu casa y tú no me ofreciste agua para los pies, mientras que ella me los ha bañado con sus lágrimas y me los ha enjugado con sus cabellos. Tú no me diste el beso de saludo; ella, en cambio, desde que entró, no ha dejado de besar mis pies. Tú no ungiste con aceite mi cabeza; ella, en cambio, me ha ungido los pies con perfume. Por lo cual, yo te digo: sus pecados, que son muchos, le han quedado perdonados, porque ha amado mucho. En cambio, al que poco se le perdona, poco ama". Luego le dijo a la mujer: "Tus pecados te han quedado perdonados".

Los invitados empezaron a preguntarse a sí mismos: "¿Quién es éste, que hasta los pecados perdona?" Jesús le dijo a la mujer: "Tu fe te ha salvado; vete en paz".

Después de esto, Jesús comenzó a recorrer ciudades y poblados predicando la buena nueva del Reino de Dios. Lo acompañaban los Doce y algunas mujeres que habían sido libradas de espíritus malignos y curadas de varias enfermedades. Entre ellas iban María, llamada Magdalena, de la que habían salido siete demonios; Juana, mujer de Cusa, el administrador de Herodes; Susana y otras muchas, que los ayudaban con sus propios bienes.

Palabra del Señor.   ℟. **Gloria a ti, Señor Jesús.**

ORACIÓN SOBRE LAS OFRENDAS

Dios nuestro, que en estos dones que te presentamos has otorgado al hombre el pan que lo alimenta y el sacramento que le da nueva vida, haz que nunca llegue a faltarnos este sustento del cuerpo y del espíritu. Por Jesucristo, nuestro Señor.

ANTÍFONA DE LA COMUNIÓN   Sal 26, 4

Una sola cosa he pedido al Señor y es lo único que busco: habitar en su casa todos los días de mi vida.

ORACIÓN DESPUÉS DE LA COMUNIÓN

Que nuestra participación en este sacramento, signo de la unión de los fieles en ti, contribuya, Señor, a la unidad de tu Iglesia. Por Jesucristo, nuestro Señor.

¿VES A ESA MUJER?

☞ ¿Ves a esa mujer que, pese a los consejos de algunas de sus amigas y, a veces, hasta de sus propios padres, ha decidido dar a luz a su hijo?

☞ ¿Ves a esa ancianita que se priva aun de lo más indispensable para sostener la beca de un seminarista?

☞ ¿Ves a aquella señora que no para un momento, solicitando alimentos y preparando despensas para los pobres del rumbo?

☞ ¿Ves a aquella muchacha que paga a la enfermera que cuida al papá, enfermo y anciano, de su compañera de trabajo?

☞ ¿Ves a esos estudiantes de Derecho que, sin cobrar un centavo, asesoran a los habitantes de una colonia con muchos problemas legales?

☞ ¿Ves a aquel médico que presta gratuitamente sus servicios en un dispensario parroquial?

☞ ¿Ves a esa enfermera tan alegre y cuidadosa de sus pacientes?

"YO TE DIGO QUE SUS PECADOS LE HAN QUEDADO PERDONADOS, PORQUE HA AMADO MUCHO".

24 de junio

La Natividad
de san Juan Bautista

(Blanco)

ANTÍFONA DE ENTRADA

Jn 1, 6-7; Lc 1, 17

Vino un hombre enviado por Dios y su nombre era Juan. Vino para dar testimonio de la luz, y prepararle al Señor un pueblo dispuesto a recibirlo.

Se dice Gloria

ORACIÓN COLECTA

Dios nuestro, que enviaste a san Juan Bautista para prepararle a Cristo, el Señor, un pueblo dispuesto a recibirlo, alegra ahora a tu Iglesia con la abundancia de los dones del Espíritu y guíala por el camino de la salvación y de la paz. Por nuestro Señor Jesucristo...

Con el fin de comprender mejor la vocación de Juan el Bautista, en la PRIMERA LECTURA se nos recuerda la vocación de Isaías. Por su parte, en la SEGUNDA LECTURA, san Pablo afirma claramente que la misión de Juan el Bautista es preparar la venida de Jesús, Salvador. El EVANGELIO, que relata el nacimiento de Juan, nos deja entrever la austera formación a la que quiso someterlo el Señor, haciéndolo vivir en el desierto "hasta el día en que se dio a conocer al pueblo de Israel".

PRIMERA LECTURA

Te convertiré en luz de las naciones.

Del libro del profeta Isaías
49, 1-6

Escúchenme, islas;
pueblos lejanos, atiéndanme.
El Señor me llamó desde el vientre de mi madre;
cuando aún estaba yo en el seno materno,
él pronunció mi nombre.

Hizo de mi boca una espada filosa,
me escondió en la sombra de su mano,
me hizo flecha puntiaguda,
me guardó en su aljaba y me dijo:
"Tú eres mi siervo, Israel;
en ti manifestaré mi gloria".
Entonces yo pensé: "En vano me he cansado,
inútilmente he gastado mis fuerzas;
en realidad mi causa estaba en manos del Señor,
mi recompensa la tenía mi Dios".

Ahora habla el Señor,
el que me formó desde el seno materno,
para que fuera su servidor,
para hacer que Jacob volviera a él
y congregar a Israel en torno suyo
—tanto así me honró el Señor
y mi Dios fue mi fuerza—.
Ahora, pues, dice el Señor:
"Es poco que seas mi siervo
sólo para restablecer a las tribus de Jacob
y reunir a los sobrevivientes de Israel;
te voy a convertir en luz de las naciones,
para que mi salvación llegue
hasta los últimos rincones de la tierra".

Palabra de Dios.   ℟. **Te alabamos, Señor.**

SALMO RESPONSORIAL
Del salmo 138

B.P. 1497 J. Martínez-Ramírez

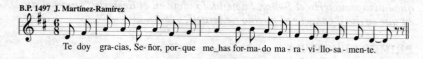

Te doy gra-cias, Se-ñor, por-que me_has for-ma-do ma-ra-vi-llo-sa-men-te.

℟. Te doy gracias, Señor, porque me has formado maravillosamente.

Tú me conoces, Señor, profundamente:
Tú conoces cuándo me siento y me levanto;
desde lejos sabes mis pensamientos,
tú observas mi camino y mi descanso,
todas mis sendas te son familiares. ℟.
  Tú formaste mis entrañas,
me tejiste en el seno materno.
Te doy gracias por tan grandes maravillas;
soy un prodigio y tus obras son prodigiosas. ℟.
  Conocías plenamente mi alma;
no se te escondía mi organismo,
cuando en lo oculto me iba formando
y entretejiendo en lo profundo de la tierra. ℟.

SEGUNDA LECTURA
Antes de que Jesús llegara, Juan predicó a todo Israel un bautismo de penitencia.

Del libro de los Hechos de los Apóstoles
13, 22-26

En aquellos días, Pablo les dijo a los judíos: "Hermanos: Dios les dio a nuestros padres como rey a David, de quien hizo esta alabanza: *He hallado a David, hijo de Jesé, hombre según mi corazón, quien realizará todos mis designios.*

Del linaje de David, conforme a la promesa, Dios hizo nacer para Israel un salvador: Jesús. Juan preparó su venida, predicando a todo el pueblo de Israel un bautismo de penitencia, y hacia el final de su vida, Juan decía: 'Yo no soy el que ustedes piensan. Después de mí viene uno a quien no merezco desatarle las sandalias'.

Hermanos míos, descendientes de Abraham, y cuantos temen a Dios: Este mensaje de salvación les ha sido enviado a ustedes".

Palabra de Dios. ℟. **Te alabamos, Señor.**

ACLAMACIÓN ANTES DEL EVANGELIO
Lc 1, 76

B.P. 1032 - Sosa

A - le - lu - ya, a - le - lu - ya, a - le - lu - ya.

℟. Aleluya, aleluya.
Y a ti, niño, te llamarán profeta del Altísimo,
porque irás delante del Señor a preparar sus caminos.
℟. Aleluya, aleluya.

EVANGELIO
Juan es su nombre.

 Del santo Evangelio según san Lucas
1, 57-66. 80

Por aquellos días, le llegó a Isabel la hora de dar a luz y tuvo un hijo. Cuando sus vecinos y parientes se enteraron de que el Señor le había manifestado tan grande misericordia, se regocijaron con ella.

A los ocho días fueron a circuncidar al niño y le querían poner Zacarías, como su padre; pero la madre se opuso, diciéndoles: "No. Su nombre será Juan". Ellos le decían: "Pero si ninguno de tus parientes se llama así".

Entonces le preguntaron por señas al padre cómo quería que se llamara el niño. Él pidió una tablilla y escribió: "Juan es su nombre". Todos se quedaron extrañados. En ese momento a Zacarías se le soltó la lengua, recobró el habla y empezó a bendecir a Dios.

Un sentimiento de temor se apoderó de los vecinos y en toda la región montañosa de Judea se comentaba este suceso. Cuantos se enteraban de ello se preguntaban impresionados: "¿Qué va a ser de este niño?" Esto lo decían, porque realmente la mano de Dios estaba con él.

El niño se iba desarrollando físicamente y su espíritu se iba fortaleciendo, y vivió en el desierto hasta el día en que se dio a conocer al pueblo de Israel.

Palabra del Señor.　℟. **Gloria a ti, Señor Jesús.**

ORACIÓN SOBRE LAS OFRENDAS

Acepta, Señor, este sacrificio que vamos a ofrecerte para celebrar el nacimiento de san Juan Bautista, quien anunció la venida de nuestro salvador y señaló su presencia entre los hombres. Por Jesucristo, nuestro Señor.

ANTÍFONA DE LA COMUNIÓN   Lc 1, 78

Por la misericordia entrañable de nuestro Dios, nos ha visitado la luz que nace de lo alto.

ORACIÓN DESPUÉS DE LA COMUNIÓN

Señor, que la comunión que hemos recibido al celebrar el nacimiento del precursor de tu Hijo, renueve en nosotros el amor y la fidelidad a Jesucristo. Que vive y reina por los siglos de los siglos.

"SE REGOCIJARON CON ELLA"

Por aquellos días, Isabel tuvo un hijo, y cuando sus vecinos se enteraron se regocijaron con ella.

– Pero ¡claro! eso era en los tiempos bíblicos.

– En esos tiempos en que el nacimiento de un niño era visto como una muestra de la misericordia de Dios y no como un grave peligro para la salud psíquica de la madre, para la economía familiar, para el progreso nacional y para el porvenir del mundo.

– En esos mismos tiempos en que, consecuentemente, los vecinos y parientes se regocijaban con la madre y el padre del niño, en vez de mirar con lástima a la primera y de recriminar al segundo en nombre de la escasez de alimentos, de la falta de oportunidades educativas y de la carencia de fuentes de trabajo.

– En esos tiempos en que, al nacer un niño, se preguntaban: **"¿Qué va a ser de este niño?"**, en lugar de preguntarse: "¿Qué diablos iremos a hacer con este niño?"

– Tiempos felices aquellos en que a los padres, en vez de maldecir su suerte les daba, como a Zacarías, por bendecir a Dios.

– ¿Sería que en aquellos tiempos los medios de comunicación de Dios (es decir, los ángeles) decían de un niño: "Será para ti gozo y alegría" y ahora los medios de comunicación de los hombres nos sugieren todo lo contrario?

– Y que conste que no se trata de traer al mundo todos los niños que se pueda o de no tomar en cuenta, antes de "encargar" otro niño, las circunstancias económicas o de salud de cada matrimonio.

Una cosa es la paternidad responsable y otra muy distinta es el egoísmo, la comodidad y la manipulación del cerebro por medio de la propaganda antinatalista.

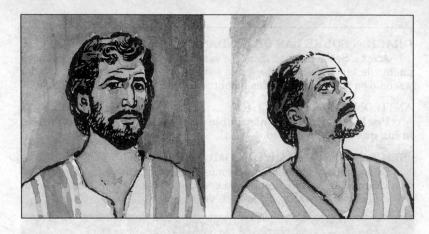

29 de junio
Viernes

**San Pedro y san Pablo,
apóstoles**

(Rojo)

ANTÍFONA DE ENTRADA

Demos gracias a Dios en esta festividad de san Pedro y san Pablo, que con su sangre fecundaron a la Iglesia, participaron de la pasión del Señor y se convirtieron en amigos suyos.

Se dice Gloria

ORACIÓN COLECTA

Dios nuestro, que nos llenas de santa alegría con la solemnidad de los santos apóstoles Pedro y Pablo, haz que tu Iglesia se mantenga siempre fiel a las enseñanzas de estos apóstoles, de quienes recibió el primer anuncio de la fe. Por nuestro Señor Jesucristo…

Los Hechos de los Apóstoles cuentan la liberación milagrosa de Pedro, como respuesta a la oración de toda la Iglesia, cuando el apóstol se hallaba preso en Jerusalén (PRIMERA LECTURA). San Mateo, por su parte, nos muestra cómo la fe inquebrantable en Cristo, convierte a Simón Pedro en la "piedra fundamental de la Iglesia" (EVANGELIO). Se reproduce también (SEGUNDA LECTURA) el último mensaje de san Pablo a su discípulo Timoteo, cuando estaba prisionero en Roma, dispuesto a recibir el martirio.

PRIMERA LECTURA

Ahora sí estoy seguro de que el Señor envió a su ángel, para librarme de las manos de Herodes.

Del libro de los Hechos de los Apóstoles
12, 1-11

En aquellos días, el rey Herodes mandó apresar a algunos miembros de la Iglesia para maltratarlos. Mandó pasar a cuchillo a Santiago, hermano de Juan, y viendo que eso agradaba a los judíos, también hizo apresar a Pedro. Esto sucedió durante los días de la fiesta de los panes Ázimos. Después de apresarlo, lo hizo encarcelar y lo puso bajo la vigilancia de cuatro turnos de guardia, de cuatro soldados cada turno. Su intención era hacerlo comparecer ante el pueblo después de la Pascua. Mientras Pedro estaba en la cárcel, la comunidad no cesaba de orar a Dios por él.

La noche anterior al día en que Herodes iba a hacerlo comparecer ante el pueblo, Pedro estaba durmiendo entre dos soldados, atado con dos cadenas y los centinelas cuidaban la puerta de la prisión. De pronto apareció el ángel del Señor y el calabozo se llenó de luz. El ángel tocó a Pedro en el costado, lo despertó y le dijo: "Levántate pronto". Entonces las cadenas que le sujetaban las manos se le cayeron. El ángel le dijo: "Cíñete la túnica y ponte las sandalias", y Pedro obedeció. Después le dijo: "Ponte el manto y sígueme". Pedro salió detrás de él, sin saber si era verdad o no lo que el ángel hacía, y le parecía más bien que estaba soñando. Pasaron el primero y el segundo puesto de guardia y llegaron a la puerta de hierro que daba a la calle. La puerta se abrió sola delante de ellos. Salieron y caminaron hasta la esquina de la calle y de pronto el ángel desapareció.

Entonces, Pedro se dio cuenta de lo que pasaba y dijo: "Ahora sí estoy seguro de que el Señor envió a su ángel para librarme de las manos de Herodes y de todo cuanto el pueblo judío esperaba que me hicieran".

Palabra de Dios.   ℟. **Te alabamos, Señor.**

SALMO RESPONSORIAL
Del salmo 33

J. Venegas B.P. 1741

El Se - ñor me li - bró de to - dos mis te - mo - res.

℟.   El Señor me libró de todos mis temores.

Bendeciré al Señor a todas horas,
no cesará mi boca de alabarlo.
Yo me siento orgulloso del Señor,
que se alegre su pueblo al escucharlo. ℟.

   Proclamemos la grandeza del Señor
y alabemos todos juntos su poder.
Cuando acudí al Señor, me hizo caso
y me libró de todos mis temores. ℟.

   Confía en el Señor y saltarás de gusto,
jamás te sentirás decepcionado,
porque el Señor escucha el clamor de los pobres
y los libra de todas sus angustias. ℟.

   Junto a aquellos que temen al Señor
el ángel del Señor acampa y los protege.
Haz la prueba y verás qué bueno es el Señor.
Dichoso el hombre que se refugia en él. ℟.

SEGUNDA LECTURA
Ahora sólo espero la corona merecida.

De la segunda carta del apóstol san Pablo a Timoteo
4, 6-8. 17-18

Querido hermano: Ha llegado para mí la hora del sacrificio y se acerca el momento de mi partida. He luchado bien en el combate, he corrido hasta la meta, he perseverado en la fe. Ahora sólo espero la corona merecida, con la que el Señor, justo juez, me premiará en aquel día, y no solamente a mí, sino a todos aquellos que esperan con amor su glorioso advenimiento.

   Cuando todos me abandonaron, el Señor estuvo a mi lado y me dio fuerzas para que, por mi medio, se proclamara claramente el mensaje de salvación y lo oyeran todos los paganos. Y fui librado de las fauces del león. El Señor me seguirá librando de todos los peligros y me llevará sano y salvo a su Reino celestial.

Palabra de Dios.   ℟. **Te alabamos, Señor.**

ACLAMACIÓN ANTES DEL EVANGELIO
Mt 16, 18

B.P. 1033 - Palazón

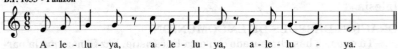

A - le - lu - ya,   a - le - lu - ya,   a - le - lu -   ya.

℟. Aleluya, aleluya.
Tú eres Pedro y sobre esta piedra edificaré mi Iglesia,
y los poderes del infierno
no prevalecerán sobre ella, dice el Señor.
℟. Aleluya, aleluya.

EVANGELIO
Tú eres Pedro y yo te daré las llaves del Reino de los cielos.

✠ Del santo Evangelio según san Mateo
   16, 13-19

En aquel tiempo, cuando llegó Jesús a la región de Cesarea de Filipo, hizo esta pregunta a sus discípulos: "¿Quién dice la gente que es el Hijo del hombre?" Ellos le respondieron: "Unos dicen que eres Juan el Bautista; otros, que Elías; otros, que Jeremías o alguno de los profetas".

Luego les preguntó: "Y ustedes ¿quién dicen que soy yo?" Simón Pedro tomó la palabra y le dijo: "Tú eres el Mesías, el Hijo de Dios vivo".

Jesús le dijo entonces: "¡Dichoso tú, Simón, hijo de Juan, porque esto no te lo ha revelado ningún hombre, sino mi Padre, que está en los cielos! Y yo te digo a ti que tú eres Pedro y sobre esta piedra edificaré mi Iglesia. Los poderes del infierno no prevalecerán sobre ella. Yo te daré las llaves del Reino de los cielos; todo lo que ates en la tierra quedará atado en el cielo, y todo lo que desates en la tierra quedará desatado en el cielo".

Palabra del Señor.   ℟. **Gloria a ti, Señor Jesús.**

Se dice Credo

ORACIÓN SOBRE LAS OFRENDAS
Acepta, Señor, los dones que te presentamos y, por intercesión de san Pedro y san Pablo, concédenos celebrar este sacrificio íntimamente unidos a ti en la fe y en el amor. Por Jesucristo, nuestro Señor.

ANTÍFONA DE LA COMUNIÓN   Mt 16, 16. 18

Dijo Pedro a Jesús: Tú eres el Mesías, el Hijo de Dios vivo. Jesús le respondió: Tú eres Pedro y sobre esta piedra edificaré mi Iglesia.

ORACIÓN DESPUÉS DE LA COMUNIÓN

Tú que nos has alimentado con esta Eucaristía, haz Señor, que la participación perseverante en el memorial de la muerte y resurrección de tu Hijo, y la fidelidad a la doctrina de los apóstoles, nos conserven unidos en tu amor. Por Jesucristo, nuestro Señor.

TÚ ERES PEDRO Y SOBRE ESTA PIEDRA EDIFICARÉ MI IGLESIA

Esto se lo dijo Jesús a Simón Pedro, hijo de Juan.

* Y no se lo dijo a Charles Taze Russell, fundador de los Testigos de Jehová.
* Ni a José Smith, fundador de la Iglesia de los Santos de los Últimos Días (mormones).
* Ni a David Berg, fundador de Los Niños de Dios (hoy La Familia).
* Ni a Lafayette Ronald Hubbard, fundador de la Iglesia de la Cienciología (que suele disfrazarse de Dianética).
* Ni al coreano Sun Myung Moon, fundador de la Iglesia de la Unificación.
* Ni a Caitanya Mahaprabu, fundador de la Iglesia de los Hare Krishna.
* Ni a Maharaj Ji, fundador de La Misión de la Luz Divina.
* Ni al Hermano Aarón, fundador de La Luz del Mundo.
* Ni –para acabar pronto– a ninguno de los innumerables fundadores de sectas o grupos religiosos que se cobijan bajo el nombre de New Age o Nueva Era.

Por consiguiente, la verdadera Iglesia de Cristo, la que tiene las llaves del Reino de los cielos y contra la cual no prevalecerá el poder del infierno, es la que está fundada en Pedro y en sus sucesores, los Papas. A ellos y sólo a ellos (Pedro y los demás apóstoles y sus legítimos sucesores) fue a quienes Jesús les dijo antes de subir al cielo: "Y sepan que yo estaré con ustedes hasta el fin del mundo" (Mt 28, 20).

1° de julio   13er Domingo Ordinario

(Verde)

ANTÍFONA DE ENTRADA   Sal 46, 2

Pueblos todos, aplaudan: aclamen al Señor con gritos de júbilo.

ORACIÓN COLECTA

Padre de bondad, que por medio de tu gracia nos has hecho hijos de la luz, concédenos vivir fuera de las tinieblas del error y permanecer siempre en el esplendor de la verdad. Por nuestro Señor Jesucristo...

San Lucas nos habla hoy (EVANGELIO) del viaje de Jesús a Jerusalén para sufrir su pasión y su muerte. En esas circunstancias, el Señor se refiere a las exigencias de la vocación apostólica: cuando él llama, quiere que se le siga inmediatamente y sin mirar hacia atrás. Así fue como el profeta Eliseo abandonó el campo en que trabajaba, para seguir al profeta Elías (PRIMERA LECTURA), y también san Pablo recuerda a los gálatas que su vocación es la libertad, pero no una libertad de egoísmo, sino la de ser servidores de los demás para cumplir con el precepto de amar al prójimo como a sí mismo (SEGUNDA LECTURA).

PRIMERA LECTURA

Eliseo se levantó y siguió a Elías.

Del primer libro de los Reyes
19, 16. 19-21

En aquellos tiempos, el Señor le dijo a Elías: "Unge a Eliseo, el hijo de Safat, originario de Abel-Mejolá, para que sea profeta en lugar tuyo".

Elías partió luego y encontró a Eliseo, hijo de Safat, que estaba arando. Delante de él trabajaban doce yuntas de bueyes y él trabajaba con la última. Elías pasó junto a él y le echó encima su manto. Entonces Eliseo abandonó sus bueyes, corrió detrás de Elías y le dijo: "Déjame dar a mis padres el beso de despedida y te seguiré". Elías le contestó: "Ve y vuelve, porque bien sabes lo que ha hecho el Señor contigo".

Se fue Eliseo, se llevó los dos bueyes de la yunta, los sacrificó, asó la carne en la hoguera que hizo con la madera del arado y la repartió a su gente para que se la comieran. Luego se levantó, siguió a Elías y se puso a su servicio.

Palabra de Dios.   ℟. **Te alabamos, Señor.**

SALMO RESPONSORIAL
Del salmo 15

M. Ramírez B.P. 1712

℟.   Enséñanos, Señor, el camino de la vida.

Protégeme, Dios mío, pues eres mi refugio.
Yo siempre he dicho que tú eres mi Señor.
El Señor es la parte que me ha tocado en herencia:
mi vida está en sus manos. ℟.

Bendeciré al Señor, que me aconseja,
hasta de noche me instruye internamente.
Tengo siempre presente al Señor
y con él a mi lado, jamás tropezaré. ℟.

Por eso se me alegran el corazón y el alma
y mi cuerpo vivirá tranquilo,
porque tú no me abandonarás a la muerte
ni dejarás que sufra yo la corrupción. ℟.

Enséñame el camino de la vida,
sáciame de gozo en tu presencia
y de alegría perpetua junto a ti. ℟.

SEGUNDA LECTURA
La vocación de ustedes es la libertad.

De la carta del apóstol san Pablo a los gálatas
5, 1. 13-18

Hermanos: Cristo nos ha liberado para que seamos libres. Conserven, pues, la libertad y no se sometan de nuevo al yugo de la esclavitud. Su vocación, hermanos, es la libertad. Pero cuiden de no tomarla como pretexto para satisfacer su egoísmo; antes bien, háganse servidores los unos de los otros por amor. Porque toda la ley se resume en un solo precepto: *Amarás a tu prójimo como a ti mismo.* Pues si ustedes se muerden y devoran mutuamente, acabarán por destruirse.

Los exhorto, pues, a que vivan de acuerdo con las exigencias del Espíritu; así no se dejarán arrastrar por el desorden egoísta del hombre. Este desorden está en contra del Espíritu de Dios, y el Espíritu está en contra de ese desorden. Y esta oposición es tan radical, que les impide a ustedes hacer lo que querrían hacer. Pero si los guía el Espíritu, ya no están ustedes bajo el dominio de la ley.

Palabra de Dios.   ℟. **Te alabamos, Señor.**

ACLAMACIÓN ANTES DEL EVANGELIO
1 Sam 3, 9; Jn 6, 68

B.P. 1032 - Sosa

A - le - lu - ya, a - le - lu - ya, a - le - lu - ya.

℟. Aleluya, aleluya.
Habla, Señor, que tu siervo te escucha.
Tú tienes palabras de vida eterna.
℟. Aleluya, aleluya.

EVANGELIO
Jesús tomó la firme determinación de ir a Jerusalén. - Te seguiré a dondequiera que vayas.

✠ **Del santo Evangelio según san Lucas**
   9, 51-62

C uando ya se acercaba el tiempo en que tenía que salir de este
   mundo, Jesús tomó la firme determinación de emprender el
viaje a Jerusalén. Envió mensajeros por delante y ellos fueron a una
aldea de Samaria para conseguirle alojamiento; pero los samaritanos no quisieron recibirlo, porque supieron que iba a Jerusalén.
Ante esta negativa, sus discípulos Santiago y Juan le dijeron: "Señor, ¿quieres que hagamos bajar fuego del cielo para que acabe con
ellos?" Pero Jesús se volvió hacia ellos y los reprendió.

   Después se fueron a otra aldea. Mientras iban de camino, alguien
le dijo a Jesús: "Te seguiré a dondequiera que vayas". Jesús le respondió: "Las zorras tienen madrigueras y los pájaros, nidos; pero el
Hijo del hombre no tiene en dónde reclinar la cabeza".

   A otro, Jesús le dijo: "Sígueme". Pero él le respondió: "Señor, déjame ir primero a enterrar a mi padre". Jesús le replicó: "Deja que los
muertos entierren a sus muertos. Tú ve y anuncia el Reino de Dios".

   Otro le dijo: "Te seguiré, Señor; pero déjame primero despedir-
me de mi familia". Jesús le contestó: "El que empuña el arado y mira
hacia atrás, no sirve para el Reino de Dios".

Palabra del Señor.   ℞. **Gloria a ti, Señor Jesús.**

ORACIÓN SOBRE LAS OFRENDAS
   Concédenos, Señor, participar dignamente en esta Eucaristía por me-
dio de la cual tú te dignas hacernos partícipes de los frutos de la redención.
Por Jesucristo, nuestro Señor.

ANTÍFONA DE LA COMUNIÓN   Sal 102, 1
   Alma mía, bendice al Señor y alaba de corazón su santo nombre.

ORACIÓN DESPUÉS DE LA COMUNIÓN
   Que el Cuerpo y la Sangre de tu Hijo, que hemos ofrecido en sacrificio
y recibido en comunión, sean para nosotros principio de vida nueva, a fin
de que, unidos a ti por el amor, demos frutos que permanezcan para siempre. Por Jesucristo, nuestro Señor.

NOSOTROS, LOS CRISTIANOS DEL "PERO"

Teóricamente, todos estamos dispuestos a seguir la doctrina y el ejemplo de Jesucristo, ¡no faltaba más!

✢ Pero primero tenemos que asegurar nuestra situación económica, lo cual, siguiendo la doctrina de Cristo, no es muy fácil, como usted comprenderá...;

✢ pero primero tenemos que afianzar nuestra carrera política, asunto para el cual no ayuda mucho el cristianismo práctico...;

✢ pero ¿qué prisa corre? Ya habrá tiempo para eso...;

✢ pero sin exagerar: Dios mejor que nadie conoce lo limitado que somos...;

✢ pero siempre y cuando no haya que renunciar a tal o cual situación...;

✢ pero en la medida en que no afecte los negocios. Ya sabe usted, que al César, lo que es del César, y a Dios, lo que es de Dios... ¡Puritito Evangelio!;

✢ pero con criterio amplio y moderno...

OJALÁ QUE EL SEÑOR A LA MERA HORA NO NOS VAYA A PONER A NOSOTROS TANTOS PEROS...

8 de julio   14° Domingo Ordinario

(Verde)

ORACIÓN COLECTA

Dios nuestro, que por medio de la muerte de tu Hijo has redimido al mundo de la esclavitud del pecado, concédenos participar ahora de una santa alegría y, después en el cielo, de la felicidad eterna. Por nuestro Señor Jesucristo...

Después de recordarles las exigencias de su apostolado, Jesús envió a setenta y dos discípulos a predicar el Evangelio a los samaritanos, como un adelanto de la evangelización de los pueblos paganos. San Lucas refiere que volvieron muy contentos (EVANGELIO). La alegría empapa la vida del que se consagra a Cristo. Ya habían dicho los profetas que la alegría era algo así como una señal de los tiempos en que viviera el Mesías (PRIMERA LECTURA). Pero a esta alegría total no se llega sino por medio de la cruz, porque entre el cristiano y el mundo, como proclama san Pablo (SEGUNDA LECTURA), está la cruz de Cristo.

PRIMERA LECTURA

Yo haré correr la paz sobre ella como un río.

Del libro del profeta Isaías
66, 10-14

Alégrense con Jerusalén, gocen con ella todos los que la aman, alégrense de su alegría todos los que por ella llevaron luto, para que se alimenten de sus pechos, se llenen de sus consuelos y se deleiten con la abundancia de su gloria.

Porque dice el Señor: "Yo haré correr la paz sobre ella como un río y la gloria de las naciones como un torrente desbordado. Como niños serán llevados en el regazo y acariciados sobre sus rodillas; como un hijo a quien su madre consuela, así los consolaré yo. En Jerusalén serán ustedes consolados.

Al ver esto se alegrará su corazón y sus huesos florecerán como un prado. Y los siervos del Señor conocerán su poder".

Palabra de Dios.   ℟. **Te alabamos, Señor.**

SALMO RESPONSORIAL
Del salmo 65

A. Zermeño B.P. 1713

Las o-bras del Se-ñor son ad-mi-ra-bles, las o-bras del Se-ñor.

℟.   Las obras del Señor son admirables.

Que aclame al Señor toda la tierra;
celebremos su gloria y su poder,
cantemos un himno de alabanza,
digamos al Señor: "Tu obra es admirable". ℟.

Que se postre ante ti la tierra entera
y celebre con cánticos tu nombre.
Admiremos las obras del Señor,
los prodigios que ha hecho por los hombres. ℟.

Él transformó el Mar Rojo en tierra firme
y los hizo cruzar el Jordán a pie enjuto.
Llenémonos por eso de gozo y gratitud:
El Señor es eterno y poderoso. ℟.

Cuantos temen a Dios vengan y escuchen,
y les diré lo que ha hecho por mí.
Bendito sea Dios que no rechazó mi súplica,
ni me retiró su gracia. ℟.

SEGUNDA LECTURA

Llevo en mi cuerpo la marca de los sufrimientos que he pasado por Cristo.

De la carta del apóstol san Pablo a los gálatas
6, 14-18

Hermanos: No permita Dios que yo me gloríe en algo que no sea la cruz de nuestro Señor Jesucristo, por el cual el mundo está crucificado para mí y yo para el mundo. Porque en Cristo Jesús de nada vale el estar circuncidado o no, sino el ser una nueva creatura.

Para todos los que vivan conforme a esta norma y también para el verdadero Israel, la paz y la misericordia de Dios. De ahora en adelante, que nadie me ponga más obstáculos, porque llevo en mi cuerpo la marca de los sufrimientos que he pasado por Cristo.

Hermanos, que la gracia de nuestro Señor Jesucristo esté con ustedes. Amén.

Palabra de Dios.   ℟. **Te alabamos, Señor.**

ACLAMACIÓN ANTES DEL EVANGELIO
Col 3, 15. 16

B.P. 1033 - Palazón

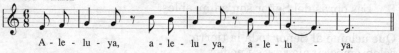

A - le - lu - ya,   a - le - lu - ya,   a - le - lu - ya.

℟. Aleluya, aleluya.
Que en sus corazones reine la paz de Cristo; que la palabra de Cristo habite en ustedes con toda su riqueza.
℟. Aleluya, aleluya.

EVANGELIO

El deseo de paz de ustedes se cumplirá.

✠ Del santo Evangelio según san Lucas
10, 1-12. 17-20

En aquel tiempo, Jesús designó a otros setenta y dos discípulos y los mandó por delante, de dos en dos, a todos los pueblos y lugares a donde pensaba ir, y les dijo: "La cosecha es mucha y los trabajadores pocos. Rueguen, por lo tanto, al dueño de la mies que envíe trabajadores a sus campos. Pónganse en camino; yo los envío como corderos en medio de lobos. No lleven ni dinero, ni morral, ni sandalias y no se detengan a saludar a nadie por el camino. Cuando entren en una casa digan: 'Que la paz reine en esta casa'. Y si allí hay gente amante de la paz, el deseo de paz de ustedes se cumplirá; si no, no se cumplirá. Quédense en esa casa. Coman y beban de lo que tengan, porque el trabajador tiene derecho a su salario. No anden de casa en casa. En cualquier ciudad donde entren y los reciban, coman lo que les den. Curen a los enfermos que haya y díganles: 'Ya se acerca a ustedes el Reino de Dios'.

Pero si entran en una ciudad y no los reciben, salgan por las calles y digan: 'Hasta el polvo de esta ciudad que se nos ha pegado a los pies nos lo sacudimos, en señal de protesta contra ustedes. De todos modos, sepan que el Reino de Dios está cerca'. Yo les digo que en el día del juicio, Sodoma será tratada con menos rigor que esa ciudad".

Los setenta y dos discípulos regresaron llenos de alegría y le dijeron a Jesús: "Señor, hasta los demonios se nos someten en tu nombre".

Él les contestó: "Vi a Satanás caer del cielo como el rayo. A ustedes les he dado poder para aplastar serpientes y escorpiones y para vencer toda la fuerza del enemigo, y nada les podrá hacer daño. Pero no se alegren de que los demonios se les someten. Alégrense más bien de que sus nombres están escritos en el cielo".

Palabra del Señor.   ℟. **Gloria a ti, Señor Jesús.**

ORACIÓN SOBRE LAS OFRENDAS

Que el sacrificio que vamos a ofrecerte nos purifique, Señor, y nos ayude a conformar cada día más nuestra vida con los ejemplos de tu Hijo Jesucristo, que vive y reina por los siglos de los siglos.

ANTÍFONA DE LA COMUNIÓN   Sal 33, 9

Hagan la prueba y verán qué bueno es el Señor; dichoso el que se acoge a él.

ORACIÓN DESPUÉS DE LA COMUNIÓN

Dios omnipotente y eterno, que nos has alimentado con el sacramento de tu amor, concédenos vivir siempre en tu amistad y agradecer continuamente tu misericordia. Por Jesucristo, nuestro Señor.

APÓSTOLES DE LOS "DE DOS EN DOS"

En aquel tiempo, el Señor designó a otros discípulos y los mandó por delante a todos los pueblos y lugares adonde pensaba ir.

② También ahora, a todos los hogares adonde piensa ir, Cristo envía a sus discípulos **"de dos en dos"**.

② Es decir, un él y una ella, un papá y una mamá.

② A nosotros, pues, –papás o mamás y futuros papás y mamás– es a los que Cristo nos ha encomendado la misión de prepararle el camino para llegar a nuestros hijos.

② Con nuestras palabras, ellos comenzarán (o no comenzarán) a conocer a Cristo y a amarlo, porque no se puede amar a quien no se conoce.

② Con nuestro ejemplo, ellos aprenderán (o dejarán de aprender) a darle gracias a Dios por los beneficios recibidos; a acudir a él en todas las dificultades de la vida; a confiar en su providencia; a pedirle perdón por haberlo ofendido…

② Con nuestro ejemplo, aprenderán (o no) a ser serviciales con los demás; a perdonarse mutuamente; a ver a Cristo en todos, especialmente en los más pobres que nosotros; a ayudar en todo lo que se pueda a los necesitados; a sacrificarse por los vecinos…

En aquel tiempo, Jesús envió a otros discípulos a todos los lugares adonde pensaba ir… **y ahora también.**

15 de julio

15° Domingo Ordinario
(Verde)

ORACIÓN COLECTA

Señor, tú que iluminas a los extraviados con la luz de tu Evangelio para que vuelvan al camino de la verdad, concede a cuantos nos llamamos cristianos imitar fielmente a Cristo y rechazar lo que pueda alejarnos de él, que vive y reina contigo...

La parábola del buen samaritano es un ejemplo de cómo debemos vivir prácticamente la ley del amor a Dios y a nuestros hermanos (EVANGELIO). En el libro del Deuteronomio (PRIMERA LECTURA) se nos recuerda que la ley de Dios no es algo exterior a nosotros mismos, sino que se encuentra dentro de cada uno y debemos ponerla en práctica. San Pablo, por su parte (SEGUNDA LECTURA), nos muestra la imagen de Cristo en toda su grandeza: Hijo de Dios, "primogénito de toda la creación", principio de la nueva humanidad por su resurrección.

PRIMERA LECTURA
Los mandamientos están muy a tu alcance para que puedas cumplirlos.

Del libro del Deuteronomio
30, 10-14

En aquellos días, habló Moisés al pueblo y le dijo: "Escucha la voz del Señor, tu Dios, que te manda guardar sus mandamientos y disposiciones escritos en el libro de esta ley. Y conviértete al Señor tu Dios, con todo tu corazón y con toda tu alma.

Estos mandamientos que te doy, no son superiores a tus fuerzas ni están fuera de tu alcance. No están en el cielo, de modo que pudieras decir: '¿Quién subirá por nosotros al cielo para que nos los traiga, los escuchemos y podamos cumplirlos?' Ni tampoco están al otro lado del mar, de modo que pudieras objetar: '¿Quién cruzará el mar por nosotros para que nos los traiga, los escuchemos y podamos cumplirlos?' Por el contrario, todos mis mandamientos están muy a tu alcance, en tu boca y en tu corazón, para que puedas cumplirlos".

Palabra de Dios.   ℟. **Te alabamos, Señor.**

SALMO RESPONSORIAL
Del salmo 68

W. Íñiguez B.P. 1714

Es - cú - cha - me, Se - ñor, por - que e - res bue - no.

℟.   Escúchame, Señor, porque eres bueno.

A ti, Señor, elevo mi plegaria,
ven en mi ayuda pronto;
escúchame conforme a tu clemencia,
Dios fiel en el socorro.
Escúchame, Señor, pues eres bueno
y en tu ternura vuelve a mí tus ojos. ℟.

Mírame enfermo y afligido;
defiéndeme y ayúdame, Dios mío.
En mi cantar exaltaré tu nombre,
proclamaré tu gloria, agradecido. ℟.

Se alegrarán al verlo los que sufren;
quienes buscan a Dios tendrán más ánimo,
porque el Señor jamás desoye al pobre
ni olvida al que se encuentra encadenado. ℟.

Ciertamente el Señor salvará a Sión,
reconstruirá a Judá;
la heredarán los hijos de sus siervos,
quienes aman a Dios la habitarán. ℟.

SEGUNDA LECTURA
Todo fue creado por medio de él y para él.

De la carta del apóstol san Pablo a los colosenses
1, 15-20

Cristo es la imagen de Dios invisible,
el primogénito de toda la creación,
porque en él tienen su fundamento todas las cosas creadas,
del cielo y de la tierra, las visibles y las invisibles,
sin excluir a los tronos y dominaciones,
a los principados y potestades.
Todo fue creado por medio de él y para él.
    Él existe antes que todas las cosas,
y todas tienen su consistencia en él.
Él es también la cabeza del cuerpo, que es la Iglesia.
Él es el principio, el primogénito de entre los muertos,
para que sea el primero en todo.
    Porque Dios quiso que en Cristo habitara toda plenitud
y por él quiso reconciliar consigo todas las cosas,
del cielo y de la tierra,
y darles la paz por medio de su sangre,
derramada en la cruz.

Palabra de Dios.   ℞. **Te alabamos, Señor.**

ACLAMACIÓN ANTES DEL EVANGELIO
Cfr Jn 6, 63. 68

B.P. 1033 - Palazón

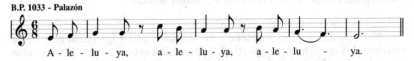

A - le - lu - ya,   a - le - lu - ya,   a - le - lu - ya.

℞. Aleluya, aleluya.
Tus palabras, Señor, son espíritu y vida.
Tú tienes palabras de vida eterna.
℞. Aleluya, aleluya.

EVANGELIO

¿Quién es mi prójimo?

✠ Del santo Evangelio según san Lucas
10, 25-37

En aquel tiempo, se presentó ante Jesús un doctor de la ley para ponerlo a prueba y le preguntó: "Maestro, ¿qué debo hacer para conseguir la vida eterna?" Jesús le dijo: "¿Qué es lo que está escrito en la ley? ¿Qué lees en ella?" El doctor de la ley contestó: *"Amarás al Señor tu Dios, con todo tu corazón, con toda tu alma, con todas tus fuerzas y con todo tu ser, y a tu prójimo como a ti mismo".* Jesús le dijo: "Has contestado bien; si haces eso, vivirás".

El doctor de la ley, para justificarse, le preguntó a Jesús: "¿Y quién es mi prójimo?" Jesús le dijo: "Un hombre que bajaba por el camino de Jerusalén a Jericó, cayó en manos de unos ladrones, los cuales lo robaron, lo hirieron y lo dejaron medio muerto. Sucedió que por el mismo camino bajaba un sacerdote, el cual lo vio y pasó de largo. De igual modo, un levita que pasó por ahí, lo vio y siguió adelante. Pero un samaritano que iba de viaje, al verlo, se compadeció de él, se le acercó, ungió sus heridas con aceite y vino y se las vendó; luego lo puso sobre su cabalgadura, lo llevó a un mesón y cuidó de él. Al día siguiente sacó dos denarios, se los dio al dueño del mesón y le dijo: 'Cuida de él y lo que gastes de más, te lo pagaré a mi regreso'.

¿Cuál de estos tres te parece que se portó como prójimo del hombre que fue asaltado por los ladrones?" El doctor de la ley le respondió: "El que tuvo compasión de él". Entonces Jesús le dijo: "Anda y haz tú lo mismo".

Palabra del Señor.   ℞ **Gloria a ti, Señor Jesús.**

ORACIÓN SOBRE LAS OFRENDAS

Mira bondadosamente, Señor, las ofrendas de tu Iglesia suplicante y conviértelas en alimento espiritual, que ayude a crecer en santidad a todos tus fieles. Por Jesucristo, nuestro Señor.

ANTÍFONA DE LA COMUNIÓN   Jn 6, 56

El que come mi carne y bebe mi sangre, permanece en mí y yo en él, dice el Señor.

ORACIÓN DESPUÉS DE LA COMUNIÓN

Te suplicamos, Señor, que esta Eucaristía, que hemos recibido, nos ayude a amarte más y a servirte mejor cada día. Por Jesucristo, nuestro Señor.

LO VIO...
Y PASÓ DE LARGO

El gran pecado DE OMISIÓN de que nos confesamos al comenzar la Misa, sobre el que reflexionamos tan poco y del que, por consiguiente, nunca nos acabamos de corregir.

Por ejemplo:

* ver en apuros a nuestros hermanos... y "fingir demencia";

* mirar a la madre o a la esposa abrumada de trabajo en la casa... y seguir leyendo el periódico o viendo la televisión;

* pasar junto aquella persona a la que se le ha descompuesto el auto y "seguirnos de filo", sin preguntar siquiera qué se le ofrece;

* contemplar a la gente haciendo "colas" (y muinas) interminables frente a nuestra ventanilla o mostrador... y seguir charlando con el "cuate" o la "cuata" de la oficina...

* presenciar cómo se calumnia o se difama a un ausente... y no decir "ni pío"...

* saber que algún familiar o amigo o compañero de trabajo se encuentra en algún problema económico o legal... y "hacerse el loco";

* abstenerse de participar activamente en las elecciones, por ejemplo, en las que se juega el destino de todos;

* ante cualquier dificultad en la que otro se encuentra, y que quizá nosotros podríamos ayudar a resolver, y exclamar filosóficamente: "Ése no es mi problema" o aclarar teológicamente (lo que es peor): "Yo no soy la Divina Providencia", porque si es verdad que no lo somos, sí somos los instrumentos de los cuales se vale Dios para mostrarse.

22 de julio 16º Domingo Ordinario

(Verde)

ANTÍFONA DE ENTRADA
Sal 53, 6. 8

Señor Dios, tú eres mi auxilio y el único apoyo de mi vida; te ofreceré de corazón un sacrificio y te daré gracias, Señor, porque eres bueno.

ORACIÓN COLECTA

Míranos, Señor, con amor y multiplica en nosotros los dones de tu gracia para que, llenos de fe, esperanza y caridad, permanezcamos siempre fieles en el cumplimiento de tus mandatos. Por nuestro Señor Jesucristo...

El libro del Génesis nos muestra a Abraham, que le ofrece hospitalidad a Dios, quien se le aparece como un extranjero peregrino (PRIMERA LECTURA). San Lucas nos muestra también a Jesús gozando de la hospitalidad de Marta y María en su casa de Betania (EVANGELIO). En los dos casos, la visita del Señor es una fuente de bendiciones para quienes lo reciben. San Pablo (SEGUNDA LECTURA) se refiere a su identificación con Cristo, cuya pasión sigue viviendo en su propia carne.

PRIMERA LECTURA
Señor, no pases junto a mí sin detenerte.

Del libro del Génesis
18, 1-10

Un día, el Señor se le apareció a Abraham en el encinar de Mambré. Abraham estaba sentado en la entrada de su tienda, a la hora del calor más fuerte. Levantando la vista, vio de pronto a tres hombres que estaban de pie ante él. Al verlos, se dirigió a ellos rápidamente desde la puerta de la tienda, y postrado en tierra, dijo: "Señor mío, si he hallado gracia a tus ojos, te ruego que no pases junto a mí sin detenerte. Haré que traigan un poco de agua para que se laven los pies y descansen a la sombra de estos árboles; traeré pan para que recobren las fuerzas y después continuarán su camino, pues sin duda para eso han pasado junto a su siervo".

Ellos le contestaron: "Está bien. Haz lo que dices". Abraham entró rápidamente en la tienda donde estaba Sara y le dijo: "Date prisa, toma tres medidas de harina, amásalas y cuece unos panes".

Luego Abraham fue corriendo al establo, escogió un ternero y se lo dio a un criado para que lo matara y lo preparara. Cuando el ternero estuvo asado, tomó requesón y leche y lo sirvió todo a los forasteros. Él permaneció de pie junto a ellos, bajo el árbol, mientras comían. Ellos le preguntaron: "¿Donde está Sara, tu mujer?" Él respondió: "Allá, en la tienda". Uno de ellos le dijo: "Dentro de un año volveré sin falta a visitarte por estas fechas; para entonces, Sara, tu mujer, habrá tenido un hijo".

Palabra de Dios.   ℞. **Te alabamos, Señor.**

SALMO RESPONSORIAL
Del salmo 14

J. de J. Hurtado B.P. 1715

℞.   ¿Quién será grato a tus ojos, Señor?

El hombre que procede honradamente
y obra con justicia;
el que es sincero en sus palabras
y con su lengua a nadie desprestigia. ℞.

    Quien no hace mal al prójimo
ni difama al vecino;
quien no ve con aprecio a los malvados,
pero honra a quienes temen al Altísimo. ℞.

[℟. ¿Quién será grato a tus ojos, Señor?]

Quien presta sin usura
y quien no acepta soborno en perjuicio de inocentes.
Quienes vivan así
serán gratos a Dios eternamente. ℟.

SEGUNDA LECTURA

*Un designio secreto que Dios ha mantenido oculto y que ahora ha revelado
a su pueblo santo.*

De la carta del apóstol san Pablo a los colosenses
1, 24-28

Hermanos: Ahora me alegro de sufrir por ustedes, porque así completo lo que falta a la pasión de Cristo en mí, por el bien de su cuerpo, que es la Iglesia.

Por disposición de Dios, yo he sido constituido ministro de esta Iglesia para predicarles por entero su mensaje, o sea el designio secreto que Dios ha mantenido oculto desde siglos y generaciones y que ahora ha revelado a su pueblo santo.

Dios ha querido dar a conocer a los suyos la gloria y riqueza que este designio encierra para los paganos, es decir, que Cristo vive en ustedes y es la esperanza de la gloria. Ese mismo Cristo es el que nosotros predicamos, cuando corregimos a los hombres y los instruimos con todos los recursos de la sabiduría, a fin de que todos sean cristianos perfectos.

Palabra de Dios.   ℟. **Te alabamos, Señor.**

ACLAMACIÓN ANTES DEL EVANGELIO
Cfr Lc 8, 15

B.P. 1033 - Palazón

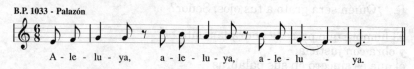

A - le - lu - ya,   a - le - lu - ya,   a - le - lu - ya.

℟.   Aleluya, aleluya.
Dichosos los que cumplen la palabra del Señor
con un corazón bueno y sincero,
y perseveran hasta dar fruto.
℟.   Aleluya, aleluya.

EVANGELIO

Marta lo recibió en su casa. - María escogió la mejor parte.

✠ Del santo Evangelio según san Lucas
10, 38-42

E n aquel tiempo, entró Jesús en un poblado, y una mujer, llamada Marta, lo recibió en su casa. Ella tenía una hermana, llamada María, la cual se sentó a los pies de Jesús y se puso a escuchar su palabra. Marta, entre tanto, se afanaba en diversos quehaceres, hasta que, acercándose a Jesús, le dijo: "Señor, ¿no te has dado cuenta de que mi hermana me ha dejado sola con todo el quehacer? Dile que me ayude".

El Señor le respondió: "Marta, Marta, muchas cosas te preocupan y te inquietan, siendo así que una sola es necesaria. María escogió la mejor parte y nadie se la quitará".

Palabra del Señor.   ℞. **Gloria a ti, Señor Jesús.**

ORACIÓN SOBRE LAS OFRENDAS

Dios nuestro, que con la muerte de tu Hijo llevaste a término y perfección los sacrificios de la antigua alianza, acepta y bendice estos dones, como aceptaste y bendijiste los de Abel, para que lo que cada uno te ofrece, sea de provecho para la salvación de todos. Por Jesucristo, nuestro Señor.

ANTÍFONA DE LA COMUNIÓN   Sal 110, 4-5

Para perpetuar su amor, el Señor nos ha dejado el memorial de sus prodigios, y ha dado a sus amigos el signo de un banquete que les recuerde para siempre su alianza.

ORACIÓN DESPUÉS DE LA COMUNIÓN

Señor, tú que nos has concedido participar en esta Eucaristía, míranos con bondad y ayúdanos a vencer nuestra fragilidad humana para poder vivir como hijos tuyos. Por Jesucristo, nuestro Señor.

29 de julio

17° Domingo Ordinario

(Verde)

Adoremos a Dios en su santo templo. Él nos hace habitar juntos en su casa. Él es la fuerza y el poder de su pueblo.

ORACIÓN COLECTA

Padre santo y todopoderoso, protector de los que en ti confían, ten misericordia de nosotros y enséñanos a usar con sabiduría de los bienes de la tierra, a fin de que no nos impidan alcanzar los del cielo. Por nuestro Señor Jesucristo...

El diálogo de Abraham con Dios para conseguir el perdón para Sodoma, la ciudad impura (PRIMERA LECTURA), es un ejemplo de la fuerza de la oración: También la parábola del amigo inoportuno (EVANGELIO) nos habla de esa fuerza y nos muestra cómo Dios se deja siempre conmover por una oración perseverante. San Pablo nos recuerda que por el bautismo hemos muerto y resucitado con Cristo (SEGUNDA LECTURA); la cruz de Cristo nos permite aspirar al perdón de los pecados y nos hace compartir la vida del Señor.

PRIMERA LECTURA

No se enfade mi Señor, si sigo hablando.

Del libro del Génesis
18, 20-32

E n aquellos días, el Señor dijo a Abraham: "El clamor contra Sodoma y Gomorra es grande y su pecado es demasiado grave. Bajaré, pues, a ver si sus hechos corresponden a ese clamor; y si no, lo sabré".

Los hombres que estaban con Abraham se despidieron de él y se encaminaron hacia Sodoma. Abraham se quedó ante el Señor y le preguntó: "¿Será posible que tú destruyas al inocente junto con el culpable? Supongamos que hay cincuenta justos en la ciudad, ¿acabarás con todos ellos y no perdonarás al lugar en atención a esos cincuenta justos? Lejos de ti tal cosa: matar al inocente junto con el culpable, de manera que la suerte del justo sea como la del malvado; eso no puede ser. El juez de todo el mundo ¿no hará justicia?" El Señor le contestó: "Si encuentro en Sodoma cincuenta justos, perdonaré a toda la ciudad en atención a ellos".

Abraham insistió: "Me he atrevido a hablar a mi Señor, yo que soy polvo y ceniza. Supongamos que faltan cinco para los cincuenta justos, ¿por esos cinco que faltan, destruirás toda la ciudad?" Y le respondió el Señor: "No la destruiré, si encuentro allí cuarenta y cinco justos".

Abraham volvió a insistir: "Quizá no se encuentren allí más que cuarenta". El Señor le respondió: "En atención a los cuarenta, no lo haré".

Abraham siguió insistiendo: "Que no se enoje mi Señor, si sigo hablando, ¿y si hubiera treinta?" El Señor le dijo: "No lo haré, si hay treinta".

Abraham insistió otra vez: "Ya que me he atrevido a hablar a mi Señor, ¿y si se encuentran sólo veinte?" El Señor le respondió: "En atención a los veinte, no la destruiré".

Abraham continuó: "No se enoje mi Señor, hablaré sólo una vez más, ¿y si se encuentran sólo diez?" Contestó el Señor: "Por esos diez, no destruiré la ciudad".

Palabra de Dios. ℟. **Te alabamos, Señor.**

SALMO RESPONSORIAL
Del salmo 137

J. de J. Hurtado B.P. 1716

Te da - mos gra - cias de to - do co - ra - zón.

℟. Te damos gracias de todo corazón.

De todo corazón te damos gracias,
Señor, porque escuchaste nuestros ruegos.
Te cantaremos delante de tus ángeles,
te adoraremos en tu templo. ℟.

    Señor, te damos gracias
por tu lealtad y por tu amor;
siempre que te invocamos, nos oíste
y nos llenaste de valor. ℟.

    Se complace el Señor en los humildes
y rechaza al engreído.
En las penas, Señor, me infundes ánimo,
me salvas del furor del enemigo. ℟.

    Tu mano, Señor, nos pondrá a salvo
y así concluirás en nosotros tu obra.
Señor, tu amor perdura eternamente;
obra tuya soy, no me abandones. ℟.

SEGUNDA LECTURA

Les dio a ustedes una vida nueva con Cristo, perdonándoles todos sus pecados.

De la carta del apóstol san Pablo a los colosenses
2, 12-14

Hermanos: Por el bautismo fueron ustedes sepultados con Cristo y también resucitaron con él, mediante la fe en el poder de Dios, que lo resucitó de entre los muertos.

    Ustedes estaban muertos por sus pecados y no pertenecían al pueblo de la alianza. Pero él les dio una vida nueva con Cristo, perdonándoles todos los pecados. Él anuló el documento que nos era contrario, cuyas cláusulas nos condenaban, y lo eliminó clavándolo en la cruz de Cristo.

Palabra de Dios.   ℟. **Te alabamos, Señor.**

ACLAMACIÓN ANTES DEL EVANGELIO
Rom 8, 15

B.P. 1033 - Palazón

A - le - lu - ya,   a - le - lu - ya,   a - le - lu - ya.

℞. Aleluya, aleluya.
Hemos recibido un espíritu de hijos,
que nos hace exclamar: ¡Padre!
℞. Aleluya, aleluya.

EVANGELIO
Pidan y se les dará.

✠ Del santo Evangelio según san Lucas
11, 1-13

Un día, Jesús estaba orando y cuando terminó, uno de sus discípulos le dijo: "Señor, enséñanos a orar, como Juan enseñó a sus discípulos".

Entonces Jesús les dijo: "Cuando oren, digan:
'Padre, santificado sea tu nombre,
venga tu Reino,
danos hoy nuestro pan de cada día
y perdona nuestras ofensas,
puesto que también nosotros perdonamos
a todo aquel que nos ofende,
y no nos dejes caer en tentación' ".

También les dijo: "Supongan que alguno de ustedes tiene un amigo que viene a medianoche a decirle: 'Préstame, por favor, tres panes, pues un amigo mío ha venido de viaje y no tengo nada que ofrecerle'. Pero él le responde desde dentro: 'No me molestes. No puedo levantarme a dártelos, porque la puerta ya está cerrada y mis hijos y yo estamos acostados'. Si el otro sigue tocando, yo les aseguro que, aunque no se levante a dárselos por ser su amigo, sin embargo, por su molesta insistencia, sí se levantará y le dará cuanto necesite.

Así también les digo a ustedes: Pidan y se les dará, busquen y encontrarán, toquen y se les abrirá. Porque quien pide, recibe; quien busca, encuentra, y al que toca, se le abre. ¿Habrá entre ustedes algún padre que, cuando su hijo le pida pan, le dé una piedra? ¿O cuando le pida pescado le dé una víbora? ¿O cuando le pida huevo, le dé un alacrán? Pues, si ustedes, que son malos, saben dar cosas buenas a sus hijos, ¿cuánto más el Padre celestial dará el Espíritu Santo a quienes se lo pidan?"

Palabra del Señor. ℞. **Gloria a ti, Señor Jesús.**

ORACIÓN SOBRE LAS OFRENDAS

Acepta, Señor, estos dones que tu generosidad ha puesto en nuestras manos, y concédenos que este sacrificio santifique toda nuestra vida y nos conduzca a la felicidad eterna. Por Jesucristo, nuestro Señor.

ANTÍFONA DE LA COMUNIÓN   Mt 5, 7-8

Bienaventurados los misericordiosos, porque ellos alcanzarán misericordia. Bienaventurados los limpios de corazón, porque verán a Dios, dice el Señor.

ORACIÓN DESPUÉS DE LA COMUNIÓN

Señor, que esta Eucaristía, memorial de la muerte y resurrección de tu Hijo, nos ayude a corresponder al don inefable de su amor y a procurar cada día nuestra salvación eterna. Por Jesucristo, nuestro Señor.

Pidamos y se nos dará

⇒ o aquello que pedimos, si es lo que nos conviene, porque ningún padre (y menos el PADRE que está en el cielo) va a dar a sus hijos aquello que sea para su mal,

⇒ o un estar de acuerdo, sin ninguna amargura o resentimiento, con no obtener aquello que queríamos.

Busquemos... y hallaremos

⇒ o lo que andábamos buscando: la curación de una enfermedad, por ejemplo,

⇒ o una tranquila resignación para soportarla.

Llamemos y se nos abrirá

⇒ o la puerta aquella a la que estábamos llamando,

⇒ o una puerta que ni siquiera habíamos sospechado que existiera.

"PORQUE –y ésta es palabra de Dios– **QUIEN PIDE, RECIBE; QUIEN BUSCA, ENCUENTRA, Y AL QUE TOCA, SE LE ABRE".**

5 de agosto
18° Domingo Ordinario
(Verde)

Dios mío, ven en mi ayuda; Señor, date prisa en socorrerme. Tú eres mi auxilio y mi salvación; Señor, no tardes.

ORACIÓN COLECTA

Señor, tú que eres nuestro creador y quien amorosamente dispone toda nuestra vida, renuévanos conforme a la imagen de tu Hijo y ayúdanos a conservar siempre tu gracia. Por nuestro Señor Jesucristo…

"Todas las cosas, absolutamente todas, son vana ilusión" (PRIMERA LECTURA), nos dice el libro del Eclesiastés, para que tengamos con qué reflexionar. Luego san Lucas nos dice que Jesús habló con un lenguaje igual (EVANGELIO), aunque lo que Jesús condena en realidad es que se almacenen riquezas para uno mismo, sin ser "rico de lo que vale ante Dios". Para san Pablo (SEGUNDA LECTURA), el bautizado que ha muerto y resucitado con Cristo, debe vivir como un hombre nuevo, porque ya no está en la tierra el motivo de su vida, sino que camina hacia el encuentro con el Señor.

PRIMERA LECTURA
¿Qué provecho saca el hombre de todos sus trabajos?

Del libro del Eclesiastés (Cohélet)
1, 2; 2, 21-23

Todas las cosas, absolutamente todas, son vana ilusión. Hay quien se agota trabajando y pone en ello todo su talento, su ciencia y su habilidad, y tiene que dejárselo todo a otro que no lo trabajó. Esto es vana ilusión y gran desventura. En efecto, ¿qué provecho saca el hombre de todos sus trabajos y afanes bajo el sol? De día dolores, penas y fatigas; de noche no descansa. ¿No es también eso vana ilusión?

Palabra de Dios.　℞. **Te alabamos, Señor.**

SALMO RESPONSORIAL
Del salmo 89

B.P. 1717

Se - ñor, ten com - pa - sión de no - so - tros.

℞.　Señor, ten compasión de nosotros.

Tú haces volver al polvo a los humanos,
diciendo a los mortales que retornen.
Mil años son para ti como un día,
que ya pasó; como una breve noche. ℞.

　　Nuestra vida es tan breve como un sueño;
semejante a la hierba,
que despunta y florece en la mañana
y por la tarde se marchita y se seca. ℞.

　　Enséñanos a ver lo que es la vida
y seremos sensatos.
¿Hasta cuándo, Señor, vas a tener
compasión de tus siervos? ¿Hasta cuándo? ℞.

　　Llénanos de tu amor por la mañana
y júbilo será la vida toda.
Que el Señor bondadoso nos ayude
y dé prosperidad a nuestras obras. ℞.

SEGUNDA LECTURA
Busquen los bienes del cielo, donde está Cristo.

De la carta del apóstol san Pablo a los colosenses
3, 1-5. 9-11

Hermanos: Puesto que ustedes han resucitado con Cristo, busquen los bienes de arriba, donde está Cristo, sentado a la derecha de Dios. Pongan todo el corazón en los bienes del cielo, no en los de la tierra, porque han muerto y su vida está escondida con Cristo en Dios. Cuando se manifieste Cristo, vida de ustedes, entonces también ustedes se manifestarán gloriosos juntamente con él.

Den muerte, pues, a todo lo malo que hay en ustedes: la fornicación, la impureza, las pasiones desordenadas, los malos deseos y la avaricia, que es una forma de idolatría. No sigan engañándose unos a otros; despójense del modo de actuar del viejo yo y revístanse del nuevo yo, el que se va renovando conforme va adquiriendo el conocimiento de Dios, que lo creó a su propia imagen.

En este orden nuevo ya no hay distinción entre judíos y no judíos, israelitas y paganos, bárbaros y extranjeros, esclavos y libres, sino que Cristo es todo en todos.

Palabra de Dios.   ℟. **Te alabamos, Señor.**

ACLAMACIÓN ANTES DEL EVANGELIO
Mt 5, 3

B.P. 1034 - Palazón

A - le - lu - ya,   a - le - lu - ya,   a - le - lu - ya.

℟.   Aleluya, aleluya.
Dichosos los pobres de espíritu,
porque de ellos es el Reino de los cielos.
℟.   Aleluya, aleluya.

EVANGELIO
¿Para quién serán todos tus bienes?

✠ Del santo Evangelio según san Lucas
12, 13-21

En aquel tiempo, hallándose Jesús en medio de una multitud, un hombre le dijo: "Maestro, dile a mi hermano que comparta conmigo la herencia". Pero Jesús le contestó: "Amigo, ¿quién me ha puesto como juez en la distribución de herencias?"

Y dirigiéndose a la multitud, dijo: "Eviten toda clase de avaricia, porque la vida del hombre no depende de la abundancia de los bienes que posea".

Después les propuso esta parábola: "Un hombre rico obtuvo una gran cosecha y se puso a pensar: '¿Qué haré, porque no tengo ya en dónde almacenar la cosecha? Ya sé lo que voy a hacer: derribaré mis graneros y construiré otros más grandes para guardar ahí mi cosecha y todo lo que tengo. Entonces podré decirme: Ya tienes bienes acumulados para muchos años; descansa, come, bebe y date a la buena vida'. Pero Dios le dijo: '¡Insensato! Esta misma noche vas a morir. ¿Para quién serán todos tus bienes?' Lo mismo le pasa al que amontona riquezas para sí mismo y no se hace rico de lo que vale ante Dios".

Palabra del Señor.   R. **Gloria a ti, Señor Jesús.**

ORACIÓN SOBRE LAS OFRENDAS

Santifica, Señor, estos dones y por medio del sacrificio de tu Hijo, transforma toda nuestra vida en una continua ofrenda. Por Jesucristo, nuestro Señor.

ANTÍFONA DE LA COMUNIÓN   Sab 16, 20
Nos has enviado, Señor, un pan del cielo que encierra en sí toda delicia y satisface todos los gustos.

ORACIÓN DESPUÉS DE LA COMUNIÓN

Protege, Señor, continuamente a quienes renuevas y fortaleces con esta Eucaristía y hazlos dignos de alcanzar la salvación eterna. Por Jesucristo, nuestro Señor.

RICOS SÍ, PERO DE LO QUE VALE A LOS OJOS DE DIOS

❥ Trabajar honradamente, aunque nunca pasemos de ser "un don nadie", "un pobre diablo", "un pobretón cualquiera"... a los ojos del mundo...

❥ tenderle la mano a todo el que podamos, aun a riesgo de que alguno se vaya también "a tomar el pie" o algún otro nos pueda "ver la oreja"...

❥ olvidar las ofensas, aunque alguien pudiera decirnos que no tenemos "dignidad" o que somos "unos dejados"...

❥ ser tan "ingenuos" como para salir fiadores de aquella familia que necesita un préstamo o va a rentar un cuarto...

❥ "perder el tiempo" visitando a un enfermo o pasando un buen rato con un ancianito que vive abandonado, o ayudando a un vecino... TODO LO DEMÁS, ANTE LOS OJOS DE DIOS, ES LO DE MENOS.

12 de agosto
19° Domingo Ordinario
(Verde)

ANTÍFONA DE ENTRADA   Sal 73, 20. 19. 22. 23

Acuérdate, Señor, de tu alianza; no olvides por más tiempo la suerte de tus pobres. Levántate, Señor, a defender tu causa; no olvides las voces de los que te buscan.

ORACIÓN COLECTA

Dios eterno y todopoderoso, a quien confiadamente podemos llamar ya Padre nuestro, haz crecer en nuestros corazones el espíritu de hijos adoptivos tuyos, para que podamos gozar, después de esta vida, de la herencia que nos has prometido. Por nuestro Señor Jesucristo...

Jesús nos recomienda que permanezcamos siempre atentos, como los criados que aguardan en vela el regreso de su amo (EVANGELIO). Fue también durante la noche cuando tuvo lugar la primera Pascua y el Señor pasó para librar a su pueblo (PRIMERA LECTURA) y asimismo fue de noche, cuando Cristo salió de su sepultura. La carta a los hebreos (SEGUNDA LECTURA) nos describe la epopeya de los primeros creyentes en camino hacia la tierra prometida, guiados por la fe de Abraham, "el amigo de Dios".

PRIMERA LECTURA
Castigaste a nuestros adversarios y a tus elegidos nos cubriste de gloria.

Del libro de la Sabiduría
18, 6-9

La noche de la liberación pascual fue anunciada con anterioridad a nuestros padres, para que se confortaran al reconocer la firmeza de las promesas en que habían creído.

Tu pueblo esperaba a la vez la salvación de los justos y el exterminio de sus enemigos. En efecto, con aquello mismo con que castigaste a nuestros adversarios nos cubriste de gloria a tus elegidos.

Por eso, los piadosos hijos de un pueblo justo celebraron la Pascua en sus casas, y de común acuerdo se impusieron esta ley sagrada, de que todos los santos participaran por igual de los bienes y de los peligros. Y ya desde entonces cantaron los himnos de nuestros padres.

Palabra de Dios. ℞. **Te alabamos, Señor.**

SALMO RESPONSORIAL
Del salmo 32

B.P. 1718

Di - cho-so_el pue - blo es - co - gi - do por Dios.

℞. Dichoso el pueblo escogido por Dios.

Que los justos aclamen al Señor;
es propio de los justos alabarlo.
Feliz la nación cuyo Dios es el Señor,
dichoso el pueblo que eligió por suyo. ℞.

    Cuida el Señor de aquellos que lo temen
y en su bondad confían;
los salva de la muerte
y en épocas de hambre les da vida. ℞.

    En el Señor está nuestra esperanza,
pues él es nuestra ayuda y nuestro amparo.
Muéstrate bondadoso con nosotros,
puesto que en ti, Señor, hemos confiado. ℞.

SEGUNDA LECTURA
Esperaban la ciudad de sólidos cimientos, cuyo arquitecto y constructor es Dios.

De la carta a los hebreos
11, 1-2. 8-19

Hermanos: La fe es la forma de poseer, ya desde ahora, lo que se espera y de conocer las realidades que no se ven. Por ella fueron alabados nuestros mayores.

Por su fe, Abraham, obediente al llamado de Dios, y sin saber a dónde iba, partió hacia la tierra que habría de recibir como herencia. Por la fe, vivió como extranjero en la tierra prometida, en tiendas de campaña, como Isaac y Jacob, coherederos de la misma promesa después de él. Porque ellos esperaban la ciudad de sólidos cimientos, cuyo arquitecto y constructor es Dios.

Por su fe, Sara, aun siendo estéril y a pesar de su avanzada edad, pudo concebir un hijo, porque creyó que Dios habría de ser fiel a la promesa; y así, de un solo hombre, ya anciano, nació una descendencia numerosa como las estrellas del cielo e incontable como las arenas del mar.

Todos ellos murieron firmes en la fe. No alcanzaron los bienes prometidos, pero los vieron y los saludaron con gozo desde lejos. Ellos reconocieron que eran extraños y peregrinos en la tierra. Quienes hablan así, dan a entender claramente que van en busca de una patria; pues si hubieran añorado la patria de donde habían salido, habrían estado a tiempo de volver a ella todavía. Pero ellos ansiaban una patria mejor: la del cielo. Por eso Dios no se avergüenza de ser llamado su Dios, pues les tenía preparada una ciudad.

Por su fe, Abraham, cuando Dios le puso una prueba, se dispuso a sacrificar a Isaac, su hijo único, garantía de la promesa, porque Dios le había dicho: *De Isaac nacerá la descendencia que ha de llevar tu nombre.* Abraham pensaba, en efecto, que Dios tiene poder hasta para resucitar a los muertos; por eso le fue devuelto Isaac, que se convirtió así en un símbolo profético.

Palabra de Dios.   ℟. **Te alabamos, Señor.**

ACLAMACIÓN ANTES DEL EVANGELIO
Mt 24, 42. 44

B.P. 1034 - Palazón

A - le - lu - ya,   a - le - lu - ya,   a - le - lu - ya.

℟.   Aleluya, aleluya.
Estén preparados, porque no saben
a qué hora va a venir el Hijo del hombre.
℟.   Aleluya, aleluya.

EVANGELIO

También ustedes estén preparados.

✠ Del santo Evangelio según san Lucas
12, 32-48

En aquel tiempo, Jesús dijo a sus discípulos: "No temas, rebañito mío, porque tu Padre ha tenido a bien darte el Reino. Vendan sus bienes y den limosnas. Consíganse unas bolsas que no se destruyan y acumulen en el cielo un tesoro que no se acaba, allá donde no llega el ladrón, ni carcome la polilla. Porque donde está su tesoro, ahí estará su corazón.

Estén listos, con la túnica puesta y las lámparas encendidas. Sean semejantes a los criados que están esperando a que su señor regrese de la boda, para abrirle en cuanto llegue y toque. Dichosos aquellos a quienes su señor, al llegar, encuentre en vela. Yo les aseguro que se recogerá la túnica, los hará sentar a la mesa y él mismo les servirá. Y si llega a medianoche o a la madrugada y los encuentra en vela, dichosos ellos.

Fíjense en esto: Si un padre de familia supiera a qué hora va a venir el ladrón, estaría vigilando y no dejaría que se le metiera por un boquete en su casa. Pues también ustedes estén preparados, porque a la hora en que menos lo piensen vendrá el Hijo del hombre".

Entonces Pedro le preguntó a Jesús: "¿Dices esta parábola sólo por nosotros o por todos?" El Señor le respondió: "Supongan que un administrador, puesto por su amo al frente de la servidumbre, con el encargo de repartirles a su tiempo los alimentos, se porta con fidelidad y prudencia. Dichoso este siervo, si el amo, a su llegada, lo encuentra cumpliendo con su deber. Yo les aseguro que lo pondrá al frente de todo lo que tiene. Pero si este siervo piensa: 'Mi amo tardará en llegar' y empieza a maltratar a los criados y a las criadas, a comer, a beber y a embriagarse, el día menos pensado y a la hora más inesperada, llegará su amo y lo castigará severamente y le hará correr la misma suerte que a los hombres desleales.

El servidor que, conociendo la voluntad de su amo, no haya preparado ni hecho lo que debía, recibirá muchos azotes; pero el que, sin conocerla, haya hecho algo digno de castigo, recibirá pocos.

Al que mucho se le da, se le exigirá mucho, y al que mucho se le confía, se le exigirá mucho más".

Palabra del Señor.   ℟. **Gloria a ti, Señor Jesús.**

ORACIÓN SOBRE LAS OFRENDAS

Acepta, Señor, con bondad, estos dones que has puesto en manos de tu Iglesia, y con tu poder conviértelos en el sacramento de nuestra salvación. Por Jesucristo, nuestro Señor.

ANTÍFONA DE LA COMUNIÓN   Jn 6, 51

El pan que yo les daré, es mi carne para vida del mundo, dice el Señor.

ORACIÓN DESPUÉS DE LA COMUNIÓN

Que la recepción de esta Eucaristía nos confirme, Señor, en tu amor y nos ayude a conseguir la vida eterna. Por Jesucristo, nuestro Señor.

ESTEMOS PREPARADOS, PORQUE NO SABEMOS...

- ni el día en que va a venir el **"ladrón"**, como dice Cristo...
- ni el día en que nos pueda dar ese dolorcito que llaman infarto...
- ni el día en que una "pesera" atrabancada (o mejor dicho el conductor atrabancado de una "pesera") o un automovilista ebrio pueda echársenos encima...

Nota 1: El evangelio de hoy no es para que nos asustemos, sino para evitarnos, precisamente, algún día, un susto mayúsculo...

Nota 2: Cristo no se refiere en el evangelio de hoy al día de nuestra muerte, sino al día en que el Hijo del hombre (o sea él) venga a juzgar a los vivos y a los muertos.

Nota 3: La mejor forma de prepararnos para ese día, nos la da Cristo al decirnos: **"Dichoso el siervo al que su amo encuentra cumpliendo con su deber"** (de casado, de hijo, de padre, de empleado, de ciudadano, de prójimo...)

15 de agosto
Miércoles

La Asunción de la Santísima Virgen María
(Blanco)

ANTÍFONA DE ENTRADA
Apoc 12, 1

Un gran signo apareció en el cielo: una mujer vestida del sol, con la luna bajo sus pies y una corona de doce estrellas sobre su cabeza.

Se dice Gloria

ORACIÓN COLECTA

Dios todopoderoso y eterno, que hiciste subir al cielo en cuerpo y alma a la inmaculada Virgen María, Madre de tu Hijo, concédenos vivir en este mundo sin perder de vista los bienes del cielo y con la esperanza de disfrutar eternamente de su gloria. Por nuestro Señor Jesucristo…

El pasaje del Apocalipsis se refiere al combate de la Iglesia de Cristo contra las fuerzas del mal. Nos habla de la señal de la mujer, porque es en la Virgen María en donde la Iglesia ha triunfado sobre el pecado y sobre la muerte (PRIMERA LECTURA). San Pablo nos recuerda la resurrección de Cristo y nuestra resurrección, señalando que entre una y otra se encuentra María, nuestra medianera y la primogénita de los cristianos (SEGUNDA LECTURA). Después oímos el cántico de la propia María que, al saber que es Madre de Dios, exclama: "Ha hecho en mí grandes cosas el que todo lo puede" (EVANGELIO).

PRIMERA LECTURA

Una mujer envuelta por el sol, con la luna bajo sus pies.

Del libro del Apocalipsis del apóstol san Juan
11, 19; 12, 1-6. 10

S e abrió el templo de Dios en el cielo y dentro de él se vio el arca de la alianza. Apareció entonces en el cielo una figura prodigiosa: una mujer envuelta por el sol, con la luna bajo sus pies y con una corona de doce estrellas en la cabeza. Estaba encinta y a punto de dar a luz y gemía con los dolores del parto.

Pero apareció también en el cielo otra figura: un enorme dragón, color de fuego, con siete cabezas y diez cuernos, y una corona en cada una de sus siete cabezas. Con su cola barrió la tercera parte de las estrellas del cielo y las arrojó sobre la tierra. Después se detuvo delante de la mujer que iba a dar a luz, para devorar a su hijo, en cuanto éste naciera. La mujer dio a luz un hijo varón, destinado a gobernar todas las naciones con cetro de hierro; y su hijo fue llevado hasta Dios y hasta su trono. Y la mujer huyó al desierto, a un lugar preparado por Dios.

Entonces oí en el cielo una voz poderosa, que decía: "Ha sonado la hora de la victoria de nuestro Dios, de su dominio y de su reinado, y del poder de su Mesías".

Palabra de Dios. ℟. **Te alabamos, Señor.**

SALMO RESPONSORIAL
Del salmo 44

Ma. G. Arroyo B.P. 1744

De pie, a tu de-re-cha, es-tá la Rei-na.

℟. De pie, a tu derecha, está la reina.

Hijas de reyes salen a tu encuentro.
De pie, a tu derecha, está la reina,
enjoyada con oro de Ofir. ℟.

Escucha, hija, mira y pon atención:
olvida a tu pueblo y la casa paterna;
el rey está prendado de tu belleza;
ríndele homenaje, porque él es tu señor. ℟.

[℟. De pie, a tu derecha, está la reina.]

Entre alegría y regocijo
van entrando en el palacio real.
A cambio de tus padres, tendrás hijos,
que nombrarás príncipes por toda la tierra. ℟.

SEGUNDA LECTURA

Resucitó primero Cristo, como primicia; después, los que son de Cristo.

De la primera carta del apóstol san Pablo a los corintios
15, 20-27

Hermanos: Cristo resucitó, y resucitó como la primicia de todos los muertos. Porque si por un hombre vino la muerte, también por un hombre vendrá la resurrección de los muertos.

En efecto, así como en Adán todos mueren, así en Cristo todos volverán a la vida; pero cada uno en su orden: primero Cristo, como primicia; después, a la hora de su advenimiento, los que son de Cristo.

Enseguida será la consumación, cuando, después de haber aniquilado todos los poderes del mal, Cristo entregue el Reino a su Padre. Porque él tiene que reinar hasta que el Padre ponga bajo sus pies a todos sus enemigos. El último de los enemigos en ser aniquilado, será la muerte, porque todo lo ha sometido Dios bajo los pies de Cristo.

Palabra de Dios.   ℟. **Te alabamos, Señor.**

ACLAMACIÓN ANTES DEL EVANGELIO

B.P. 1259

A - le - lu - ya,   A - le - lu - ya,   A - le - lu - ya.

℟.   Aleluya, aleluya.
María fue llevada al cielo,
y todos los ángeles se alegran.
℟.   Aleluya, aleluya.

EVANGELIO

Ha hecho en mí grandes cosas el que todo lo puede. Exaltó a los humildes.

✠ Del santo Evangelio según san Lucas
1, 39-56

E n aquellos días, María se encaminó presurosa a un pueblo de las montañas de Judea, y entrando en la casa de Zacarías, saludó a Isabel. En cuanto ésta oyó el saludo de María, la criatura saltó en su seno.

Entonces Isabel quedó llena del Espíritu Santo, y levantando la voz, exclamó: "¡Bendita tú entre las mujeres y bendito el fruto de tu vientre! ¿Quién soy yo para que la madre de mi Señor venga a verme? Apenas llegó tu saludo a mis oídos, el niño saltó de gozo en mi seno. Dichosa tú, que has creído, porque se cumplirá cuanto te fue anunciado de parte del Señor".

Entonces dijo María:
"Mi alma glorifica al Señor
y *mi espíritu se llena de júbilo en Dios, mi salvador,*
porque *puso sus ojos en la humildad de su esclava.*

Desde ahora me llamarán dichosa todas las generaciones,
porque ha hecho en mí grandes cosas el que todo lo puede.
Santo es su nombre
y su misericordia llega de generación en generación
a los que lo temen.

Ha hecho sentir el poder de su brazo:
dispersó a los de corazón altanero,
destronó a los potentados
y exaltó a los humildes.
A los hambrientos los colmó de bienes
y a los ricos los despidió sin nada.

Acordándose de su misericordia,
vino en ayuda de Israel, su siervo,
como lo había prometido a nuestros padres,
a Abraham y a su descendencia,
para siempre".

María permaneció con Isabel unos tres meses, y luego regresó a su casa.

Palabra del Señor.   ℟. **Gloria a ti, Señor Jesús.**

Se dice Credo

ORACIÓN SOBRE LAS OFRENDAS

Acepta, Señor, este sacrificio que vamos a ofrecerte para celebrar la Asunción de la Virgen María y ayúdanos, por su intercesión, a buscarte y a vivir siempre en tu amor. Por Jesucristo, nuestro Señor.

ANTÍFONA DE LA COMUNIÓN   Lc 1, 48-49

Desde ahora me llamarán dichosa todas las generaciones, porque ha hecho en mí grandes cosas el que todo lo puede. Santo es su nombre.

ORACIÓN DESPUÉS DE LA COMUNIÓN

Tú que nos has hecho partícipes de este sacramento de vida eterna, concédenos, Señor, por intercesión de la Virgen María en este día de su Asunción al cielo, alcanzar la gloria de la resurrección. Por Jesucristo, nuestro Señor.

HABLANDO DE LA "VISITACIÓN"

❀ Madre viuda suspira por visitas menos esporádicas (es decir, muy "allá de vez en cuando") de hijo o hija casados. Es lo único que tiene y por lo único que vive. Por lo menos, un telefonazo.

❀ Padres ancianos esperan cada tarde ver llegar hijo único, aunque sólo sea para saber que no se ha muerto.

❀ Tía soltera, imposibilitada para salir de casa, agradecería sobrinos y sobrinas quisieran pasar con ella una tarde por semana.

❀ Abuela sola echa de menos nietos y papás de nietos. No tomar en cuenta que a veces regaña. Por favor no descartarla de la agenda de visitas.

❀ Sacerdote anciano, casi sin poder caminar, vería con gran gusto antiguos feligreses. Preguntar por él en la portería.

❀ Enfermos, sala general, sin parientes o con parientes en pueblos lejanos, agradecerían a las visitas de otros enfermos un poquito de interés por ellos y un poco de calor humano.

❀ Tío anciano, viudo, sin hijos, conversación aburridona, pide a parientes no relegarlo al olvido.

❀ Familias necesitadas pertenecientes a la parroquia, agradecerían –como usted no tiene idea– visita de algunas señoras de mejor condición económica que les lleven alguna cosilla para sus hijos o para ella...

PARA LLEGAR AL CIELO COMO MARÍA, HAY QUE HACER VISITAS EN LA TIERRA COMO LAS QUE ELLA HACÍA.

19 de agosto

20º Domingo Ordinario
(Verde)

ANTÍFONA DE ENTRADA   Sal 83, 10-11
Dios nuestro y protector nuestro, un solo día en tu casa es más valioso para tus elegidos, que mil días en cualquier otra parte.

ORACIÓN COLECTA
Enciende, Señor, nuestros corazones con el fuego de tu amor a fin de que, amándote en todo y sobre todo, podamos obtener aquellos bienes que no podemos nosotros ni siquiera imaginar y has prometido tú a los que te aman. Por nuestro Señor Jesucristo…

Jesús se nos muestra como un signo de contradicción entre los hombres (EVANGELIO) y, aun dentro de una misma familia, hay divisiones por causa suya. Lo mismo sucedía ya con los profetas, como dice Jeremías (PRIMERA LECTURA), quien nos describe las persecuciones y violencias que tuvo que padecer. También la carta a los hebreos (SEGUNDA LECTURA) se refiere a la multitud de hombres y mujeres que han soportado los combates por la fe y recomienda que permanezcamos fieles en la lucha contra el pecado, "fija la mirada en Jesús".

PRIMERA LECTURA
Tomaron a Jeremías y lo echaron en un pozo.

Del libro del profeta Jeremías
38, 4-6. 8-10

Durante el sitio de Jerusalén, los jefes que tenían prisionero a Jeremías dijeron al rey: "Hay que matar a este hombre, porque las cosas que dice desmoralizan a los guerreros que quedan en esta ciudad y a todo el pueblo. Es evidente que no busca el bienestar del pueblo, sino su pedición".

Respondió el rey Sedecías: "Lo tienen ya en sus manos y el rey no puede nada contra ustedes". Entonces ellos tomaron a Jeremías y, descolgándolo con cuerdas, lo echaron en el pozo del príncipe Melquías, situado en el patio de la prisión. En el pozo no había agua, sino lodo, y Jeremías quedó hundido en el lodo.

Ebed-Mélek, el etíope, oficial de palacio, fue a ver al rey y le dijo: "Señor, está mal hecho lo que estos hombres hicieron con Jeremías, arrojándolo al pozo, donde va a morir de hambre".

Entonces el rey ordenó a Ebed-Mélek: "Toma treinta hombres contigo y saca del pozo a Jeremías, antes de que muera".

Palabra de Dios.   ℟. **Te alabamos, Señor.**

SALMO RESPONSORIAL
Del salmo 39

B.P. 1719

Se - ñor,   da - te   pri - sa_en   a - yu - dar - me.

℟.   Señor, date prisa en ayudarme.

Esperé en el Señor con gran confianza;
él se inclinó hacia mí
y escuchó mis plegarias. ℟.

  Del charco cenagoso
y la fosa mortal me puso a salvo;
puso firmes mis pies sobre la roca
y aseguró mis pasos. ℟.

  Él me puso en la boca un canto nuevo,
un himno a nuestro Dios.
Muchos se conmovieron al ver esto
y confiaron también en el Señor. ℟.

  A mí, tu siervo, pobre y desdichado,
no me dejes, Señor, en el olvido.
Tú eres quien me ayuda y quien me salva;
no te tardes, Dios mío. ℟.

SEGUNDA LECTURA
Corramos con perseverancia la carrera que tenemos por delante.

De la carta a los hebreos
12, 1-4

Hermanos: Rodeados, como estamos, por la multitud de antepasados nuestros, que dieron prueba de su fe, dejemos todo lo que nos estorba; librémonos del pecado que nos ata, para correr con perseverancia la carrera que tenemos por delante, fija la mirada en Jesús, autor y consumador de nuestra fe. Él, en vista del gozo que se le proponía, aceptó la cruz, sin temer su ignominia, y por eso está sentado a la derecha del trono de Dios.

Mediten, pues, en el ejemplo de aquel que quiso sufrir tanta oposición de parte de los pecadores, y no se cansen ni pierdan el ánimo, porque todavía no han llegado a derramar su sangre en la lucha contra el pecado.

Palabra de Dios.   ℟. **Te alabamos, Señor.**

ACLAMACIÓN ANTES DEL EVANGELIO
Jn 10, 27

B.P. 1034 - Palazón

A - le - lu - ya,   a - le - lu - ya,   a - le - lu - ya.

℟. Aleluya, aleluya.
Mis ovejas escuchan mi voz, dice el Señor,
yo las conozco y ellas me siguen.
℟. Aleluya, aleluya.

EVANGELIO
No he venido a traer la paz, sino la división.

✠ Del santo Evangelio según san Lucas
12, 49-53

En aquel tiempo, Jesús dijo a sus discípulos: "He venido a traer fuego a la tierra ¡y cuánto desearía que ya estuviera ardiendo! Tengo que recibir un bautismo ¡y cómo me angustio mientras llega!

¿Piensan acaso que he venido a traer paz a la tierra? De ningún modo. No he venido a traer la paz, sino la división. De aquí en adelante, de cinco que haya en una familia, estarán divididos tres contra dos y dos contra tres. Estará dividido el padre contra el hijo, el hijo contra el padre, la madre contra la hija y la hija contra la madre, la suegra contra la nuera y la nuera contra la suegra".

Palabra del Señor.   ℟. **Gloria a ti, Señor Jesús.**

ORACIÓN SOBRE LAS OFRENDAS

Acepta, Señor, los dones que te presentamos para esta Eucaristía a fin de que, a cambio de ofrecerte lo que tú nos has dado, podamos recibir de ti, tu misma vida. Por Jesucristo, nuestro Señor.

ANTÍFONA DE LA COMUNIÓN   Sal 129, 7

Mi alma espera al Señor con más ansia que los centinelas el amanecer, porque con el Señor viene la misericordia y la abundancia de su gracia.

ORACIÓN DESPUÉS DE LA COMUNIÓN

Tú que nos has hecho partícipes de la vida de Cristo en este sacramento, transfórmanos, Señor, a imagen de tu Hijo, para que participemos también de su gloria en el cielo. Por Jesucristo, nuestro Señor.

¿EN QUÉ QUEDAMOS?

¿Cristo vino a traernos la paz o la guerra?

En Navidad, los ángeles nos cantaron: **"Paz a los hombres de buena voluntad"**.

Después de la resurrección, Cristo dijo a sus apóstoles varias veces:

"La paz esté con ustedes… mi paz les dejo, mi paz les doy".

Y, ahora, el evangelio de hoy nos dice con todas sus letras que Cristo no ha venido **"a traer la paz sino la división"**.

¿En qué quedamos?

✿ Pues en que Cristo vino a traernos la paz, pero fundamentalmente la paz con su Padre (y nuestro Padre), la que muchas veces significa guerra.

✿ Preguntémoselo a esa secretaria que se resigna a no subir de categoría por no ceder a ciertas insinuaciones de su jefe (por no ofender a Dios, claro).

✿ Hagamos la misma pregunta a tantos muchachos y muchachas que han decidido entrar en un seminario o en una congregación religiosa contra el parecer de sus padres.

✿ Vayamos a preguntárselo al hombre de empresa que no se presta a negocitos "chuecos" o al empleado público que no quiere "jalar parejo" con sus compañeros o jefes en algo que no está bien...

✿ Preguntémoselo a la mujer que ha decidido tener a su hijo contra lo que su marido (o quien vive con ella) opina, o la colegiala que ha decidido lo mismo, pese a los consejos de sus padres o amigas...

✿ Ellos nos podrán hablar de esas "guerritas" que vino a traer Cristo.

26 de agosto   21er Domingo Ordinario

(Verde)

Escucha, Señor, y respóndeme; salva a tu siervo que confía en ti. Ten piedad de mí, Dios mío, pues sin cesar te invoco.

ORACIÓN COLECTA

Dios nuestro, tú que puedes darnos un mismo querer y un mismo sentir, concédenos a todos amar lo que nos mandas y anhelar lo que nos prometes para que, en medio de las preocupaciones de esta vida, pueda encontrar nuestro corazón la felicidad verdadera. Por nuestro Señor Jesucristo…

Jesús nos dice que todos los hombres han sido llamados a vivir con Dios, pero no hay puestos adquiridos por adelantado. Cada uno tiene que pasar por la puerta estrecha de la renuncia y la entrega de sí mismo (EVANGELIO). El profeta Isaías nos muestra el plan de Dios, que consiste en congregar a todos los hombres para mostrarles su gloria (PRIMERA LECTURA). La Iglesia es el signo de la unidad del género humano. La carta a los hebreos (SEGUNDA LECTURA) recomienda a los cristianos que soporten las pruebas como una purificación.

PRIMERA LECTURA
Traerán de todos los países a los hermanos de ustedes.

Del libro del profeta Isaías
66, 18-21

E sto dice el Señor:
"Yo vendré para reunir a las naciones de toda lengua.
Vendrán y verán mi gloria.
Pondré en medio de ellos un signo,
y enviaré como mensajeros a algunos de los supervivientes
hasta los países más lejanos y las islas más remotas,
que no han oído hablar de mí ni han visto mi gloria,
y ellos darán a conocer mi nombre a las naciones.

    Así como los hijos de Israel
traen ofrendas al templo del Señor en vasijas limpias,
así también mis mensajeros traerán,
de todos los países, como ofrenda al Señor,
a los hermanos de ustedes
a caballo, en carro, en literas,
en mulos y camellos,
hasta mi monte santo de Jerusalén.
De entre ellos escogeré sacerdotes y levitas".

Palabra de Dios. ℟. **Te alabamos, Señor.**

SALMO RESPONSORIAL
Del salmo 116

B.P. 1720

Va - yan por to - do el mun - do y pre - di - quen el E - van - ge - lio.

℟. Vayan por todo el mundo y prediquen el Evangelio.

Que alaben al Señor todas las naciones,
que lo aclamen todos los pueblos. ℟.

    Porque grande es su amor hacia nosotros
y su fidelidad dura por siempre. ℟.

SEGUNDA LECTURA
El Señor corrige a los que ama.

De la carta a los hebreos
12, 5-7. 11-13

H ermanos: Ya se han olvidado ustedes de la exhortación que Dios
les dirigió, como a hijos, diciendo: *Hijo mío, no desprecies la co-*

rrección del Señor, ni te desanimes cuando te reprenda. Porque el Señor corrige a los que ama, y da azotes a sus hijos predilectos. Soporten, pues, la corrección, porque Dios los trata como a hijos; ¿y qué padre hay que no corrija a sus hijos?

Es cierto que de momento ninguna corrección nos causa alegría, sino más bien tristeza. Pero después produce, en los que la recibieron, frutos de paz y de santidad.

Por eso, robustezcan sus manos cansadas y sus rodillas vacilantes; caminen por un camino plano, para que el cojo ya no se tropiece, sino más bien se alivie.

Palabra de Dios.   ℟. **Te alabamos, Señor.**

ACLAMACIÓN ANTES DEL EVANGELIO
Jn 14, 6

B.P. 1034 - Palazón

A - le - lu - ya,   a - le - lu - ya,   a - le - lu - ya.

℟.   Aleluya, aleluya.
Yo soy el camino, la verdad y la vida;
nadie va al Padre, si no es por mí, dice el Señor.
℟.   Aleluya, aleluya.

EVANGELIO
Vendrán del oriente y del poniente y participarán en el banquete del Reino de Dios.

✠   Del santo Evangelio según san Lucas
13, 22-30

En aquel tiempo, Jesús iba enseñando por ciudades y pueblos, mientras se encaminaba a Jerusalén. Alguien le preguntó: "Señor, ¿es verdad que son pocos los que se salvan?"

Jesús le respondió: "Esfuércense en entrar por la puerta, que es angosta, pues yo les aseguro que muchos tratarán de entrar y no podrán. Cuando el dueño de la casa se levante de la mesa y cierre la puerta, ustedes se quedarán afuera y se pondrán a tocar la puerta, diciendo: '¡Señor, ábrenos!' Pero él les responderá: 'No sé quiénes son ustedes'.

Entonces le dirán con insistencia: 'Hemos comido y bebido contigo y tú has enseñado en nuestras plazas'. Pero él replicará: 'Yo les aseguro que no sé quiénes son ustedes. Apártense de mí, todos ustedes los que hacen el mal'. Entonces llorarán ustedes y se desesperarán, cuando vean a Abraham, a Isaac, a Jacob y a todos los profetas en el Reino de Dios, y ustedes se vean echados fuera.

Vendrán muchos del oriente y del poniente, del norte y del sur, y participarán en el banquete del Reino de Dios. Pues los que ahora son los últimos, serán los primeros; y los que ahora son los primeros, serán los últimos".

Palabra del Señor.   ℟. **Gloria a ti, Señor Jesús.**

ORACIÓN SOBRE LAS OFRENDAS

Dios nuestro, que por medio de un sacrificio único, el de Cristo en la cruz, nos has adoptado como hijos tuyos, concede siempre a tu Iglesia el don de la unidad y de la paz. Por Jesucristo, nuestro Señor.

ANTÍFONA DE LA COMUNIÓN   Sal 103, 13-15

La tierra está llena, Señor, de dones tuyos, de ti proviene el pan y el vino que alegra el corazón humano.

ORACIÓN DESPUÉS DE LA COMUNIÓN

Completa, Señor, en nosotros la obra redentora de tu amor y danos la fortaleza y generosidad necesarias para que podamos cumplir en todo tu santa voluntad. Por Jesucristo, nuestro Señor.

POR LA PUERTA ANGOSTA

✤ del trabajo diario, desempeñado con responsabilidad y honradez, aunque sea monótono, pesado, deslucido...

✤ del sacrificio de la comodidad personal en aras del gusto o la comodidad del cónyuge, los padres o los hijos...

✤ de los problemitas o problemotas de cada uno (una enfermedad, un hijo difícil, un despido, un disgusto conyugal, una pesada deuda...), aceptados y encarados sin amargura y con fe en la Providencia de Dios...

✤ del perdón sincero y generoso al que, con intención o sin ella, nos ha ofendido, lastimado, despreciado o hecho alguna injusticia...

✤ del reconocimiento humilde de nuestros pecados ante el sacerdote, representante de Cristo...

"Pues yo les aseguro que muchos tratarán de entrar (en el cielo, por la puerta ancha, de la vida facilona, egoísta, irresponsable...) **y no podrán"**, porque esa puerta sencillamente no existe.

2 de septiembre   22° Domingo Ordinario

(Verde)

ANTÍFONA DE ENTRADA   Sal 85, 3. 5
Dios mío, ten piedad de mí, pues sin cesar te invoco. Tú eres bueno y clemente y no niegas tu amor al que te invoca.

ORACIÓN COLECTA

Dios misericordioso, de quien procede todo lo bueno, inflámanos con tu amor y acércanos más a ti a fin de que podamos crecer en tu gracia y perseveremos en ella. Por nuestro Señor Jesucristo…

Jesús nos da una lección de humildad (EVANGELIO) al recomendarnos lo mismo que a los que lo escuchaban: que no busquemos los primeros puestos en los banquetes, sino que los dejemos para que los ocupen los más pobres y desposeídos. También el libro del Eclesiástico (PRIMERA LECTURA) nos recomienda la humildad al decirnos: "Hazte tanto más pequeño cuanto más grande seas y hallarás gracia ante el Señor". La carta a los hebreos (SEGUNDA LECTURA) nos recuerda que Dios nos ama tanto, que ha llegado a introducirnos en su ciudad santa junto a Cristo, con los ángeles y los santos.

PRIMERA LECTURA
Hazte pequeño y hallarás gracia ante el Señor.

Del libro del Eclesiástico (Sirácide)
3, 19-21. 30-31

Hijo mío, en tus asuntos procede con humildad
y te amarán más que al hombre dadivoso.
Hazte tanto más pequeño cuanto más grande seas
y hallarás gracia ante el Señor,
porque sólo él es poderoso
y sólo los humildes le dan gloria.
No hay remedio para el hombre orgulloso,
porque ya está arraigado en la maldad.
El hombre prudente medita en su corazón
las sentencias de los otros,
y su gran anhelo es saber escuchar.

Palabra de Dios.   ℟. **Te alabamos, Señor.**

SALMO RESPONSORIAL
Del salmo 67

B.P. 1721

Dios da li-ber-tad y ri-que-za a los cau-ti-vos.

℟.   Dios da libertad y riqueza a los cautivos.

Ante el Señor, su Dios,
gocen los justos, salten de alegría.
Entonen alabanzas a su nombre.
En honor del Señor toquen la cítara. ℟.
Porque el Señor, desde su templo santo,
a huérfanos y viudas da su auxilio;
él fue quien dio a los desvalidos casa,
libertad y riqueza a los cautivos. ℟.
A tu pueblo extenuado diste fuerzas,
nos colmaste, Señor, de tus favores
y habitó tu rebaño en esta tierra,
que tu amor preparó para los pobres. ℟.

SEGUNDA LECTURA
Se han acercado ustedes a Sión, el monte y la ciudad del Dios viviente.

De la carta a los hebreos
12, 18-19. 22-24

Hermanos: Cuando ustedes se acercaron a Dios, no encontraron nada material, como en el Sinaí: ni fuego ardiente, ni oscuridad, ni tinieblas, ni huracán, ni estruendo de trompetas, ni palabras pronunciadas por aquella voz que los israelitas no querían volver a oír nunca.

Ustedes, en cambio, se han acercado a Sión, el monte y la ciudad del Dios viviente, a la Jerusalén celestial, a la reunión festiva de miles y miles de ángeles, a la asamblea de los primogénitos, cuyos nombres están escritos en el cielo. Se han acercado a Dios, que es el juez de todos los hombres, y a los espíritus de los justos que alcanzaron la perfección. Se han acercado a Jesús, el mediador de la nueva alianza.

Palabra de Dios.   ℟. **Te alabamos, Señor.**

ACLAMACIÓN ANTES DEL EVANGELIO
Mt 11, 29

B.P. 1034 - Palazón

A - le - lu - ya,   a - le - lu - ya,   a - le - lu - ya.

℟.   Aleluya, aleluya.
Tomen mi yugo sobre ustedes, dice el Señor,
y aprendan de mí, que soy manso y humilde de corazón.
℟.   Aleluya, aleluya.

EVANGELIO
El que se engrandece a sí mismo, será humillado y el que se humilla, será engrandecido.

✠   Del santo Evangelio según san Lucas
14, 1. 7-14

Un sábado, Jesús fue a comer en casa de uno de los jefes de los fariseos, y éstos estaban espiándolo. Mirando cómo los convidados escogían los primeros lugares, les dijo esta parábola:

"Cuando te inviten a un banquete de bodas, no te sientes en el lugar principal, no sea que haya algún otro invitado más importante que tú, y el que los invitó a los dos venga a decirte: 'Déjale el lugar a éste', y tengas que ir a ocupar, lleno de vergüenza, el último asiento. Por el contrario, cuando te inviten, ocupa el último lugar, para que, cuando venga el que te invitó, te diga: 'Amigo, acércate a la cabecera'. Entonces te verás honrado en presencia de todos los convidados. Porque el que se engrandece a sí mismo, será humillado; y el que se humilla, será engrandecido".

Luego dijo al que lo había invitado: "Cuando des una comida o una cena, no invites a tus amigos, ni a tus hermanos, ni a tus parientes, ni a los vecinos ricos; porque puede ser que ellos te inviten a su vez, y con eso quedarías recompensado. Al contrario, cuando des un banquete, invita a los pobres, a los lisiados, a los cojos y a los ciegos; y así serás dichoso, porque ellos no tienen con qué pagarte; pero ya se te pagará, cuando resuciten los justos".

Palabra del Señor.   ℟. **Gloria a ti, Señor Jesús.**

ORACIÓN SOBRE LAS OFRENDAS

Acepta, Señor, los dones que te presentamos y realiza en nosotros, con el poder de tu Espíritu, la obra redentora que se actualiza en esta Eucaristía. Por Jesucristo, nuestro Señor.

ANTÍFONA DE LA COMUNIÓN   Sal 30, 20
Qué grande es la delicadeza del amor que tienes reservada, Señor, para tus hijos.

ORACIÓN DESPUÉS DE LA COMUNIÓN

Te rogamos, Señor, que este sacramento con que nos has alimentado, nos haga crecer en tu amor y nos impulse a servirte en nuestros prójimos. Por Jesucristo, nuestro Señor.

DICHOSO TODO AQUEL O TODA AQUELLA...

✺ que se desprende de alguna ropa en buen estado para ayudar a una familia necesitada...

✺ que dona una silla de ruedas que ya no utiliza en la familia para que pueda moverse una ancianita que no tiene quién la ayude...

✺ que busca la manera de conseguirle medicinas a ese enfermo que no tiene con qué comprarlas...

✺ que dona unos anteojos a una persona pobre que tiene problemas con sus ojos...

✺ que dedica algunas horas del ejercicio de su profesión médica a dar consultas gratis (y medicinas) a aquellas personas que no tienen con qué pagarlas...

"PORQUE ELLOS NO TIENEN CON QUÉ PAGARTE; PERO YA SE TE PAGARÁ, CUANDO RESUCITEN LOS JUSTOS".

Palabra del Señor.

9 de septiembre

23ᵉʳ Domingo Ordinario
(Verde)

ANTÍFONA DE ENTRADA
Sal 118, 137. 124

Eres justo, Señor, y rectos son tus mandamientos. Muéstrate bondadoso conmigo y ayúdame a cumplir tu voluntad.

ORACIÓN COLECTA

Señor, que te has dignado redimirnos y hacernos hijos tuyos, míranos siempre con amor de Padre y haz que cuantos creemos en Cristo, obtengamos la verdadera libertad y la herencia eterna. Por nuestro Señor Jesucristo…

Todo hombre debe conocer a fondo los medios que ha de emplear y los sacrificios que tendrá que hacer para obtener el fin que persigue. Por eso, Jesús nos dice que aquel que quiera ser su discípulo, debe renunciar a todo lo demás (EVANGELIO). El libro de la Sabiduría nos invita a buscar los planes que tiene Dios sobre nosotros (PRIMERA LECTURA), para que así podamos organizar nuestra vida y responderle. San Pablo nos muestra hasta qué extremo llegó la revolución social ocasionada por la fe en Cristo (SEGUNDA LECTURA), al manifestarnos su profunda ternura hacia un esclavo que se había fugado.

PRIMERA LECTURA
¿Quién es el hombre que puede conocer los designios de Dios?

Del libro de la Sabiduría
9, 13-19

¿Quién es el hombre que puede conocer
los designios de Dios?
¿Quién es el que puede saber lo que el Señor tiene dispuesto?
Los pensamientos de los mortales son inseguros
y sus razonamientos pueden equivocarse,
porque un cuerpo corruptible hace pesada el alma
y el barro de que estamos hechos entorpece el entendimiento.

Con dificultad conocemos lo que hay sobre la tierra
y a duras penas encontramos lo que está a nuestro alcance.
¿Quién podrá descubrir lo que hay en el cielo?
¿Quién conocerá tus designios, si tú no le das la sabiduría,
enviando tu santo espíritu desde lo alto?

Sólo con esa sabiduría
lograron los hombres enderezar sus caminos
y conocer lo que te agrada.

Sólo con esa sabiduría se salvaron, Señor,
los que te agradaron desde el principio.

Palabra de Dios.   ℟. **Te alabamos, Señor.**

SALMO RESPONSORIAL
Del salmo 89

B.P. 1722

Tú e-res, Se-ñor, nues-tro re-fu-gio.

℟.   Tú eres, Señor, nuestro refugio.

Tú haces volver al polvo a los humanos,
diciendo a los mortales que retornen.
Mil años para ti son como un día
que ya pasó; como una breve noche. ℟.

Nuestra vida es tan breve como un sueño;
semejante a la hierba,
que despunta y florece en la mañana
y por la tarde se marchita y se seca. ℟.

Enséñanos a ver lo que es la vida
y seremos sensatos.
¿Hasta cuándo, Señor, vas a tener
compasión de tus siervos? ¿Hasta cuándo? ℟.

[℟. Tú eres, Señor, nuestro refugio.]

Llénanos de tu amor por la mañana
y júbilo será la vida toda.
Haz, Señor, que tus siervos y sus hijos,
puedan mirar tus obras y tu gloria. ℟.

SEGUNDA LECTURA

Recíbelo, no como esclavo, sino como hermano amadísimo.

De la carta del apóstol san Pablo a Filemón
9-10. 12-17

Querido hermano: Yo, Pablo, ya anciano y ahora, además, prisionero por la causa de Cristo Jesús, quiero pedirte algo en favor de Onésimo, mi hijo, a quien he engendrado para Cristo aquí, en la cárcel.

Te lo envío. Recíbelo como a mí mismo. Yo hubiera querido retenerlo conmigo, para que en tu lugar me atendiera, mientras estoy preso por la causa del Evangelio. Pero no he querido hacer nada sin tu consentimiento, para que el favor que me haces no sea como por obligación, sino por tu propia voluntad.

Tal vez él fue apartado de ti por un breve tiempo, a fin de que lo recuperaras para siempre, pero ya no como esclavo, sino como algo mejor que un esclavo, como hermano amadísimo. Él ya lo es para mí. ¡Cuánto más habrá de serlo para ti, no sólo por su calidad de hombre, sino de hermano en Cristo! Por lo tanto, si me consideras como compañero tuyo, recíbelo como a mí mismo.

Palabra de Dios.   ℟. **Te alabamos, Señor.**

ACLAMACIÓN ANTES DEL EVANGELIO
Sal 118, 135

B.P. 1035 Palazón.

A - le - lu - ya,   A - le - lu - ya,   A - le - lu - ya.

℟.   Aleluya, aleluya.
Señor, mira benignamente a tus siervos
y enséñanos a cumplir tus mandamientos.
℟.   Aleluya, aleluya.

EVANGELIO
El que no renuncie a todos sus bienes no puede ser mi discípulo.

✠ Del santo Evangelio según san Lucas
14, 25-33

En aquel tiempo, caminaba con Jesús una gran muchedumbre y él, volviéndose a sus discípulos, les dijo: "Si alguno quiere seguirme y no me prefiere a su padre y a su madre, a su esposa y a sus hijos, a sus hermanos y a sus hermanas, más aún, a sí mismo, no puede ser mi discípulo. Y el que no carga su cruz y me sigue, no puede ser mi discípulo.

Porque, ¿quién de ustedes, si quiere construir una torre, no se pone primero a calcular el costo, para ver si tiene con qué terminarla? No sea que, después de haber echado los cimientos, no pueda acabarla y todos los que se enteren comiencen a burlarse de él, diciendo: 'Este hombre comenzó a construir y no pudo terminar'.

¿O qué rey que va a combatir a otro rey, no se pone primero a considerar si será capaz de salir con diez mil soldados al encuentro del que viene contra él con veinte mil? Porque si no, cuando el otro esté aún lejos, le enviará una embajada para proponerle las condiciones de paz.

Así pues, cualquiera de ustedes que no renuncie a todos sus bienes, no puede ser mi discípulo".

Palabra del Señor.   ℟. **Gloria a ti, Señor Jesús.**

ORACIÓN SOBRE LAS OFRENDAS
Dios nuestro, fuente de la paz y del amor sincero, concédenos glorificarte por estas ofrendas, y unirnos fielmente a ti por la participación en esta Eucaristía. Por Jesucristo, nuestro Señor.

ANTÍFONA DE LA COMUNIÓN   Jn 8, 12
Yo soy la luz del mundo, dice el Señor; el que me sigue no caminará en tinieblas, sino que tendrá la luz de la vida.

ORACIÓN DESPUÉS DE LA COMUNIÓN
Tú que nos has instruido con tu palabra y alimentado con tu Eucaristía, concédenos, Señor, aprovechar estos dones para que vivamos aquí unidos a tu Hijo y podamos, después, participar de su vida inmortal. Por Jesucristo, nuestro Señor.

"SI ALGUNO NO ME PREFIERE...

▲ a los amigos que lo invitan a uno a gastarse en una cantina lo que con tanto trabajo se ganó para el hogar...

▲ a la persona aquella con la que está llevando una relación que no está bien (o que no tardará en estar de plano mal)...

▲ a la publicidad que sugiere disfrutar el sexo con "seguridad"...

▲ al novio o al esposo o a la propia familia que le está urgiendo a deshacerse de ese niño que ya vive en el seno de su madre...

▲ al dinero que le va a proporcionar ese negocito "chueco" que le proponen...

▲ al empleo tan bueno que le ofrecen, claro que a condición de que...

▲ al padre o a la madre que hay que dejar, para seguir una vocación sacerdotal o religiosa...

▲ a los propios gustos, cuando éstos se oponen a los mandamientos de Dios...

NO PUEDE SER MI DISCÍPULO"

Nota: Seguir a Jesucristo no es fácil, pero nunca nos faltará su ayuda.

16 de septiembre   24° Domingo Ordinario

(Verde)

ORACIÓN COLECTA

Míranos, Señor, con ojos de misericordia y haz que experimentemos vivamente tu amor para que podamos servirte con todas nuestras fuerzas. Por nuestro Señor Jesucristo...

El libro del Éxodo nos habla del pecado del pueblo hebreo, que se fabricó una representación material de Dios, y del perdón del Señor por los ruegos de Moisés (PRIMERA LECTURA). También nos hablan del amor y la misericordia del Señor hacia los pecadores, las tres parábolas recogidas por san Lucas (EVANGELIO). Y se reitera el tema del perdón, puesto que san Pablo (SEGUNDA LECTURA) se presenta en su carta como el pecador perdonado, el perseguidor convertido en apóstol, que se muestra agradecido hacia Cristo.

PRIMERA LECTURA
El Señor renunció al castigo con que había amenazado a su pueblo.

Del libro del Éxodo
32, 7-11. 13-14

En aquellos días, dijo el Señor a Moisés: "Anda, baja del monte, porque tu pueblo, el que sacaste de Egipto, se ha pervertido. No tardaron en desviarse del camino que yo les había señalado. Se han hecho un becerro de metal, se han postrado ante él y le han ofrecido sacrificios y le han dicho: 'Éste es tu Dios, Israel; es el que te sacó de Egipto' ".

El Señor le dijo también a Moisés: "Veo que éste es un pueblo de cabeza dura. Deja que mi ira se encienda contra ellos hasta consumirlos. De ti, en cambio, haré un gran pueblo".

Moisés trató de aplacar al Señor, su Dios, diciéndole: "¿Por qué ha de encenderse tu ira, Señor, contra este pueblo que tú sacaste de Egipto con gran poder y vigorosa mano? Acuérdate de Abraham, de Isaac y de Jacob, siervos tuyos, a quienes juraste por ti mismo, diciendo: 'Multiplicaré su descendencia como las estrellas del cielo y les daré en posesión perpetua toda la tierra que les he prometido' ".

Y el Señor renunció al castigo con que había amenazado a su pueblo.

Palabra de Dios.   ℟. **Te alabamos, Señor.**

SALMO RESPONSORIAL
Del salmo 50

J. Hernández B.P. 1723

Me le-van-ta-ré   y vol-ve-ré   a mi pa - dre.

℟.   Me levantaré y volveré a mi padre.

Por tu inmensa compasión y misericordia,
Señor, apiádate de mí y olvida mis ofensas.
Lávame bien de todos mis delitos
y purifícame de mis pecados. ℟.

Crea en mí, Señor, un corazón puro,
un espíritu nuevo para cumplir tus mandamientos.
No me arrojes, Señor, lejos de ti,
ni retires de mí tu santo espíritu. ℟.

Señor, abre mis labios
y cantará mi boca tu alabanza.
Un corazón contrito te presento,
y a un corazón contrito, tú nunca lo desprecias. ℟.

SEGUNDA LECTURA
Cristo vino al mundo para salvar a los pecadores.

De la primera carta del apóstol san Pablo a Timoteo
1, 12-17

Querido hermano: Doy gracias a aquel que me ha fortalecido, a nuestro Señor Jesucristo, por haberme considerado digno de confianza al ponerme a su servicio, a mí, que antes fui blasfemo y perseguí a la Iglesia con violencia; pero Dios tuvo misericordia de mí, porque en mi incredulidad obré por ignorancia, y la gracia de nuestro Señor se desbordó sobre mí, al darme la fe y el amor que provienen de Cristo Jesús.

Puedes fiarte de lo que voy a decirte y aceptarlo sin reservas: que Cristo Jesús vino a este mundo a salvar a los pecadores, de los cuales yo soy el primero. Pero Cristo Jesús me perdonó, para que fuera yo el primero en quien él manifestara toda su generosidad y sirviera yo de ejemplo a los que habrían de creer en él, para obtener la vida eterna.

Al rey eterno, inmortal, invisible, único Dios, honor y gloria por los siglos de los siglos. Amén.

Palabra de Dios. ℟. **Te alabamos, Señor.**

ACLAMACIÓN ANTES DEL EVANGELIO
2 Cor 5, 19

B.P. 1035 Palazón.

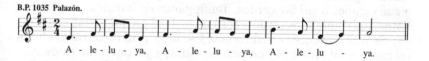

A - le - lu - ya, A - le - lu - ya, A - le - lu - ya.

℟. Aleluya, aleluya.
Dios ha reconciliado consigo al mundo, por medio de Cristo,
y nos ha encomendado a nosotros el mensaje de la reconciliación.
℟. Aleluya, aleluya.

EVANGELIO
Habrá alegría en el cielo por un solo pecador que se arrepiente.

✠ Del santo Evangelio según san Lucas
15, 1-32

En aquel tiempo, se acercaban a Jesús los publicanos y los pecadores a escucharlo; por lo cual los fariseos y los escribas murmuraban entre sí: "Éste recibe a los pecadores y come con ellos".

Jesús les dijo entonces esta parábola: "¿Quién de ustedes, si tiene cien ovejas y se le pierde una, no deja las noventa y nueve en el campo y va en busca de la que se le perdió hasta encontrarla? Y una vez que la encuentra, la carga sobre sus hombros, lleno de alegría, y al llegar a su casa, reúne a los amigos y vecinos y les dice: 'Alégrense conmigo, porque ya encontré la oveja que se me había perdido'. Yo les aseguro que también en el cielo habrá más alegría por un pecador que se arrepiente, que por noventa y nueve justos, que no necesitan arrepentirse.

¿Y qué mujer hay, que si tiene diez monedas de plata y pierde una, no enciende luego una lámpara y barre la casa y la busca con cuidado hasta encontrarla? Y cuando la encuentra, reúne a sus amigas y vecinas y les dice: 'Alégrense conmigo, porque ya encontré la moneda que se me había perdido'. Yo les aseguro que así también se alegran los ángeles de Dios por un solo pecador que se arrepiente".

También les dijo esta parábola: "Un hombre tenía dos hijos, y el menor de ellos le dijo a su padre: 'Padre, dame la parte que me toca de la herencia'. Y él les repartió los bienes.

No muchos días después, el hijo menor, juntando todo lo suyo, se fue a un país lejano y allá derrochó su fortuna, viviendo de una manera disoluta. Después de malgastarlo todo, sobrevino en aquella región una gran hambre y él empezó a pasar necesidad. Entonces fue a pedirle trabajo a un habitante de aquel país, el cual lo mandó a sus campos a cuidar cerdos. Tenía ganas de hartarse con las bellotas que comían los cerdos, pero no lo dejaban que se las comiera.

Se puso entonces a reflexionar y se dijo: '¡Cuántos trabajadores en casa de mi padre tienen pan de sobra, y yo, aquí, me estoy muriendo de hambre! Me levantaré, volveré a mi padre y le diré: Padre, he pecado contra el cielo y contra ti; ya no merezco llamarme hijo tuyo. Recíbeme como a uno de tus trabajadores'.

Enseguida se puso en camino hacia la casa de su padre. Estaba todavía lejos, cuando su padre lo vio y se enterneció profundamente. Corrió hacia él, y echándole los brazos al cuello, lo cubrió de besos. El muchacho le dijo: 'Padre, he pecado contra el cielo y contra ti; ya no merezco llamarme hijo tuyo'.

Pero el padre les dijo a sus criados: '¡Pronto!, traigan la túnica más rica y vístansela; pónganle un anillo en el dedo y sandalias en los pies; traigan el becerro gordo y mátenlo. Comamos y hagamos una fiesta, porque este hijo mío estaba muerto y ha vuelto a la vida, estaba perdido y lo hemos encontrado'. Y empezó el banquete.

El hijo mayor estaba en el campo, y al volver, cuando se acercó a la casa, oyó la música y los cantos. Entonces llamó a uno de los criados y le preguntó qué pasaba. Éste le contestó: 'Tu hermano ha regresado, y tu padre mandó matar el becerro gordo, por haberlo recobrado sano y salvo'. El hermano mayor se enojó y no quería entrar.

Salió entonces el padre y le rogó que entrara; pero él replicó: '¡Hace tanto tiempo que te sirvo, sin desobedecer jamás una orden tuya, y tú no me has dado nunca ni un cabrito para comérmelo con mis amigos! Pero eso sí, viene ese hijo tuyo, que despilfarró tus bienes con malas mujeres, y tú mandas matar el becerro gordo'.

El padre repuso: 'Hijo, tú siempre estás conmigo y todo lo mío es tuyo. Pero era necesario hacer fiesta y regocijarnos, porque este hermano tuyo estaba muerto y ha vuelto a la vida, estaba perdido y lo hemos encontrado' ".

Palabra del Señor.   ℞. **Gloria a ti, Señor Jesús.**

ORACIÓN SOBRE LAS OFRENDAS

Acepta, Señor, con bondad, los dones y plegarias de tu pueblo y haz que lo que cada uno ofrece en tu honor, ayude a la salvación de todos. Por Jesucristo, nuestro Señor.

ANTÍFONA DE LA COMUNIÓN   Sal 35, 8

Señor Dios, qué valioso es tu amor. Por eso los hombres se acogen a la sombra de tus alas.

ORACIÓN DESPUÉS DE LA COMUNIÓN

Que la gracia de esta comunión nos transforme, Señor, tan plenamente, que no sea ya nuestro egoísmo, sino tu amor, el que impulse, de ahora en adelante, nuestra vida. Por Jesucristo, nuestro Señor.

OVEJAS PERDIDAS ¡ALEGRÉMONOS!

❖ Nosotros, los que andamos perdidos entre dineros mal habidos o no muy bien habidos, como aquella **oveja perdida** de Zaqueo.

❖ Los que andamos perdidos en los enredos de la vida, como aquella otra **oveja perdida** de la samaritana: **"Has tenido cinco maridos y el que ahora tienes tampoco es tu marido..."**

❖ Los que andamos perdidos como Pedro entre los poderosos o los criados de esos poderosos, y nos da miedo decir que somos de los discípulos de Cristo o vivir como tales...

❖ Los que andamos tan perdidos como aquel que fue a parar a la derecha de Cristo en la cruz y no ciertamente por honrado...

¡**ALEGRÉMONOS**!

❖ No por andar perdidos o medio perdidos, sino porque no todo está perdido.

❖ Alegrémonos porque Dios no se cansa de esperarnos con los brazos abiertos, como aquel padre que esperaba al hijo que se fue a malgastar parte de la herencia...

❖ Alegrémonos, porque Cristo anda tras nosotros y si nosotros queremos, no parará hasta encontrarnos.

PORQUE ¿QUIÉN DE USTEDES, SI TIENE CIEN OVEJAS Y SE LE PIERDE UNA, NO SALE A BUSCARLA HASTA QUE LA ENCUENTRA?

23 de septiembre

25° Domingo Ordinario

(Verde)

ANTÍFONA DE ENTRADA

Yo soy la salvación de mi pueblo, dice el Señor. Los escucharé en cualquier tribulación en que me llamen y seré siempre su Dios.

ORACIÓN COLECTA

Dios nuestro, que en el amor a ti y a nuestro prójimo has querido resumir toda tu ley, concédenos descubrirte y amarte en nuestros hermanos para que podamos alcanzar la vida eterna. Por nuestro Señor Jesucristo...

El amor al dinero endurece el corazón del hombre, lo cierra al dolor de los demás y muchas veces lo lleva a cometer injusticias, como nos dice el profeta Amós (PRIMERA LECTURA) y nos repite el mismo Jesús, quien nos muestra cómo debe el cristiano hacer uso del dinero (EVANGELIO). San Pablo nos pide orar por todos los hombres (SEGUNDA LECTURA) y nosotros tratamos de responderle por medio de la oración universal o de los fieles, que decimos en la Misa.

PRIMERA LECTURA
Contra los que obligan a los pobres a venderse.

Del libro del profeta Amós
8, 4-7

Escuchen esto los que buscan al pobre
sólo para arruinarlo
y andan diciendo:
"¿Cuándo pasará el descanso del primer día del mes
para vender nuestro trigo,
y el descanso del sábado
para reabrir nuestros graneros?"
Disminuyen las medidas,
aumentan los precios,
alteran las balanzas,
obligan a los pobres a venderse;
por un par de sandalias los compran
y hasta venden el salvado como trigo.

El Señor, gloria de Israel, lo ha jurado:
"No olvidaré jamás ninguna de estas acciones".

Palabra de Dios.   ℟. **Te alabamos, Señor.**

SALMO RESPONSORIAL
Del salmo 112
J. Hernández B.P. 1724

Que a-la-ben al Se-ñor to-dos sus sier-vos.

℟.   Que alaben al Señor todos sus siervos.

Bendito sea el Señor,
alábenlo sus siervos.
Bendito sea el Señor,
desde ahora y para siempre. ℟.

Dios está sobre todas las naciones,
su gloria por encima de los cielos.
¿Quién hay como el Señor?
¿Quién iguala al Dios nuestro? ℟.

Él tiene en las alturas su morada
y sin embargo de esto,
bajar se digna su mirada
para ver tierra y cielo. ℟.

Él levanta del polvo al desvalido
y saca al indigente del estiércol
para hacerlo sentar entre los grandes,
los jefes de su pueblo. ℟.

SEGUNDA LECTURA
Pidan a Dios por todos los hombres, porque él quiere que todos se salven.

De la primera carta del apóstol san Pablo a Timoteo
2, 1-8

Te ruego, hermano, que ante todo se hagan oraciones, plegarias, súplicas y acciones de gracias por todos los hombres, y en particular, por los jefes de Estado y las demás autoridades, para que podamos llevar una vida tranquila y en paz, entregada a Dios y respetable en todo sentido.

Esto es bueno y agradable a Dios, nuestro salvador, pues él quiere que todos los hombres se salven y todos lleguen al conocimiento de la verdad, porque no hay sino un solo Dios y un solo mediador entre Dios y los hombres, Cristo Jesús, hombre él también, que se entregó como rescate por todos.

Él dio testimonio de esto a su debido tiempo y de esto yo he sido constituido, digo la verdad y no miento, pregonero y apóstol para enseñar la fe y la verdad.

Quiero, pues, que los hombres, libres de odios y divisiones, hagan oración dondequiera que se encuentren, levantando al cielo sus manos puras.

Palabra de Dios.   ℟. **Te alabamos, Señor.**

ACLAMACIÓN ANTES DEL EVANGELIO
2 Cor 8, 9

B.P. 1035 Palazón.

A - le - lu - ya,   A - le - lu - ya,   A - le - lu - ya.

℟. Aleluya, aleluya.
Jesucristo, siendo rico, se hizo pobre
para enriquecernos con su pobreza.
℟. Aleluya, aleluya.

EVANGELIO
No pueden ustedes servir a Dios y al dinero.

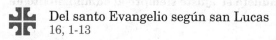 Del santo Evangelio según san Lucas
16, 1-13

En aquel tiempo, Jesús dijo a sus discípulos: "Había una vez un hombre rico que tenía un administrador, el cual fue acusado ante él de haberle malgastado sus bienes. Lo llamó y le dijo: ¿Es cierto lo que me han dicho de ti? Dame cuenta de tu trabajo, porque en adelante ya no serás administrador'.

Entonces el administrador se puso a pensar: '¿Qué voy a hacer ahora que me quitan el trabajo? No tengo fuerzas para trabajar la tierra y me da vergüenza pedir limosna. Ya sé lo que voy a hacer, para tener a alguien que me reciba en su casa, cuando me despidan'.

Entonces fue llamando uno por uno a los deudores de su amo. Al primero le preguntó: '¿Cuánto le debes a mi amo?' El hombre respondió: 'Cien barriles de aceite'. El administrador le dijo: 'Toma tu recibo, date prisa y haz otro por cincuenta'. Luego preguntó al siguiente: 'Y tú, ¿cuánto debes?' Éste respondió: 'Cien sacos de trigo'. El administrador le dijo: 'Toma tu recibo y haz otro por ochenta'.

El amo tuvo que reconocer que su mal administrador había procedido con habilidad. Pues los que pertenecen a este mundo son más hábiles en sus negocios que los que pertenecen a la luz.

Y yo les digo: Con el dinero, tan lleno de injusticias, gánense amigos que, cuando ustedes mueran, los reciban en el cielo.

El que es fiel en las cosas pequeñas, también es fiel en las grandes; y el que es infiel en las cosas pequeñas, también es infiel en las grandes. Si ustedes no son fieles administradores del dinero, tan lleno de injusticias, ¿quién les confiará los bienes verdaderos? Y si no han sido fieles en lo que no es de ustedes, ¿quién les confiará lo que sí es de ustedes?

No hay criado que pueda servir a dos amos, pues odiará a uno y amará al otro, o se apegará al primero y despreciará al segundo. En resumen, no pueden ustedes servir a Dios y al dinero".

Palabra del Señor. ℟. **Gloria a ti, Señor Jesús.**

ORACIÓN SOBRE LAS OFRENDAS

Acepta, Señor, los dones que te presentamos a fin de que, por medio de esta Eucaristía, podamos obtener las gracias de la redención. Por Jesucristo, nuestro Señor.

ANTÍFONA DE LA COMUNIÓN   Sal 118, 4-5

Tú promulgas, Señor, tus preceptos para que se observen con exactitud. Que mi conducta se ajuste siempre al cumplimiento de tu voluntad.

ORACIÓN DESPUÉS DE LA COMUNIÓN

Concede siempre tu ayuda, Señor, a quienes has alimentado con la Eucaristía, a fin de que la gracia recibida en este sacramento, transforme continuamente nuestra vida. Por Jesucristo, nuestro Señor.

CRISTO, ASESOR DE INVERSIONES

"Con el dinero, tan lleno de injusticias, gánense amigos que, cuando ustedes mueran, los reciban en el cielo".

El gran negocio está, pues, en invertir

✓ en despensas para los pobres que pasan tantas hambres...

✓ en suéteres y cobijas para los indígenas que pasan tantos fríos...

✓ en ropa (aunque sea usada) para tantos niños que andan medio desnudos...

✓ en medicinas para tantos enfermos que no tienen con qué comprarlas...

✓ en ayuda económica para tantos asilos de huérfanos y ancianos...

✓ en tantas cosas que necesitan algunas personas indigentes (quizás una silla de ruedas, quizás unas muletas, quizás unos anteojos...)

✓ en fin, en todo aquello que puede aliviar alguna carencia de los que no tienen nada...

Así podremos ganarnos al Amigo, que es el único que puede recompensarnos y decirnos: "Vengan, benditos de mi Padre, y tomen posesión del cielo que les tengo preparado, porque tuve hambre y me dieron de comer..."

30 de septiembre

26º Domingo Ordinario

(Verde)

ORACIÓN COLECTA

Dios nuestro, que con tu perdón y tu misericordia nos das la prueba más delicada de tu omnipotencia, apiádate de nosotros, pecadores, para que no desfallezcamos en la lucha por obtener el cielo que nos has prometido. Por nuestro Señor Jesucristo…

Una vida de despreocupación de los demás separa de Dios para siempre. Jesús nos dice que la vida de aquí abajo prepara la del futuro (EVANGELIO). También por esa razón el profeta Amós (PRIMERA LECTURA) pone en guardia a los ricos contra su falsa seguridad. En el día del juicio, Dios sólo escuchará el llanto de los oprimidos (SALMO). Por ello, san Pablo le pide a su discípulo Timoteo (SEGUNDA LECTURA) que le sea fiel a Dios, que sea justo y bueno con los hombres y que viva con la esperanza puesta en la venida de Cristo.

PRIMERA LECTURA

Ustedes, los que lleven una vida disoluta, irán al destierro.

Del libro del profeta Amós
6, 1. 4-7

E sto dice el Señor todopoderoso:
"¡Ay de ustedes, los que se sienten seguros en Sión
y los que ponen su confianza
en el monte sagrado de Samaria!
Se reclinan sobre divanes adornados con marfil,
se recuestan sobre almohadones
para comer los corderos del rebaño y las terneras en engorda.
Canturrean al son del arpa,
creyendo cantar como David.
Se atiborran de vino,
se ponen los perfumes más costosos,
pero no se preocupan por las desgracias de sus hermanos.
    Por eso irán al destierro a la cabeza de los cautivos
y se acabará la orgía de los disolutos".
Palabra de Dios. ℟. **Te alabamos, Señor.**

SALMO RESPONSORIAL
Del salmo 145

B.P. 1725

A - la - be-mos al Se - ñor, que vie-ne a sal - var-nos.

℟. Alabemos al Señor, que viene a salvarnos.

El Señor siempre es fiel a su palabra,
y es quien hace justicia al oprimido;
él proporciona pan a los hambrientos
y libera al cautivo. ℟.
    Abre el Señor los ojos de los ciegos
y alivia al agobiado.
Ama el Señor al hombre justo
y toma al forastero a su cuidado. ℟.
    A la viuda y al huérfano sustenta
y trastorna los planes del inicuo.
Reina el Señor eternamente,
reina tu Dios, oh Sión, reina por siglos. ℟.

SEGUNDA LECTURA
Cumple todo lo mandado, hasta la venida de nuestro Señor Jesucristo.

De la primera carta del apóstol san Pablo a Timoteo
6, 11-16

Hermano: Tú, como hombre de Dios, lleva una vida de rectitud, piedad, fe, amor, paciencia y mansedumbre. Lucha en el noble combate de la fe, conquista la vida eterna a la que has sido llamado y de la que hiciste tan admirable profesión ante numerosos testigos.

Ahora, en presencia de Dios, que da vida a todas las cosas, y de Cristo Jesús, que dio tan admirable testimonio ante Poncio Pilato, te ordeno que cumplas fiel e irreprochablemente todo lo mandado, hasta la venida de nuestro Señor Jesucristo, la cual dará a conocer a su debido tiempo Dios, el bienaventurado y único soberano, Rey de los reyes y Señor de los señores, el único que posee la inmortalidad, el que habita en una luz inaccesible y a quien ningún hombre ha visto ni puede ver. A él todo honor y poder para siempre.

Palabra de Dios.   ℟. **Te alabamos, Señor.**

ACLAMACIÓN ANTES DEL EVANGELIO
2 Cor 8, 9

B.P. 1035 Palazón.

A - le - lu - ya, A - le - lu - ya, A - le - lu - ya.

℟. Aleluya, aleluya.
Jesucristo, siendo rico, se hizo pobre,
para enriquecernos con su pobreza.
℟. Aleluya, aleluya.

EVANGELIO
Recibiste bienes en tu vida y Lázaro, males; ahora él goza de consuelo, mientras que tú sufres tormentos.

✠ Del santo Evangelio según san Lucas
16, 19-31

En aquel tiempo, Jesús dijo a los fariseos: "Había un hombre rico, que se vestía de púrpura y telas finas y banqueteaba espléndidamente cada día. Y un mendigo, llamado Lázaro, yacía a la entrada de su casa, cubierto de llagas y ansiando llenarse con las sobras que caían de la mesa del rico. Y hasta los perros se acercaban a lamerle las llagas.

Sucedió, pues, que murió el mendigo y los ángeles lo llevaron al seno de Abraham. Murió también el rico y lo enterraron. Estaba éste en el lugar de castigo, en medio de tormentos, cuando levantó los ojos y vio a lo lejos a Abraham y a Lázaro junto a él.

Entonces gritó: 'Padre Abraham, ten piedad de mí. Manda a Lázaro que moje en agua la punta de su dedo y me refresque la lengua, porque me torturan estas llamas'. Pero Abraham le contestó: 'Hijo, recuerda que en tu vida recibiste bienes y Lázaro, en cambio, males. Por eso él goza ahora de consuelo, mientras que tú sufres tormentos. Además, entre ustedes y nosotros se abre un abismo inmenso, que nadie puede cruzar, ni hacia allá ni hacia acá'.

El rico insistió: 'Te ruego, entonces, padre Abraham, que mandes a Lázaro a mi casa, pues me quedan allá cinco hermanos, para que les advierta y no acaben también ellos en este lugar de tormentos'. Abraham le dijo: 'Tienen a Moisés y a los profetas; que los escuchen'. Pero el rico replicó: 'No, padre Abraham. Si un muerto va a decírselo, entonces sí se arrepentirán'. Abraham repuso: 'Si no escuchan a Moisés y a los profetas, no harán caso, ni aunque resucite un muerto' ".

Palabra del Señor. ℟. **Gloria a ti, Señor Jesús.**

ORACIÓN SOBRE LAS OFRENDAS

Acepta, Padre misericordioso, nuestros dones y conviértelos en el Cuerpo y la Sangre de tu Hijo, fuente de toda bendición para tu Iglesia. Por Jesucristo, nuestro Señor.

ANTÍFONA DE LA COMUNIÓN   Sal 118, 49-50

Recuerda, Señor, la promesa que le hiciste a tu siervo; en ella he puesto toda mi esperanza y ha sido ella mi consuelo en la aflicción.

ORACIÓN DESPUÉS DE LA COMUNIÓN

Que esta Eucaristía renueve, Señor, nuestro cuerpo y nuestro espíritu a fin de que podamos participar de la herencia gloriosa de tu Hijo, cuya muerte hemos anunciado y compartido. Por Jesucristo, nuestro Señor.

¿ME LO REPITE, POR FAVOR?

Sería muy bueno que el evangelio de hoy se leyera dos veces durante la Misa, pero como esto no es muy litúrgico, no estaría de más que cada uno de nosotros lo volviera a leer en privado.

Y esto no por otra razón, sino porque es un evangelio que muchos, por la mala acústica de los templos, oímos mal y salimos convencidos de dos cosas:

Una: que Lázaro fue el que se fue al infierno por haber exigido las migajas que caían de la mesa del señor que banqueteaba espléndidamente todos los días.

Dos: que este señor (el de las comilonas) fue el que se fue al cielo por haber defendido su derecho de propiedad sobre esas migajas.

Y la cosa –al menos como dijo Jesucristo– fue completamente al revés: el que se fue al cielo fue Láza-

ro, y el que se fue al infierno fue el señor de los banquetazos.

No por los banquetazos, claro, sino por no preocuparse de "**las desgracias de sus hermanos**", como leemos en la primera lectura.

Y después de haber vuelto a leer con calma el evangelio, no estaría nada mal que nos pusiéramos a recordar si no hay por ahí, en la esquina de nuestra calle, algún "**Lázaro**" buceando en los botes de basura en busca de comida; alguna "**Lázara**" en cuya mesa (si es que la tiene) no caería nada mal algo de lo que sobra en la nuestra; o algunos "**Lazarillos**" que serían felices de poder comer lo que nuestros "Epuloncitos" melindrosos dejan en los platos todos los días.

Y luego, por supuesto, actuar en consecuencia.

7 de octubre

27° Domingo Ordinario

(Verde)

Todo depende de tu voluntad, Señor, y nadie puede resistirse a ella. Tú has hecho los cielos y la tierra y las maravillas que contienen. Tú eres el Señor del universo.

ORACIÓN COLECTA
Padre lleno de amor, que nos concedes siempre más de lo que merecemos y deseamos, perdona misericordiosamente nuestras ofensas y otórganos aquellas gracias que no hemos sabido pedirte y tú sabes que necesitamos. Por nuestro Señor Jesucristo...

Hoy nos da Jesús una dura lección de humildad al decirnos que, cuando hayamos hecho todo lo que se nos ha mandado, todavía debemos decir: "No somos más que siervos" (EVANGELIO). Para reforzar esa idea el profeta Habacuc (PRIMERA LECTURA) afirma que Dios es el Señor de todos los acontecimientos y que pondrá fin al mal cuando llegue la hora; mientras tanto, sólo nos pide que seamos fieles. San Pablo (SEGUNDA LECTURA) pide a todos los cristianos que sean valientes en su testimonio de Cristo.

PRIMERA LECTURA
El justo vivirá por su fe.

Del libro del profeta Habacuc
1, 2-3; 2, 2-4

¿Hasta cuándo, Señor, pediré auxilio,
sin que me escuches,
y denunciaré a gritos la violencia que reina,
sin que vengas a salvarme?
¿Por qué me dejas ver la injusticia
y te quedas mirando la opresión?
Ante mí no hay más que asaltos y violencias,
y surgen rebeliones y desórdenes.

El Señor me respondió y me dijo:
"Escribe la visión que te he manifestado,
ponla clara en tablillas,
para que se pueda leer de corrido.
Es todavía una visión de algo lejano,
pero que viene corriendo y no fallará;
si se tarda, espéralo, pues llegará sin falta.
El malvado sucumbirá sin remedio;
el justo, en cambio, vivirá por su fe".

Palabra de Dios. ℟. **Te alabamos, Señor.**

SALMO RESPONSORIAL
Del salmo 94

J. Hernández B.P. 1726

Se - ñor, que no se - a - mos sor - dos a tu voz.

℟. Señor, que no seamos sordos a tu voz.

Vengan, lancemos vivas al Señor,
aclamemos al Dios que nos salva.
Acerquémonos a él, llenos de júbilo,
y démosle gracias. ℟.

Vengan, y puestos de rodillas,
adoremos y bendigamos al Señor, que nos hizo,
pues él es nuestro Dios y nosotros, su pueblo;
él es nuestro pastor y nosotros, sus ovejas. ℟.

Hagámosle caso al Señor, que nos dice:
"No endurezcan su corazón,
como el día de la rebelión en el desierto,
cuando sus padres dudaron de mí,
aunque habían visto mis obras". ℟.

SEGUNDA LECTURA
No te avergüences de dar testimonio de nuestro Señor.

De la segunda carta del apóstol san Pablo a Timoteo
1, 6-8. 13-14

Querido hermano: Te recomiendo que reavives el don de Dios que recibiste cuando te impuse las manos. Porque el Señor no nos ha dado un espíritu de temor, sino de fortaleza, de amor y de moderación.

No te avergüences, pues, de dar testimonio de nuestro Señor, ni te avergüences de mí, que estoy preso por su causa. Al contrario, comparte conmigo los sufrimientos por la predicación del Evangelio, sostenido por la fuerza de Dios. Conforma tu predicación a la sólida doctrina que recibiste de mí acerca de la fe y el amor que tienen su fundamento en Cristo Jesús. Guarda este tesoro con la ayuda del Espíritu Santo, que habita en nosotros.

Palabra de Dios.   ℟. **Te alabamos, Señor.**

ACLAMACIÓN ANTES DEL EVANGELIO
1 Pedro 1, 25

B.P. 1031 Sosa.

A - le - lu - ya.   A - le - lu - ya.   A - le - lu - ya.

℟.   Aleluya, aleluya.
La palabra de Dios permanece para siempre.
Y ésa es la palabra que se les ha anunciado.
℟.   Aleluya, aleluya.

EVANGELIO
¡Si ustedes tuvieran fe...!

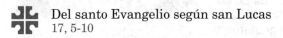 Del santo Evangelio según san Lucas
17, 5-10

En aquel tiempo, los apóstoles dijeron al Señor: "Auméntanos la fe". El Señor les contestó: "Si tuvieran fe, aunque fuera tan pequeña como una semilla de mostaza, podrían decir a ese árbol frondoso: 'Arráncate de raíz y plántate en el mar', y los obedecería.

¿Quién de ustedes, si tiene un siervo que labra la tierra o pastorea los rebaños, le dice cuando éste regresa del campo: 'Entra enseguida y ponte a comer'? ¿No le dirá más bien: 'Prepárame de comer y disponte a servirme, para que yo coma y beba; después comerás y beberás tú'? ¿Tendrá acaso que mostrarse agradecido con el siervo, porque éste cumplió con su obligación?

Así también ustedes, cuando hayan cumplido todo lo que se les mandó, digan: 'No somos más que siervos, sólo hemos hecho lo que teníamos que hacer'".

Palabra del Señor.   ℞. **Gloria a ti, Señor Jesús.**

ORACIÓN SOBRE LAS OFRENDAS

Acepta, Señor, este sacrificio de alabanza que tú mismo instituiste, y realiza en nosotros la obra de santificación que con su muerte nos mereció tu Hijo, que vive y reina por los siglos de los siglos.

ANTÍFONA DE LA COMUNIÓN   Cfr 1 Cor 10, 17

Nosotros, aunque somos muchos, formamos un solo cuerpo, porque todos participamos de un mismo pan y de un mismo cáliz.

ORACIÓN DESPUÉS DE LA COMUNIÓN

Que esta comunión, Señor, sacie nuestra hambre y nuestra sed de ti y nos transforme en tu Hijo, Jesucristo, que vive y reina por los siglos de los siglos.

¡SEÑOR, AUMÉNTANOS LA FE!

✳ porque en medio de tantas angustias económicas (tú sabes: los impuestos, los precios, la falta de trabajo...), se nos está olvidando que tenemos un Padre en el cielo, que da de comer a los pajarillos, que ni siembran ni tienen graneros, y viste a las flores del campo, que no hilan ni tejen...

✳ porque a la hora de las enfermedades, de las humillaciones, de las penas, como que se nos borra de la memoria todo lo que tú nos has dicho sobre la cruz...

14 de octubre

28° Domingo Ordinario
(Verde)

ANTÍFONA DE ENTRADA   Sal 129, 3-4
Si conservaras el recuerdo de nuestras faltas, ¿quién habría, Señor, que se salvara? Pero tú, Dios de Israel, eres Dios de perdón.

ORACIÓN COLECTA
Te pedimos, Señor, que tu gracia nos inspire y acompañe siempre para que podamos descubrirte en todos y amarte y servirte en cada uno. Por nuestro Señor Jesucristo...

Hoy se nos presenta la grandeza del alma de dos hombres extranjeros que padecían de la lepra: un sirio (PRIMERA LECTURA) y un samaritano (EVANGELIO). Los relatos ponen de relieve la calidad de la fe de aquellos hombres extranjeros, para darnos a entender que el llamado de Dios sobrepasa las fronteras de Israel y está destinado a todos los hombres.
Por su parte, san Pablo, prisionero (SEGUNDA LECTURA), dice que compartirá el triunfo de Cristo, pues ya ha compartido su pasión y está orgulloso de sufrir por causa del Evangelio.

PRIMERA LECTURA
Volvió Naamán a donde estaba el hombre de Dios y alabó al Señor.

Del segundo libro de los Reyes
5, 14-17

En aquellos días, Naamán, el general del ejército de Siria, que estaba leproso, se bañó siete veces en el Jordán, como le había dicho Eliseo, el hombre de Dios, y su carne quedó limpia como la de un niño.

Volvió con su comitiva a donde estaba el hombre de Dios y se le presentó diciendo: "Ahora sé que no hay más Dios que el de Israel. Te pido que aceptes estos regalos de parte de tu siervo". Pero Eliseo contestó: "Juro por el Señor, en cuya presencia estoy, que no aceptaré nada". Y por más que Naamán insistía, Eliseo no aceptó nada.

Entonces Naamán le dijo: "Ya que te niegas, concédeme al menos que me den unos sacos con tierra de este lugar, los que puedan llevar un par de mulas. La usaré para construir un altar al Señor, tu Dios, pues a ningún otro dios volveré a ofrecer más sacrificios".

Palabra de Dios.   ℟. **Te alabamos, Señor.**

SALMO RESPONSORIAL
Del salmo 97

J. Hernández B.P. 1727

El Se - ñor nos ha mos - tra - do su_a - mor y su leal tad.

℟.   El Señor nos ha mostrado su amor y su lealtad.

Cantemos al Señor un canto nuevo,
pues ha hecho maravillas.
Su diestra y su santo brazo
le han dado la victoria. ℟.

El Señor ha dado a conocer su victoria
y ha revelado a las naciones su justicia.
Una vez más ha demostrado Dios
su amor y su lealtad hacia Israel. ℟.

La tierra entera ha contemplado
la victoria de nuestro Dios.
Que todos los pueblos y naciones
aclamen con júbilo al Señor. ℟.

SEGUNDA LECTURA
Si nos mantenemos firmes, reinaremos con Cristo.

De la segunda carta del apóstol san Pablo a Timoteo
2, 8-13

Querido hermano: Recuerda siempre que Jesucristo, descendiente de David, resucitó de entre los muertos, conforme al Evangelio que yo predico. Por este Evangelio sufro hasta llevar cadenas, como un malhechor; pero la palabra de Dios no está encadenada. Por eso lo sobrellevo todo por amor a los elegidos, para que ellos también alcancen en Cristo Jesús la salvación, y con ella, la gloria eterna.

Es verdad lo que decimos:
"Si morimos con él, viviremos con él;
si nos mantenemos firmes, reinaremos con él;
si lo negamos, él también nos negará;
si le somos infieles, él permanece fiel,
porque no puede contradecirse a sí mismo".

Palabra de Dios.   ℟. **Te alabamos, Señor.**

ACLAMACIÓN ANTES DEL EVANGELIO
1 Tes 5, 18

B.P. 1031 Sosa.

A - le - lu - ya.   A - le - lu - ya.   A - le - lu - ya.

℟.   Aleluya, aleluya.
Den gracias siempre, unidos a Cristo Jesús,
pues esto es lo que Dios quiere que ustedes hagan.
℟.   Aleluya, aleluya.

EVANGELIO
¿No ha habido nadie, fuera de este extranjero, que volviera para dar gloria a Dios?

✠   Del santo Evangelio según san Lucas
    17, 11-19

En aquel tiempo, cuando Jesús iba de camino a Jerusalén, pasó entre Samaria y Galilea. Estaba cerca de un pueblo, cuando le salieron al encuentro diez leprosos, los cuales se detuvieron a lo lejos y a gritos le decían: "Jesús, maestro, ten compasión de nosotros".

Al verlos, Jesús les dijo: "Vayan a presentarse a los sacerdotes". Mientras iban de camino, quedaron limpios de la lepra.

Uno de ellos, al ver que estaba curado, regresó, alabando a Dios en voz alta, se postró a los pies de Jesús y le dio las gracias. Ése era un samaritano. Entonces dijo Jesús: "¿No eran diez los que quedaron limpios? ¿Dónde están los otros nueve? ¿No ha habido nadie, fuera de este extranjero, que volviera para dar gloria a Dios?" Después le dijo al samaritano: "Levántate y vete. Tu fe te ha salvado".

Palabra del Señor.   ℟. **Gloria a ti, Señor Jesús.**

ORACIÓN SOBRE LAS OFRENDAS

Acepta, Señor, nuestras ofrendas y concédenos que esta Eucaristía nos ayude a conseguir la gloria del cielo. Por Jesucristo, nuestro Señor.

ANTÍFONA DE LA COMUNIÓN   Sal 33, 11

Los que buscan riquezas, sufren pobreza y hambre; los que buscan al Señor, no carecen de nada.

ORACIÓN DESPUÉS DE LA COMUNIÓN

Te pedimos, Señor, humildemente, que el Cuerpo y la Sangre de tu Hijo, que hemos recibido en alimento, nos comuniquen su misma vida. Por Jesucristo, nuestro Señor.

¿NO ERAN DIEZ LOS CURADOS?

● Y ¿no somos diez y muchos más los que estamos aquí, en esta iglesia, y que aún tenemos un trabajo con el cual podemos llevar lo necesario a nuestro hogar, cuando existe tanto desempleo?

● Y ¿no somos bastante más de diez los que asistimos hoy a nuestra Misa dominical y gozamos de buena o de relativamente buena salud, cuando hay tantos que se encuentran postrados en cama en su casa o en un hospital?

● Y ¿no somos más de diez las familias que, gracias a Dios, seguimos unidas, en estos tiempos en que hay tantos hogares deshechos, quizá entre nuestra propia parentela, en nuestra misma colonia y aun en nuestra propia calle?

● Y ¿no somos, evidentemente, más de diez los que hoy pudimos despertar con vida, cuando tantos ya no pudieron ver la luz de este domingo?

● Y ¿no somos muchísimo más de diez los que tenemos muchas más cosas que agradecerle a Dios que cosas que pedirle?

● Entonces ¿por qué se nos olvida darle gracias a Dios por todos sus beneficios y regalos?

● Hoy es un buen día para hacerlo.

21 de octubre

Domingo mundial de las misiones

(Verde)

ANTÍFONA DE ENTRADA   Sal 95, 3-4

Cuenten a los pueblos su gloria, sus maravillas a todas las naciones, porque grande es el Señor y digno de toda alabanza.

ORACIÓN COLECTA

Señor y Dios nuestro, que has querido que tu Iglesia sea sacramento de salvación para todos los hombres, a fin de que la obra redentora de tu Hijo perdure hasta el fin de los tiempos, haz que tus fieles caigan en la cuenta de que están llamados a trabajar por la salvación de los demás, para que todos los pueblos de la tierra formen una sola familia y surja una humanidad nueva en Cristo nuestro Señor, que vive y reina contigo...

Todas las lecturas de hoy nos hablan de la predicación del Evangelio a todos los pueblos. El profeta Zacarías (PRIMERA LECTURA) anuncia que irán "numerosos pueblos y naciones poderosas a orar ante el Señor" y a "implorar su protección". Por su parte, san Pablo (SEGUNDA LECTURA) insta a la predicación, asegurando que la fe viene de la predicación y que ésta consiste en anunciar la palabra de Cristo. San Marcos (EVANGELIO) nos hace leer el pasaje en el que Jesucristo envía a sus apóstoles con este mandato: "Vayan por todo el mundo y prediquen el Evangelio".

PRIMERA LECTURA

Vendrán numerosos pueblos a buscar al Señor en Jerusalén.

Del libro del profeta Zacarías
8, 20-23

E sto dice el Señor de los ejércitos: "Vendrán pueblos y habitantes de muchas ciudades. Y los habitantes de una ciudad irán a ver a los de la otra y les dirán: 'Vayamos a orar ante el Señor y a implorar la ayuda del Señor de los ejércitos'. 'Yo también voy'. Y vendrán numerosos pueblos y naciones poderosas a orar ante el Señor Dios en Jerusalén y a implorar su protección".

Esto dice el Señor de los ejércitos: "En aquellos días, diez hombres de cada lengua extranjera tomarán por el borde del manto a un judío y le dirán: 'Queremos ir contigo, pues hemos oído decir que Dios está con ustedes' ".

Palabra de Dios.   ℞. **Te alabamos, Señor.**

SALMO RESPONSORIAL
Del salmo 66

J. Martínez-Ramírez B.P. 1760

Que to - dos los pue - blos co - noz - can tu bon - dad.

℞.   Que todos los pueblos conozcan tu bondad.

Ten piedad de nosotros y bendícenos;
vuelve, Señor, tus ojos a nosotros.
Que conozca la tierra tu bondad
y los pueblos tu obra salvadora. ℞.

　　Las naciones con júbilo te canten,
porque juzgas al mundo con justicia;
con equidad tú juzgas a los pueblos
y riges en la tierra a las naciones. ℞.

　　La tierra ha producido ya sus frutos,
Dios nos ha bendecido.
Que nos bendiga Dios
y que le rinda honor el mundo entero. ℞.

SEGUNDA LECTURA

La fe viene de la predicación y la predicación consiste en anunciar la palabra de Cristo.

De la carta del apóstol san Pablo a los romanos
10, 9-18

Hermanos: Basta que cada uno declare con su boca que Jesús es el Señor y que crea en su corazón que Dios lo resucitó de entre los muertos, para que pueda salvarse.

En efecto, hay que creer con el corazón para alcanzar la santidad y declarar con la boca para alcanzar la salvación. Por eso dice la Escritura: *Ninguno que crea en él quedará defraudado,* porque no existe diferencia entre judío y no judío, ya que uno mismo es el Señor de todos, espléndido con todos los que lo invocan, pues *todo el que invoque al Señor como a su Dios, será salvado por él.*

Ahora bien, ¿cómo van a invocar al Señor, si no creen en él? ¿Y cómo van a creer en él, si no han oído hablar de él? ¿Y cómo van a oír hablar de él, si no hay nadie que se lo anuncie? ¿Y cómo va a haber quienes lo anuncien, si no son enviados? Por eso dice la Escritura: *¡Qué hermoso es ver correr sobre los montes al mensajero que trae buenas noticias!*

Sin embargo, no todos han creído en el Evangelio. Ya lo dijo Isaías: *Señor, ¿quién ha creído en nuestra predicación?* Por lo tanto, la fe viene de la predicación y la predicación consiste en anunciar la palabra de Cristo.

Entonces, yo pregunto: ¿Acaso no habrán oído la predicación? ¡Claro que la han oído!, pues la Escritura dice: *La voz de los mensajeros ha resonado en todo el mundo y sus palabras han llegado hasta el último rincón de la tierra.*

Palabra de Dios. ℟. **Te alabamos, Señor.**

ACLAMACIÓN ANTES DEL EVANGELIO
Mt 28, 19. 20

B.P. 1032 - Sosa

A - le - lu - ya, a - le - lu - ya, a - le - lu - ya.

℟. Aleluya, aleluya.
Vayan y enseñen a todas las naciones, dice el Señor,
y sepan que yo estaré con ustedes todos los días
hasta el fin del mundo.
℟. Aleluya, aleluya.

EVANGELIO
Prediquen el Evangelio a todas las creaturas.

 Del santo Evangelio según san Marcos
16, 15-20

En aquel tiempo, se apareció Jesús a los Once y les dijo: "Vayan por todo el mundo y prediquen el Evangelio a toda creatura. El que crea y se bautice, se salvará; el que se resista a creer, será condenado. Éstos son los milagros que acompañarán a los que hayan creído: arrojarán demonios en mi nombre, hablarán lenguas nuevas, cogerán serpientes en sus manos, y si beben un veneno mortal, no les hará daño; impondrán las manos a los enfermos y éstos quedarán sanos".

El Señor Jesús, después de hablarles, subió al cielo y está sentado a la derecha de Dios. Ellos fueron y proclamaron el Evangelio por todas partes y el Señor actuaba con ellos y confirmaba su predicación con los milagros que hacían.

Palabra del Señor.   ℟. **Gloria a ti, Señor Jesús.**

ORACIÓN SOBRE LAS OFRENDAS
Señor, como aceptaste la gloriosa pasión de tu Hijo, dígnate aceptar también por la salvación del mundo, los dones y plegarias de tu Iglesia. Por Jesucristo, nuestro Señor.

ANTÍFONA DE LA COMUNIÓN   Mc 16, 15
Vayan por todo el mundo a proclamar la Buena Nueva a todas las naciones, dice el Señor.

ORACIÓN DESPUÉS DE LA COMUNIÓN
Te pedimos, Señor, que la participación en tu mesa nos santifique y que la redención que tu Hijo consumó en la cruz, sea recibida con gozo en todo el mundo por medio del sacramento de tu Iglesia. Por Jesucristo, nuestro Señor.

DEBER MISIONERO DE TODOS

☆ "Todos los fieles, como miembros de Cristo viviente, incorporados y hechos semejantes a él por el Bautismo, por la Confirmación y la Eucaristía, tienen el deber de cooperar a la expansión y dilatación de su Cuerpo (que es la Iglesia) para llevarlo cuanto antes a plenitud.

☆ Por lo cual, todos los hijos de la Iglesia han de tener viva la conciencia de su responsabilidad para con el mundo, han de fomentar en sí mismos el espíritu verdaderamente católico y consagrar sus esfuerzos a la obra de la evangelización.

☆ Conozcan todos, sin embargo, que su primera y principal obligación por la difusión de la fe, es vivir profundamente su vida cristiana. Pues su fervor en el servicio de Dios y su amor para con los demás, aportarán un nuevo aliento espiritual a toda la Iglesia, que aparecerá como estandarte levantado entre las naciones, 'luz del mundo' y 'sal de la tierra' ".

(Decreto sobre la Actividad Misionera de la Iglesia, n. 36. Concilio Vaticano II)

28 de octubre

30º Domingo Ordinario

(Verde)

ANTÍFONA DE ENTRADA   Sal 104, 3-4
Alégrese el corazón de los que buscan al Señor. Busquen la ayuda del Señor; busquen continuamente su presencia.

ORACIÓN COLECTA
Aumenta, Señor, en nosotros la fe, la esperanza y la caridad para que cumplamos con amor tus mandamientos y podamos conseguir, así, el cielo que nos tienes prometido. Por nuestro Señor Jesucristo…

En la parábola del fariseo y el publicano (EVANGELIO) Jesús nos muestra que Dios escucha las oraciones cuando todos, justos y pecadores, nos mostramos ante él conscientes de nuestra pequeñez y de nuestra pobreza. Lo mismo nos indica el libro del Eclesiástico (PRIMERA LECTURA) al decirnos que "la oración del humilde atraviesa las nubes". En la SEGUNDA LECTURA, san Pablo nos transmite su último mensaje antes de su martirio: todos lo han abandonado, pero el Señor lo sostiene con su fuerza. Lo cual es suficiente para un cristiano de temple.

PRIMERA LECTURA
La oración del humilde llega hasta el cielo.

Del libro del Eclesiástico (Sirácide)
35, 15-17. 20-22

El Señor es un juez
que no se deja impresionar por apariencias.
No menosprecia a nadie por ser pobre
y escucha las súplicas del oprimido.
No desoye los gritos angustiosos del huérfano
ni las quejas insistentes de la viuda.
        Quien sirve a Dios con todo su corazón es oído
y su plegaria llega hasta el cielo.
La oración del humilde atraviesa las nubes,
y mientras él no obtiene lo que pide,
permanece sin descanso y no desiste,
hasta que el Altísimo lo atiende
y el justo juez le hace justicia.

Palabra de Dios.   ℟. **Te alabamos, Señor.**

SALMO RESPONSORIAL
Del salmo 33

O. Martínez B.P. 1729

℟.   El Señor no está lejos de sus fieles.

Bendeciré al Señor a todas horas,
no cesará mi boca de alabarlo.
Yo me siento orgulloso del Señor,
que se alegre su pueblo al escucharlo. ℟.

        En contra del malvado está el Señor,
para borrar de la tierra su recuerdo.
Escucha, en cambio, al hombre justo
y lo libra de todas sus congojas. ℟.

        El Señor no está lejos de sus fieles
y levanta a las almas abatidas.
Salva el Señor la vida de sus siervos.
No morirán quienes en él esperan. ℟.

SEGUNDA LECTURA

Ahora sólo espero la corona merecida.

De la segunda carta del apóstol san Pablo a Timoteo
4, 6-8. 16-18

Querido hermano: Para mí ha llegado la hora del sacrificio y se acerca el momento de mi partida. He luchado bien en el combate, he corrido hasta la meta, he perseverado en la fe. Ahora sólo espero la corona merecida, con la que el Señor, justo juez, me premiará en aquel día, y no solamente a mí, sino a todos aquellos que esperan con amor su glorioso advenimiento.

La primera vez que me defendí ante el tribunal, nadie me ayudó. Todos me abandonaron. Que no se les tome en cuenta. Pero el Señor estuvo a mi lado y me dio fuerzas para que, por mi medio, se proclamara claramente el mensaje de salvación y lo oyeran todos los paganos. Y fui librado de las fauces del león. El Señor me seguirá librando de todos los peligros y me llevará salvo a su Reino celestial. A él la gloria por los siglos de los siglos. Amén.

Palabra de Dios.   ℟. **Te alabamos, Señor.**

ACLAMACIÓN ANTES DEL EVANGELIO

2 Cor 5, 19

B.P. 1031 Sosa.

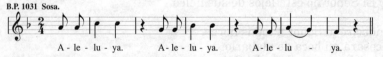

A - le - lu - ya.   A - le - lu - ya.   A - le - lu - ya.

℟.   Aleluya, aleluya.
Dios ha reconciliado consigo al mundo, por medio de Cristo,
y nos ha encomendado a nosotros el mensaje de la reconciliación.
℟.   Aleluya, aleluya.

EVANGELIO

El publicano regresó a su casa justificado y el fariseo no.

✠   Del santo Evangelio según san Lucas
18, 9-14

En aquel tiempo, Jesús dijo esta parábola sobre algunos que se tenían por justos y despreciaban a los demás:

"Dos hombres subieron al templo para orar: uno era fariseo y el otro, publicano. El fariseo, erguido, oraba así en su interior: 'Dios mío, te doy gracias porque no soy como los demás hombres: ladrones, injustos y adúlteros; tampoco soy como ese publicano. Ayuno dos veces por semana y pago el diezmo de todas mis ganancias'.

El publicano, en cambio, se quedó lejos y no se atrevía a levantar los ojos al cielo. Lo único que hacía era golpearse el pecho, diciendo: 'Dios mío, apiádate de mí, que soy un pecador'.

Pues bien, yo les aseguro que éste bajó a su casa justificado y aquel no; porque todo el que se enaltece será humillado y el que se humilla será enaltecido".

Palabra del Señor.   ℞. **Gloria a ti, Señor Jesús.**

ORACIÓN SOBRE LAS OFRENDAS

Mira, Señor, con bondad, las ofrendas que te presentamos, a fin de que esta celebración eucarística sea para tu gloria y alabanza. Por Jesucristo, nuestro Señor.

ANTÍFONA DE LA COMUNIÓN   Ef 5, 2

Cristo nos amó y se entregó a la muerte por nosotros, como ofrenda y víctima agradable a Dios.

ORACIÓN DESPUÉS DE LA COMUNIÓN

Concédenos, Señor, que este memorial de la muerte y resurrección de tu Hijo nos haga morir de veras al pecado y renacer a una nueva vida. Por Jesucristo, nuestro Señor.

EL FARISEO Y EL PUBLICANO

☆ Después de leer la parábola del evangelio, estoy seguro de que hemos comprendido con toda claridad lo que es un publicano y lo que es un fariseo.

☆ Asimismo, estoy seguro de que casi todos nosotros podríamos escribir una larga lista de los fariseos y fariseas que conocemos, con nombre, dos apellidos y hasta número de credencial del Seguro Social.

☆ Después de leer esta parábola, no me cabe la menor duda de que la gran mayoría de nosotros ha llegado a la conclusión de que fariseo (lo que se dice "fariseo"), los demás; y publicano (lo que se dice "publicano"), cada uno de nosotros.

☆ Si después de leer esta parábola evangélica podemos hacer todo lo anterior: a saber, distinguir perfectamente entre fariseo y publicano; hacer una lista de fariseos y ponernos modestamente entre los pocos publicanos que hay, quiere decir, desgraciadamente, que no la hemos comprendido.

1° de noviembre

Jueves

Todos los Santos

(Blanco)

ANTÍFONA DE ENTRADA

Alegrémonos en el Señor al celebrar la solemnidad de Todos los Santos, por la cual se alegran los ángeles y alaban al Hijo de Dios.

Se dice Gloria

ORACIÓN COLECTA

Dios omnipotente y eterno, que otorgas a tu Iglesia la alegría de celebrar, en esta solemnidad, los méritos y la gloria de todos los santos, concede a tu pueblo, por intercesión de todos estos hermanos nuestros, la abundancia de tu misericordia. Por nuestro Señor Jesucristo…

La visión del Apocalipsis y el Evangelio de las bienaventuranzas son dos pilares sobre los que descansa la liturgia de esta fiesta. La enorme muchedumbre de los redimidos, descrita en el Apocalipsis (PRIMERA LECTURA), es a la vez una realidad presente, aunque invisible, y un futuro en pos del cual caminamos. El EVANGELIO de las bienaventuranzas nos señala el camino que hay que seguir: "Dichosos los limpios de corazón, porque verán a Dios". San Juan hace, en la SEGUNDA LECTURA, de lazo de unión entre estas dos lecturas. Afirma nuestro presente: "Ahora somos hijos de Dios", y predice el futuro: "Lo veremos tal cual es".

PRIMERA LECTURA

Vi una muchedumbre tan grande, que nadie podía contarla. Eran individuos de todas las naciones y razas, de todos los pueblos y lenguas.

Del libro del Apocalipsis del apóstol san Juan
7, 2-4. 9-14

Yo, Juan, vi a un ángel que venía del oriente. Traía consigo el sello del Dios vivo y gritaba con voz poderosa a los cuatro ángeles encargados de hacer daño a la tierra y al mar. Les dijo: "¡No hagan daño a la tierra, ni al mar, ni a los árboles, hasta que terminemos de marcar con el sello la frente de los servidores de nuestro Dios!" Y pude oír el número de los que habían sido marcados: eran ciento cuarenta y cuatro mil, procedentes de todas las tribus de Israel.

Vi luego una muchedumbre tan grande, que nadie podía contarla. Eran individuos de todas las naciones y razas, de todos los pueblos y lenguas. Todos estaban de pie, delante del trono y del Cordero; iban vestidos con una túnica blanca; llevaban palmas en las manos y exclamaban con voz poderosa: "La salvación viene de nuestro Dios, que está sentado en el trono, y del Cordero".

Y todos los ángeles que estaban alrededor del trono, de los ancianos y de los cuatro seres vivientes, cayeron rostro en tierra delante del trono y adoraron a Dios, diciendo: "Amén. La alabanza, la gloria, la sabiduría, la acción de gracias, el honor, el poder y la fuerza, se le deben para siempre a nuestro Dios".

Entonces uno de los ancianos me preguntó: "¿Quiénes son y de dónde han venido los que llevan la túnica blanca?" Yo le respondí: "Señor mío, tú eres quien lo sabe". Entonces él me dijo: "Son los que han pasado por la gran persecución y han lavado y blanqueado su túnica con la sangre del Cordero".

Palabra de Dios. ℞. **Te alabamos, Señor.**

SALMO RESPONSORIAL
Del salmo 23

B.P. 1745

Es - ta es la cla - se de hom - bres que te bus - can, Se - ñor.

℞.   Ésta es la clase de hombres que te buscan, Señor.

Del Señor es la tierra y lo que ella tiene,
el orbe todo y los que en él habitan,
pues él lo edificó sobre los mares,
él fue quien lo asentó sobre los ríos. ℞.

[℟. Ésta es la clase de hombres que te buscan, Señor.]

¿Quién subirá hasta el monte del Señor?
¿Quién podrá entrar en su recinto santo?
El de corazón limpio y manos puras
y que no jura en falso. ℟.

Ése obtendrá la bendición de Dios,
y Dios, su salvador, le hará justicia.
Ésta es la clase de hombres que te buscan
y vienen ante ti, Dios de Jacob. ℟.

SEGUNDA LECTURA
Veremos a Dios tal cual es.

De la primera carta del apóstol san Juan
3, 1-3

Queridos hijos: Miren cuánto amor nos ha tenido el Padre, pues no sólo nos llamamos hijos de Dios, sino que lo somos. Si el mundo no nos reconoce, es porque tampoco lo ha reconocido a él.

Hermanos míos, ahora somos hijos de Dios, pero aún no se ha manifestado cómo seremos al fin. Y ya sabemos que, cuando él se manifieste, vamos a ser semejantes a él, porque lo veremos tal cual es.

Todo el que tenga puesta en Dios esta esperanza, se purifica a sí mismo para ser tan puro como él.

Palabra de Dios.   ℟. **Te alabamos, Señor.**

ACLAMACIÓN ANTES DEL EVANGELIO
Mt 11, 28

B.P. 1244 Sosa.

A - le - lu - ya,   A - le - lu - ya,   A - le - lu - ya.

℟. Aleluya, aleluya.
Vengan a mí todos los que están
fatigados y agobiados por la carga,
y yo les daré alivio, dice el Señor.
℟. Aleluya, aleluya.

EVANGELIO

Alégrense y salten de contento, porque su premio será grande en los cielos.

✠ Del santo Evangelio según san Mateo
5, 1-12

E n aquel tiempo, cuando Jesús vio a la muchedumbre, subió al monte y se sentó. Entonces se le acercaron sus discípulos. Enseguida comenzó a enseñarles y les dijo:
"Dichosos los pobres de espíritu,
porque de ellos es el Reino de los cielos.
Dichosos los que lloran,
porque serán consolados.
Dichosos los sufridos,
porque heredarán la tierra.
Dichosos los que tienen hambre y sed de justicia,
porque serán saciados.
Dichosos los misericordiosos,
porque obtendrán misericordia.
Dichosos los limpios de corazón,
porque verán a Dios.
Dichosos los que trabajan por la paz,
porque se les llamará hijos de Dios.
Dichosos los perseguidos por causa de la justicia,
porque de ellos es el Reino de los cielos.
Dichosos serán ustedes cuando los injurien, los persigan y digan cosas falsas de ustedes por causa mía. Alégrense y salten de contento, porque su premio será grande en los cielos".

Palabra del Señor.   ℟. **Gloria a ti, Señor Jesús.**

ORACIÓN SOBRE LAS OFRENDAS

Acepta, Señor, el sacrificio de alabanza que vamos a ofrecerte al celebrar hoy la fiesta de todos aquellos que gozan ya de tu vida inmortal, y concédenos experimentar siempre su protección y su ayuda en nuestro camino hacia ti. Por Jesucristo, nuestro Señor.

ANTÍFONA DE LA COMUNIÓN   Mt 5, 8-10

Bienaventurados los limpios de corazón, porque ellos verán a Dios. Bienaventurados los que trabajan por la paz, porque se les llamará hijos de Dios. Bienaventurados los perseguidos por causa de la justicia, porque de ellos es el Reino de los cielos.

ORACIÓN DESPUÉS DE LA COMUNIÓN

Dios nuestro, fuente única de toda santidad y admirable en todos tus santos, haz que este sacramento nos encienda en el fuego de tu amor y nos prepare para la alegría de tu Reino. Por Jesucristo, nuestro Señor.

DÍA DE TODOS LOS SANTOS

Como la gran familia que somos, los cristianos debemos alegrarnos por todos los santos de la Iglesia católica.

Por los que ya están en el cielo... y por los que, gracias a Dios, todavía andan por este mundo.

Porque, afortunadamente, todavía tenemos entre nosotros:

•➔ muchos apóstoles: hombres y mujeres que dedican su tiempo libre a enseñar el catecismo, a preparar novios para el matrimonio, a visitar enfermos, a remediar las necesidades de los demás...

•➔ muchos mártires: muchos hombres y mujeres que aguantan por Dios y por sus hermanos los dolores de una enfermedad, la pena de un hijo discapacitado, las molestias que irremediablemente causa un familiar enfermo, las incomprensiones y represalias por ser fieles a la ley de Dios...

•➔ muchas vírgenes: que podemos mostrar a Dios con orgullo: la muchachita a la que dejó el novio por no acceder a... lo que no podía acceder; las monjitas que cuidan ancianos o niños o que se parten el alma entre los pobres e indígenas; las tías solteras de los hogares, de las obras de beneficencia...

•➔ Día de alegrarnos por ellos y de pedirles que intercedan –a los del cielo y a los de la tierra– ante Dios para que siquiera podamos parecernos un poco a ellos.

Ése es el papel de los santos.

2 de noviembre
Viernes

Todos los fieles difuntos
(Blanco o morado)

ANTÍFONA DE ENTRADA   1 Tes 4, 14; 1 Cor 15, 22
   Si creemos que Jesús murió y resucitó, así también creemos que Dios llevará con él a los que mueren en Jesús. Y así como todos han muerto en Adán, así también todos revivirán en Cristo.

ORACIÓN COLECTA
   Escucha, Señor, nuestras súplicas y haz que, al proclamar nuestra fe en la resurrección de tu Hijo, se avive también nuestra esperanza en la resurrección de nuestros hermanos. Por nuestro Señor Jesucristo…

La PRIMERA LECTURA, tomada del libro de la Sabiduría, nos muestra la verdadera perspectiva del sufrimiento y de la muerte, que no son para el justo, por su esperanza de alcanzar la inmortalidad, ni un castigo, ni una completa destrucción. San Juan, en la SEGUNDA LECTURA, nos presenta el amor fraterno como la garantía única de la vida eterna, lo cual Cristo confirma en el EVANGELIO, al hacernos ver que las obras de misericordia van a ser el tema básico del examen final de todo ser humano.

PRIMERA LECTURA
Los aceptó como un holocausto agradable.

Del libro de la Sabiduría
3, 1-9

Las almas de los justos están en las manos de Dios
y no los alcanzará ningún tormento.
Los insensatos pensaban que los justos habían muerto,
que su salida de este mundo era una desgracia
y su salida de entre nosotros, una completa destrucción.
Pero los justos están en paz.
    La gente pensaba que sus sufrimientos eran un castigo,
pero ellos esperaban confiadamente la inmortalidad.
Después de breves sufrimientos
recibirán una abundante recompensa,
pues Dios los puso a prueba
y los halló dignos de sí.
Los probó como oro en el crisol
y los aceptó como un holocausto agradable.
    En el día del juicio brillarán los justos
como chispas que se propagan en un cañaveral.
Juzgarán a las naciones y dominarán a los pueblos,
y el Señor reinará eternamente sobre ellos.
    Los que confían en el Señor comprenderán la verdad
y los que son fieles a su amor permanecerán a su lado,
porque Dios ama a sus elegidos y cuida de ellos.

Palabra de Dios.   ℟. **Te alabamos, Señor.**

SALMO RESPONSORIAL
Del salmo 26

℟. **Espero ver la bondad del Señor.**

El Señor es mi luz y mi salvación,
¿a quién voy a tenerle miedo?
El Señor es la defensa de mi vida,
¿quién podrá hacerme temblar? ℟.
    Lo único que pido, lo único que busco
es vivir en la casa del Señor toda mi vida,
para disfrutar las bondades del Señor
y estar continuamente en su presencia. ℟.
    Oye, Señor, mi voz y mis clamores
y tenme compasión.
El corazón me dice que te busque
y buscándote estoy.
No rechaces con cólera a tu siervo. ℟.

La bondad del Señor espero ver
en esta misma vida.
Ármate de valor y fortaleza
y en el Señor confía. ℞.

SEGUNDA LECTURA

Estamos seguros de haber pasado de la muerte a la vida, porque amamos a nuestros hermanos.

De la primera carta del apóstol san Juan
3, 14-16

Hermanos: Nosotros estamos seguros de haber pasado de la muerte a la vida, porque amamos a nuestros hermanos. El que no ama permanece en la muerte. El que odia a su hermano es un homicida y bien saben ustedes que ningún homicida tiene la vida eterna.

Conocemos lo que es el amor, en que Cristo dio su vida por nosotros. Así también debemos nosotros dar la vida por nuestros hermanos.

Palabra de Dios.   ℞. **Te alabamos, Señor.**

ACLAMACIÓN ANTES DEL EVANGELIO
Mt 25, 34

℞. Aleluya, aleluya.
Vengan, benditos de mi Padre, dice el Señor;
tomen posesión del Reino preparado para ustedes
desde la creación del mundo.
℞. Aleluya, aleluya.

EVANGELIO
Vengan, benditos de mi Padre.

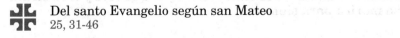 Del santo Evangelio según san Mateo
25, 31-46

En aquel tiempo, Jesús dijo a sus discípulos: "Cuando venga el Hijo del hombre, rodeado de su gloria, acompañado de todos sus ángeles, se sentará en su trono de gloria. Entonces serán congregadas ante él todas las naciones, y él apartará a los unos de los otros,

como aparta el pastor a las ovejas de los cabritos, y pondrá a las ovejas a su derecha y a los cabritos a su izquierda.

Entonces dirá el rey a los de su derecha: 'Vengan, benditos de mi
Padre; tomen posesión del Reino preparado para ustedes desde la
creación del mundo; porque estuve hambriento y me dieron de comer,
sediento y me dieron de beber, era forastero y me hospedaron, estuve
desnudo y me vistieron, enfermo y me visitaron, encarcelado y fueron a verme'. Los justos le contestarán entonces: 'Señor, ¿cuándo te
vimos hambriento y te dimos de comer, sediento y te dimos de beber?
¿Cuándo te vimos de forastero y te hospedamos, o desnudo y te vesti-
mos? ¿Cuándo te vimos enfermo o encarcelado y te fuimos a ver?' Y
el rey les dirá: 'Yo les aseguro que, cuando lo hicieron con el más insignificante de mis hermanos, conmigo lo hicieron'.

Entonces dirá también a los de la izquierda: 'Apártense de mí,
malditos; vayan al fuego eterno, preparado para el diablo y sus ángeles; porque estuve hambriento y no me dieron de comer, sediento
y no me dieron de beber, era forastero y no me hospedaron, estuve
desnudo y no me vistieron, enfermo y encarcelado y no me visitaron'.

Entonces ellos le responderán: 'Señor, ¿cuándo te vimos hambriento o sediento, de forastero o desnudo, enfermo o encarcelado y
no te asistimos?' Y él les replicará: 'Yo les aseguro que, cuando no lo
hicieron con uno de aquellos más insignificantes, tampoco lo hicieron conmigo'. Entonces irán éstos al castigo eterno y los justos a la
vida eterna".

Palabra del Señor.   ℟. **Gloria a ti, Señor Jesús.**

ORACIÓN SOBRE LAS OFRENDAS

Acepta, Señor, los dones que te ofrecemos en este sacramento de amor
que nos une a Cristo, tu Hijo, y recibe a nuestros hermanos difuntos en la
gloria de tu Reino. Por Jesucristo, nuestro Señor.

ANTÍFONA DE LA COMUNIÓN   Jn 11, 25-26

**Yo soy la resurrección y la vida, dice el Señor. El que cree
en mí, aunque haya muerto, vivirá y el que vive y cree en mí,
no morirá para siempre.**

ORACIÓN DESPUÉS DE LA COMUNIÓN

Por este memorial de la muerte y resurrección de Cristo que hemos celebrado, concede, Señor, a nuestros hermanos difuntos, gozar de la paz eterna de tu Reino. Por Jesucristo, nuestro Señor.

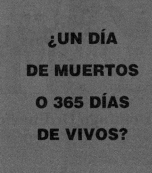

¿UN DÍA DE MUERTOS O 365 DÍAS DE VIVOS?

Es hermoso llenar de flores las tumbas de nuestros difuntos el Día de muertos.

✢ Pero ¡qué amargo es hacerlo cuando no supimos llenar la vida de los que ahí reposan, con un poco de nuestro cariño!

✢ ¡Qué triste cuando no quisimos llenar su soledad –cuando todavía vivían– con unos minutos de nuestra compañía!

✢ ¡Qué penoso cuando no supimos llenar su frente con nuestros besos!

✢ Por eso, hagámonos hoy el firme propósito de no regatear nuestro cariño ni nuestro tiempo ni nuestra ayuda a todos nuestros "difuntos"... pero antes de que se nos mueran.

Más que celebrar cada año el Día de muertos, comprometámonos firme y decididamente a celebrar los 365 días a nuestros vivos.

4 de noviembre

31er Domingo Ordinario

(Verde)

ANTÍFONA DE ENTRADA   Sal 37, 22-23

Señor, no me abandones, no te me alejes, Dios mío. Ven de prisa a socorrerme, Señor, mi salvador.

ORACIÓN COLECTA

Dios omnipotente y misericordioso, de cuya mano proviene el don de servirte y de alabarte, ayúdanos a vencer en esta vida cuanto pueda separarnos de ti. Por nuestro Señor Jesucristo…

Al relatarnos lo sucedido con Zaqueo (EVANGELIO), san Lucas nos recuerda una vez más el amor especial que Jesús tiene por los pecadores. Ya en el Antiguo Testamento (PRIMERA LECTURA) se indicaba que Dios cerraba los ojos para no ver los pecados de los hombres y hacerlos que se arrepintieran, porque muchas veces, los pecadores se encuentran mejor dispuestos que otros, para recibir su salvación. San Pablo (SEGUNDA LECTURA) nos pide que atendamos a lo que la fe nos enseña respecto al fin de los tiempos, sin hacer caso a profecías y vaticinios que se difunden.

PRIMERA LECTURA
Te compadeces de todos, porque tú amas todo cuanto existe.

Del libro de la Sabiduría
11, 22–12, 2

Señor, delante de ti,
el mundo entero es como un grano de arena en la balanza,
como gota de rocío mañanero,
que cae sobre la tierra.

Te compadeces de todos,
y aunque puedes destruirlo todo,
aparentas no ver los pecados de los hombres,
para darles ocasión de arrepentirse.
Porque tú amas todo cuanto existe
y no aborreces nada de lo que has hecho;
pues si hubieras aborrecido alguna cosa,
no la habrías creado.
¿Y cómo podrían seguir existiendo las cosas,
si tú no lo quisieras?
¿Cómo habría podido conservarse algo hasta ahora,
si tú no lo hubieras llamado a la existencia?

Tú perdonas a todos,
porque todos son tuyos, Señor, que amas la vida,
porque tu espíritu inmortal, está en todos los seres.

Por eso a los que caen,
los vas corrigiendo poco a poco,
los reprendes y les traes a la memoria sus pecados,
para que se arrepientan de sus maldades
y crean en ti, Señor.

Palabra de Dios.   ℟. **Te alabamos, Señor.**

SALMO RESPONSORIAL
Del salmo 144

J. Venegas B.P. 1730

Ben - de - ci - ré   al   Se - ñor   e - ter - na - men - te.

℟.   Bendeciré al Señor eternamente.

Dios y rey mío, yo te alabaré,
bendeciré tu nombre siempre y para siempre.
Un día tras otro bendeciré tu nombre
y no cesará mi boca de alabarte. ℟.

[℟. Bendeciré al Señor eternamente.]

El Señor es compasivo y misericordioso,
lento para enojarse y generoso para perdonar.
Bueno es el Señor para con todos
y su amor se extiende a todas sus creaturas. ℟.

Que te alaben, Señor, todas tus obras
y que todos tus fieles te bendigan.
Que proclamen la gloria de tu reino
y narren tus proezas a los hombres. ℟.

El Señor es siempre fiel a sus palabras,
y lleno de bondad en sus acciones,
da su apoyo el Señor al que tropieza
y al agobiado alivia. ℟.

SEGUNDA LECTURA
Nuestro Señor Jesucristo será glorificado en ustedes y ustedes en él.

De la segunda carta del apóstol san Pablo a los tesalonicenses
1, 11–2, 2

Hermanos: Oramos siempre por ustedes, para que Dios los haga dignos de la vocación a la que los ha llamado, y con su poder, lleve a efecto tanto los buenos propósitos que ustedes han formado, como lo que ya han emprendido por la fe. Así glorificarán a nuestro Señor Jesús y él los glorificará a ustedes, en la medida en que actúe en ustedes la gracia de nuestro Dios y de Jesucristo, el Señor.

Por lo que toca a la venida de nuestro Señor Jesucristo y a nuestro encuentro con él, les rogamos que no se dejen perturbar tan fácilmente. No se alarmen ni por supuestas revelaciones, ni por palabras o cartas atribuidas a nosotros, que los induzcan a pensar que el día del Señor es inminente.

Palabra de Dios.   ℟. **Te alabamos, Señor.**

ACLAMACIÓN ANTES DEL EVANGELIO
Jn 3, 16

B.P. 1034 - Palazón

A - le - lu - ya,   a - le - lu - ya,   a - le - lu - ya.

℟. Aleluya, aleluya.
Tanto amó Dios al mundo, que le entregó a su Hijo único,
para que todo el que crea en él, tenga vida eterna.
℟. Aleluya, aleluya.

EVANGELIO
El Hijo del hombre ha venido a buscar y a salvar lo que estaba perdido.

✠ Del santo Evangelio según san Lucas
19, 1-10

E n aquel tiempo, Jesús entró en Jericó, y al ir atravesando la ciudad, sucedió que un hombre llamado Zaqueo, jefe de publicanos y rico, trataba de conocer a Jesús; pero la gente se lo impedía, porque Zaqueo era de baja estatura. Entonces corrió y se subió a un árbol para verlo cuando pasara por ahí. Al llegar a ese lugar, Jesús levantó los ojos y le dijo: "Zaqueo, bájate pronto, porque hoy tengo que hospedarme en tu casa".

Él bajó enseguida y lo recibió muy contento. Al ver esto, comenzaron todos a murmurar diciendo: "Ha entrado a hospedarse en casa de un pecador".

Zaqueo, poniéndose de pie, dijo a Jesús: "Mira, Señor, voy a dar a los pobres la mitad de mis bienes, y si he defraudado a alguien, le restituiré cuatro veces más". Jesús le dijo: "Hoy ha llegado la salvación a esta casa, porque también él es hijo de Abraham, y el Hijo del hombre ha venido a buscar y a salvar lo que se había perdido".

Palabra del Señor.   ℟. **Gloria a ti, Señor Jesús.**

ORACIÓN SOBRE LAS OFRENDAS
Que este sacrificio que vamos a ofrecerte en comunión con toda tu Iglesia, te sea agradable, Señor, y nos obtenga la plenitud de tu misericordia. Por Jesucristo, nuestro Señor.

ANTÍFONA DE LA COMUNIÓN   Jn 6, 58
En la misma forma en que yo vivo por el Padre, que me ha enviado y que es la vida, el que me come, vivirá por mí, dice el Señor.

ORACIÓN DESPUÉS DE LA COMUNIÓN
Continúa, Señor, en nosotros tu obra de salvación por medio de esta Eucaristía para que, cada vez más unidos a Cristo en esta vida, merezcamos vivir con él eternamente. Por Jesucristo, nuestro Señor.

SEÑOR, COMO ZAQUEO...

❋ Si en algo he defraudado a mi esposa o a mi esposo, escamoteándole el cariño, las delicadezas, la comprensión y el perdón, a todo lo cual tenía todo el derecho del mundo, estoy dispuesto a devolverle cuatro veces más...

❋ Si en algo he defraudado a mis hijos, no proporcionándoles el tiempo, el ejemplo, la dedicación y cariño que debía haberles dado, estoy dispuesto, de ahora en adelante, a devolverles cuatro veces más...

❋ Si en algo he defraudado a mis trabajadores o a mis clientes, estoy dispuesto, en la medida de mis posibilidades, a devolverles cuatro veces más...

❋ Si en algo he defraudado la confianza y la responsabilidad que mis patrones o jefes han depositado en mí, estoy dispuesto a devolverles cuatro veces más…

❋ Si en algo he defraudado a mis padres en el respeto, el cariño y la ayuda que merecían de mi parte, estoy dispuesto a respetarlos, quererlos y ayudarlos cuatro veces más...

❋ Si en algo te he defraudado a ti, Señor, utilizando mal lo que me has dado, descuidando a aquellos que tú me encomendaste, aprovechando para mí lo que era para otros, estoy dispuesto...

❋ Si en algo te he defraudado a ti, Señor, que disfrazado de tantas formas te has acercado a mí pidiendo un poco de comida a la puerta de mi casa, extendiéndome la mano en la puerta de una iglesia o simplemente dejándome ver tu pobreza o tus necesidades, estoy dispuesto a...

Y JESÚS LE DIJO: "HOY HA LLEGADO LA SALVACIÓN A ESTA CASA".

11 de noviembre

32º Domingo Ordinario

(Verde)

ANTÍFONA DE ENTRADA   Sal 87, 3

Que llegue hasta ti mi súplica, Señor, y encuentren acogida mis plegarias.

ORACIÓN COLECTA

Ayúdanos, Señor, a dejar en tus manos paternales todas nuestras preocupaciones, a fin de que podamos entregarnos con mayor libertad a tu servicio. Por nuestro Señor Jesucristo…

Jesús afirma, con toda claridad y firmeza, que los muertos resucitarán (EVANGELIO). La misma fe en la resurrección mantuvo firmes en la tortura a los siete jóvenes macabeos (PRIMERA LECTURA), que murieron martirizados. También san Pablo (SEGUNDA LECTURA) nos habla de los sufrimientos que le inflige la perversidad de sus enemigos; pero él confía en Cristo y permanece firme, aguardando la venida del Señor.

PRIMERA LECTURA

El rey del universo nos resucitará para una vida eterna.

Del segundo libro de los Macabeos
7, 1-2. 9-14

En aquellos días, arrestaron a siete hermanos junto con su madre. El rey Antíoco Epifanes los hizo azotar para obligarlos a comer carne de puerco, prohibida por la ley. Uno de ellos, hablando en nombre de todos, dijo: "¿Qué quieres saber de nosotros? Estamos dispuestos a morir antes que quebrantar la ley de nuestros padres".

El rey se enfureció y lo mandó matar. Cuando el segundo de ellos estaba para morir, le dijo al rey: "Asesino, tú nos arrancas la vida presente, pero el rey del universo nos resucitará a una vida eterna, puesto que morimos por fidelidad a sus leyes".

Después comenzaron a burlarse del tercero. Presentó la lengua como se lo exigieron, extendió las manos con firmeza y declaró confiadamente: "De Dios recibí estos miembros y por amor a su ley los desprecio, y de él espero recobrarlos". El rey y sus acompañantes quedaron impresionados por el valor con que aquel muchacho despreciaba los tormentos.

Una vez muerto éste, sometieron al cuarto a torturas semejantes. Estando ya para expirar, dijo: "Vale la pena morir a manos de los hombres, cuando se tiene la firme esperanza de que Dios nos resucitará. Tú, en cambio, no resucitarás para la vida".

Palabra de Dios.   ℞. **Te alabamos, Señor.**

SALMO RESPONSORIAL
Del salmo 16

B.P. 1731

Al des - per - tar, Se - ñor, con - tem - pla - ré tu ros - tro.

℞.   Al despertar, Señor, contemplaré tu rostro.

Señor, hazme justicia
y a mi clamor atiende;
presta oído a mi súplica,
pues mis labios no mienten. ℞.

Mis pies en tus caminos se mantuvieron firmes,
no tembló mi pisada.
A ti mi voz elevo, pues sé que me respondes.
Atiéndeme, Dios mío, y escucha mis palabras. ℞.

Protégeme, Señor, como a las niñas de tus ojos,
bajo la sombra de tus alas escóndeme,
pues yo, por serte fiel, contemplaré tu rostro
y al despertarme, espero saciarme de tu vista. ℞.

SEGUNDA LECTURA

Que el Señor disponga los corazones de ustedes para toda clase de obras buenas y de buenas palabras.

De la segunda carta del apóstol san Pablo a los tesalonicenses
2, 16–3, 5

Hermanos: Que el mismo Señor nuestro, Jesucristo, y nuestro Padre Dios, que nos ha amado y nos ha dado gratuitamente un consuelo eterno y una feliz esperanza, conforten los corazones de ustedes y los dispongan a toda clase de obras buenas y de buenas palabras.

Por lo demás, hermanos, oren por nosotros para que la palabra del Señor se propague con rapidez y sea recibida con honor, como aconteció entre ustedes. Oren también para que Dios nos libre de los hombres perversos y malvados que nos acosan, porque no todos aceptan la fe.

Pero el Señor, que es fiel, les dará fuerza a ustedes y los librará del maligno. Tengo confianza en el Señor de que ya hacen ustedes y continuarán haciendo cuanto les he mandado. Que el Señor dirija su corazón para que amen a Dios y esperen pacientemente la venida de Cristo.

Palabra de Dios.   ℟. **Te alabamos, Señor.**

ACLAMACIÓN ANTES DEL EVANGELIO
Apoc 1, 5. 6

B.P. 1032 - Sosa

A - le - lu - ya, a - le - lu - ya, a - le - lu - ya.

℟.   Aleluya, aleluya.
Jesucristo es el primogénito de los muertos;
a él sea dada la gloria y el poder por siempre.
℟.   Aleluya, aleluya.

EVANGELIO
Dios no es Dios de muertos, sino de vivos.

✠ Del santo Evangelio según san Lucas
20, 27-38

En aquel tiempo, se acercaron a Jesús algunos saduceos. Como los saduceos niegan la resurrección de los muertos, le preguntaron: "Maestro, Moisés nos dejó escrito que si alguno tiene un hermano casado que muere sin haber tenido hijos, se case con la viuda para dar descendencia a su hermano. Hubo una vez siete hermanos, el mayor de los cuales se casó y murió sin dejar hijos. El segundo, el tercero y los demás, hasta el séptimo, tomaron por esposa a la viuda y todos murieron sin dejar sucesión. Por fin murió también la viuda. Ahora bien, cuando llegue la resurrección, ¿de cuál de ellos será esposa la mujer, pues los siete estuvieron casados con ella?"

Jesús les dijo: "En esta vida, hombres y mujeres se casan, pero en la vida futura, los que sean juzgados dignos de ella y de la resurrección de los muertos, no se casarán ni podrán ya morir, porque serán como los ángeles e hijos de Dios, pues él los habrá resucitado.

Y que los muertos resucitan, el mismo Moisés lo indica en el episodio de la zarza, cuando llama al Señor, *Dios de Abraham, Dios de Isaac, Dios de Jacob*. Porque Dios no es Dios de muertos, sino de vivos, pues para él todos viven".

Palabra del Señor.   ℟. **Gloria a ti, Señor Jesús.**

ORACIÓN SOBRE LAS OFRENDAS
Mira, Señor, con bondad los dones que te presentamos, a fin de que el sacramento de la muerte y resurrección de tu Hijo, nos alcance de ti la vida verdadera. Por Jesucristo, nuestro Señor.

ANTÍFONA DE LA COMUNIÓN   Sal 22, 1-2
El Señor es mi pastor, nada me falta; en verdes praderas me hace reposar; me conduce hacia fuentes tranquilas para reparar mis fuerzas.

ORACIÓN DESPUÉS DE LA COMUNIÓN
Te damos gracias, Señor, por habernos alimentado con el Cuerpo y la Sangre de tu Hijo y te rogamos que la fuerza del Espíritu Santo, que nos has comunicado en este sacramento, permanezca en nosotros y transforme toda nuestra vida. Por Jesucristo, nuestro Señor.

LOS MUERTOS RESUCITARÁN

Cristo lo afirma sin lugar a dudas en el evangelio de hoy.

Y esto es de vital importancia:

✍ Para los que lloramos la pérdida de un cónyuge, de un hijo, de un hermano, o de uno de nuestros padres, porque sabemos que si ese ser querido murió en amistad con Dios (y la amistad de Dios es mucho más grande de todo lo que podemos imaginar), Cristo ha salido al paso de su entierro para llamarlo por su nombre y darle una vida y una alegría eternas.

✍ Para nosotros, los que creemos en la otra vida, pero vivimos como si no creyéramos en ella, puestos nuestros cinco sentidos en pasarla bien o lo mejor que se pueda en ésta, caiga quien caiga, porque aún tenemos tiempo de rectificar el camino.

✍ Para los que vivimos esforzándonos por serle fieles a Dios, siendo justos y honrados, y a ratos como que nos desanimamos y nos dan ganas de arrojar el "arpa" de la honradez y decir: "**Santos sí**... **pero tarugos no**", porque la afirmación de Cristo nos da fuerzas para seguir luchando.

18 de noviembre

33ᵉʳ Domingo Ordinario

(Verde)

ANTÍFONA DE ENTRADA   Jer 29, 11. 12. 14

Yo tengo designios de paz, no de aflicción, dice el Señor. Me invocarán y yo los escucharé y los libraré de su esclavitud dondequiera que se encuentren.

ORACIÓN COLECTA

Concédenos, Señor, tu ayuda para entregarnos fielmente a tu servicio porque sólo en el cumplimiento de tu voluntad podremos encontrar la felicidad verdadera. Por nuestro Señor Jesucristo...

El profeta Malaquías vaticina la venida del Señor (PRIMERA LECTURA), como una hoguera para los perversos y un sol de justicia para los buenos. Jesús anuncia la ruina de Jerusalén (EVANGELIO), advierte a sus discípulos que se cuiden de los falsos profetas y les previene que será mucho lo que tendrán que sufrir por causa de su nombre. San Pablo (SEGUNDA LECTURA) recomienda a los cristianos que no dejen sus tareas cotidianas ni su trabajo.

PRIMERA LECTURA
Brillará para ustedes el sol de justicia.

Del libro del profeta Malaquías
3, 19-20

"Ya viene el día del Señor, ardiente como un horno, y todos los soberbios y malvados serán como la paja. El día que viene los consumirá, dice el Señor de los ejércitos, hasta no dejarles ni raíz ni rama. Pero para ustedes, los que temen al Señor, brillará el sol de justicia, que les traerá la salvación en sus rayos".

Palabra de Dios. ℟. **Te alabamos, Señor.**

SALMO RESPONSORIAL
Del salmo 97

J.G. Negrete B.P. 1732

To - da la tie - rra ha vis - to_al Sal - va - dor.

℟. Toda la tierra ha visto al Salvador.

Cantemos al Señor al son del arpa,
aclamemos al son de los clarines
al Señor, nuestro Rey. ℟.

    Alégrese el mar y el mundo submarino,
el orbe y todos los que en él habitan.
Que los ríos estallen en aplausos
y las montañas salten de alegría. ℟.

    Regocíjese todo ante el Señor,
porque ya viene a gobernar el orbe.
Justicia y rectitud serán las normas
con las que rija a todas las naciones. ℟.

SEGUNDA LECTURA
El que no quiera trabajar, que no coma.

De la segunda carta del apóstol san Pablo a los tesalonicenses
3, 7-12

Hermanos: Ya saben cómo deben vivir para imitar mi ejemplo, puesto que, cuando estuve entre ustedes, supe ganarme la vida y no dependí de nadie para comer; antes bien, de día y de noche trabajé hasta agotarme, para no serles gravoso. Y no porque no tuviera yo derecho a pedirles el sustento, sino para darles un ejemplo que imitar. Así, cuando estaba entre ustedes, les decía una y otra vez: "El que no quiera trabajar, que no coma".

    Y ahora vengo a saber que algunos de ustedes viven como holgazanes, sin hacer nada, y además, entrometiéndose en todo. Les suplicamos a esos tales y les ordenamos, de parte del Señor Jesús, que se pongan a trabajar en paz para ganarse con sus propias manos la comida.

Palabra de Dios.   ℟. **Te alabamos, Señor.**

ACLAMACIÓN ANTES DEL EVANGELIO
Lc 21, 28

B.P. 1032 - Sosa

A - le - lu - ya, a - le - lu - ya, a - le - lu - ya.

℟.   Aleluya, aleluya.
Estén atentos y levanten la cabeza,
porque se acerca la hora de su liberación, dice el Señor.
℟.   Aleluya, aleluya.

EVANGELIO
Si perseveran con paciencia, salvarán sus almas.

✠   Del santo Evangelio según san Lucas
21, 5-19

En aquel tiempo, como algunos ponderaban la solidez de la construcción del templo y la belleza de las ofrendas votivas que lo adornaban, Jesús dijo: "Días vendrán en que no quedará piedra sobre piedra de todo esto que están admirando; todo será destruido".

Entonces le preguntaron: "Maestro, ¿cuándo va a ocurrir esto y cuál será la señal de que ya está a punto de suceder?" Él les respondió: "Cuídense de que nadie los engañe, porque muchos vendrán usurpando mi nombre y dirán: 'Yo soy el Mesías. El tiempo ha llegado'. Pero no les hagan caso. Cuando oigan hablar de guerras y revoluciones, que no los domine el pánico, porque eso tiene que acontecer, pero todavía no es el fin".

Luego les dijo: "Se levantará una nación contra otra y un reino contra otro. En diferentes lugares habrá grandes terremotos, epidemias y hambre, y aparecerán en el cielo señales prodigiosas y terribles.

Pero antes de todo esto los perseguirán a ustedes y los apresarán; los llevarán a los tribunales y a la cárcel, y los harán comparecer ante reyes y gobernadores, por causa mía. Con esto darán testimonio de mí.

Grábense bien que no tienen que preparar de antemano su defensa, porque yo les daré palabras sabias, a las que no podrá resistir ni contradecir ningún adversario de ustedes.

Los traicionarán hasta sus propios padres, hermanos, parientes y amigos. Matarán a algunos de ustedes y todos los odiarán por causa mía. Sin embargo, no caerá ningún cabello de la cabeza de ustedes. Si se mantienen firmes, conseguirán la vida".

Palabra del Señor.   ℟. **Gloria a ti, Señor Jesús.**

ORACIÓN SOBRE LAS OFRENDAS

Que estos dones traídos a tu altar nos obtengan de ti, Señor y Dios nuestro, la gracia de servirte con amor y la felicidad eterna. Por Jesucristo, nuestro Señor.

ANTÍFONA DE LA COMUNIÓN   Sal 72, 28

Mi felicidad consiste en estar cerca de Dios y en poner sólo en él mis esperanzas.

ORACIÓN DESPUÉS DE LA COMUNIÓN

Señor, que nuestra participación en esta Eucaristía que tu Hijo nos mandó celebrar como memorial suyo, nos una siempre con el vínculo de tu amor. Por Jesucristo, nuestro Señor.

"MUCHOS VENDRÁN USURPANDO MI NOMBRE...

✓ y llamarán a la puerta de ustedes y tratarán de venderles revistas (o se las regalarán) y los invitarán a leer y estudiar la Biblia, primero en casa y después en un lugar especial...

✓ o se les acercarán en las terminales de autobuses o en las estaciones del Metro y les repartirán folletos en los cuales, al final, se los invita a tal o cual reunión para saber más sobre el tema del folleto...

✓ o los abordarán en cualquier lugar y les preguntarán si están seguros de su salvación, y les dirán que la única forma de estarlo es aceptar a Cristo en su vida y ya....

✓ o escucharán pláticas en las que se habla de Cristo, pero no del Cristo que padeció y murió por nosotros, sino del Cristo cósmico, que se encarnó en Buda, en Jesús, en Mahoma...

Ustedes respétenlos, generalmente son personas de buena voluntad,

PERO NO LES HAGAN CASO".

25 de noviembre — Nuestro Señor Jesucristo, Rey del universo

(Blanco)

ANTÍFONA DE ENTRADA
Apoc 5, 12; 1, 6

Digno es el Cordero que fue inmolado, de recibir el poder, la riqueza, la sabiduría, la fuerza y el honor. A él la gloria y el imperio por los siglos de los siglos.

ORACIÓN COLECTA

Dios todopoderoso y eterno, que quisiste fundar todas las cosas en tu Hijo muy amado, Rey del universo, haz que toda creatura, liberada de la esclavitud, sirva a tu majestad y te alabe eternamente. Por nuestro Señor Jesucristo...

Hoy nos presenta san Lucas (EVANGELIO) la imagen de Cristo en la cruz, con una inscripción que lo presentaba como rey de los judíos. Había razones para que aspirara a ese título, porque era descendiente de David, rey de Israel, como nos dice Samuel (PRIMERA LECTURA). Pero Cristo era mucho más que el rey de los judíos, porque, como dice san Pablo (SEGUNDA LECTURA), es la imagen de Dios invisible, el primogénito de las creaturas, la cabeza de su cuerpo, que es la Iglesia, y el que estableció la paz por medio de su cruz.

PRIMERA LECTURA
Ungieron a David como rey de Israel.

Del segundo libro de Samuel
5, 1-3

En aquellos días, todas las tribus de Israel fueron a Hebrón a ver a David, de la tribu de Judá, y le dijeron: "Somos de tu misma sangre. Ya desde antes, aunque Saúl reinaba sobre nosotros, tú eras el que conducía a Israel, pues ya el Señor te había dicho: 'Tú serás el pastor de Israel, mi pueblo; tú serás su guía' ".

Así pues, los ancianos de Israel fueron a Hebrón a ver a David, rey de Judá. David hizo con ellos un pacto en presencia del Señor y ellos lo ungieron como rey de todas las tribus de Israel.

Palabra de Dios. ℟. **Te alabamos, Señor.**

SALMO RESPONSORIAL
Del salmo 121

J. Venegas B.P. 1733

Va - ya - mos con a - le - grí - a al en - cuen - tro del Se - ñor.

℟. Vayamos con alegría al encuentro del Señor.

¡Qué alegría sentí cuando me dijeron:
"Vayamos a la casa del Señor"!
Y hoy estamos aquí, Jerusalén,
jubilosos, delante de tus puertas. ℟.

A ti, Jerusalén, suben las tribus,
las tribus del Señor,
según lo que a Israel se le ha ordenado,
para alabar el nombre del Señor. ℟.

Por el amor que tengo a mis hermanos,
voy a decir: "La paz sea contigo".
Y por la casa del Señor, mi Dios,
pediré para ti todos los bienes. ℟.

SEGUNDA LECTURA
Dios nos ha trasladado al Reino de su Hijo amado.

De la carta del apóstol san Pablo a los colosenses
1, 12-20

Hermanos:
Demos gracias a Dios Padre,
el cual nos ha hecho capaces de participar
en la herencia de su pueblo santo,
en el reino de la luz.

Él nos ha liberado del poder de las tinieblas
y nos ha trasladado al Reino de su Hijo amado,
por cuya sangre recibimos la redención,
esto es, el perdón de los pecados.

Cristo es la imagen de Dios invisible,
el primogénito de toda la creación,
porque en él tienen su fundamento todas las cosas creadas,
del cielo y de la tierra, las visibles y las invisibles,
sin excluir a los tronos y dominaciones,
a los principados y potestades.
Todo fue creado por medio de él y para él.

Él existe antes que todas las cosas,
y todas tienen su consistencia en él.
Él es también la cabeza del cuerpo, que es la Iglesia.
Él es el principio, el primogénito de entre los muertos,
para que sea el primero en todo.

Porque Dios quiso que en Cristo habitara toda plenitud
y por él quiso reconciliar consigo todas las cosas,
del cielo y de la tierra,
y darles la paz por medio de su sangre,
derramada en la cruz.
Palabra de Dios. ℞. **Te alabamos, Señor.**

ACLAMACIÓN ANTES DEL EVANGELIO
Mc 11, 9. 10

B.P. 1032 - Sosa

A - le - lu - ya, a - le - lu - ya, a - le - lu - ya.

℞. Aleluya, aleluya.
¡Bendito el que viene en el nombre del Señor!
¡Bendito el reino que llega, el reino de nuestro padre David!
℞. Aleluya, aleluya.

EVANGELIO
Señor, cuando llegues a tu Reino, acuérdate de mí.

✠ Del santo Evangelio según san Lucas
23, 35-43

Cuando Jesús estaba ya crucificado, las autoridades le hacían muecas, diciendo: "A otros ha salvado; que se salve a sí mismo, si él
es el Mesías de Dios, el elegido".

También los soldados se burlaban de Jesús, y acercándose a él, le ofrecían vinagre y le decían: "Si tú eres el rey de los judíos, sálvate a ti mismo". Había, en efecto, sobre la cruz, un letrero en griego, latín y hebreo, que decía: "Éste es el rey de los judíos".

Uno de los malhechores crucificados insultaba a Jesús, diciéndole: "Si tú eres el Mesías, sálvate a ti mismo y a nosotros". Pero el otro le reclamaba, indignado: "¿Ni siquiera temes tú a Dios, estando en el mismo suplicio? Nosotros justamente recibimos el pago de lo que hicimos. Pero éste ningún mal ha hecho". Y le decía a Jesús: "Señor, cuando llegues a tu Reino, acuérdate de mí". Jesús le respondió: "Yo te aseguro que hoy estarás conmigo en el paraíso".

Palabra del Señor. ℞. **Gloria a ti, Señor Jesús.**

ORACIÓN SOBRE LAS OFRENDAS

Al ofrecerte el sacrificio de la reconciliación humana, te rogamos, Señor, que Jesucristo, tu Hijo, conceda a todos los pueblos los bienes de la unidad y de la paz. Por Jesucristo, nuestro Señor.

ANTÍFONA DE LA COMUNIÓN
Sal 28, 10-11

En su trono reinará el Señor para siempre y le dará a su pueblo la bendición de la paz.

ORACIÓN DESPUÉS DE LA COMUNIÓN

Alimentados con el pan que da la vida eterna, te pedimos, Señor, que quienes nos gloriamos en obedecer aquí los mandatos de Cristo, Rey del universo, podamos vivir con él eternamente en el cielo. Por Jesucristo, nuestro Señor.

"SÁLVATE A TI MISMO Y A NOSOTROS"

Es decir, un Cristo y un cristianismo sin cruz.

Lo mismo que pedía uno de los crucificados con Cristo: el **"milagrito"** con el que soñamos sobre todo los cristianos de ahora, que queremos ser **"cristianos"**, pero sin tener que cargar con nuestras cruces:

† la cruz de la castidad prematrimonial y de la fidelidad conyugal, por ejemplo;

† la cruz de los hijos...

† la cruz de la honradez (en un país en el que no da muy buenos resultados económicos que digamos)...

† la cruz de atender a los padres ancianos o enfermos (o las dos cosas)...

† la cruz de un hijo discapacitado...

† la cruz de un cónyuge "incómodo"...

† la cruz de una enfermedad larga o dolorosa...

Ante un Cristo crucificado no cabe la petición del ladrón "malo": **"Sálvate a ti mismo y a nosotros"**, sino la del "bueno": **"Cuando llegues a tu Reino** (adonde Cristo ya llegó) **acuérdate de mí"** y échanos una manita con nuestras cruces.

2 de diciembre

1er Domingo de Adviento (Ciclo A)

(Morado)

ANTÍFONA DE ENTRADA Sal 24, 1-3

A ti, Señor, levanto mi alma; Dios mío, en ti confío, no quede yo defraudado. Que no se burlen de mí mis enemigos; pues los que esperan en ti, no quedan defraudados.

No se dice Gloria

ORACIÓN COLECTA

Señor, despierta en nosotros el deseo de prepararnos a la venida de Cristo con la práctica de las obras de misericordia para que, puestos a su derecha el día del juicio, podamos entrar al Reino de los cielos. Por nuestro Señor Jesucristo…

Para este primer domingo del año litúrgico, san Mateo (EVANGELIO) nos habla del Señor, quien nos pide que esperemos velando a fin de estar preparados cuando él vuelva. También san Pablo nos invita a preparar la llegada del día de Cristo (SEGUNDA LECTURA). El profeta Isaías contempla también, a lo lejos, el día del Señor (PRIMERA LECTURA), cuando todos los pueblos se congreguen para llegar a la ciudad de Dios.

PRIMERA LECTURA

El Señor reúne a todos los pueblos en la paz eterna de su Reino.

Del libro del profeta Isaías
2, 1-5

Visión de Isaías, hijo de Amós, acerca de Judá y Jerusalén:
En días futuros, el monte de la casa del Señor
será elevado en la cima de los montes,
encumbrado sobre las montañas,
y hacia él confluirán todas las naciones.
Acudirán pueblos numerosos, que dirán:
"Vengan, subamos al monte del Señor,
a la casa del Dios de Jacob,
para que él nos instruya en sus caminos
y podamos marchar por sus sendas.
Porque de Sión saldrá la ley,
de Jerusalén, la palabra del Señor".
Él será el árbitro de las naciones
y el juez de pueblos numerosos.
De las espadas forjarán arados
y de las lanzas, podaderas;
ya no alzará la espada pueblo contra pueblo,
ya no se adiestrarán para la guerra.
¡Casa de Jacob, en marcha!
Caminemos a la luz del Señor.

Palabra de Dios. ℞. **Te alabamos, Señor.**

SALMO RESPONSORIAL
Del salmo 121

W. Íñiguez B.P. 1502

Va - ya - mos con a - le - grí - a al en - cuen - tro del Se - ñor.

℞. Vayamos con alegría al encuentro del Señor.

¡Qué alegría sentí, cuando me dijeron:
"Vayamos a la casa del Señor"!
Y hoy estamos aquí, Jerusalén,
jubilosos, delante de tus puertas. ℞.
A ti, Jerusalén, suben las tribus,
las tribus del Señor,
según lo que a Israel se le ha ordenado,
para alabar el nombre del Señor.
En ella están los tribunales de justicia,
en el palacio de David. ℞.

[℟. Vayamos con alegría al encuentro del Señor.]

Digan de todo corazón: "Jerusalén,
que haya paz entre aquellos que te aman,
que haya paz dentro de tus murallas
y que reine la paz en cada casa". ℟.
Por el amor que tengo a mis hermanos,
voy a decir: "La paz esté contigo".
Y por la casa del Señor, mi Dios,
pediré para ti todos los bienes. ℟.

SEGUNDA LECTURA
Ya está cerca nuestra salvación.

De la carta del apóstol san Pablo a los romanos
13, 11-14

Hermanos: Tomen en cuenta el momento en que vivimos. Ya es
hora de que se despierten del sueño, porque ahora nuestra salvación está más cerca que cuando empezamos a creer. La noche está
avanzada y se acerca el día. Desechemos, pues, las obras de las tinieblas y revistámonos con las armas de la luz.
Comportémonos honestamente, como se hace en pleno día. Nada
de comilonas ni borracheras, nada de lujurias ni desenfrenos, nada de
pleitos ni envidias. Revístanse, más bien, de nuestro Señor Jesucristo
y que el cuidado de su cuerpo no dé ocasión a los malos deseos.

Palabra de Dios.   ℟. **Te alabamos, Señor.**

ACLAMACIÓN ANTES DEL EVANGELIO
Sal 84, 8

B.P. 1034 - Palazón

A - le - lu - ya,   a - le - lu - ya,   a - le - lu - ya.

℟. Aleluya, aleluya.
Muéstranos, Señor, tu misericordia
y danos tu salvación.
℟. Aleluya, aleluya.

EVANGELIO
Velen y estén preparados.

 Del santo Evangelio según san Mateo
24, 37-44

En aquel tiempo, Jesús dijo a sus discípulos: "Así como sucedió en tiempos de Noé, así también sucederá cuando venga el Hijo del hombre. Antes del diluvio, la gente comía, bebía y se casaba, hasta el día en que Noé entró en el arca. Y cuando menos lo esperaban, sobrevino el diluvio y se llevó a todos. Lo mismo sucederá cuando venga el Hijo del hombre. Entonces, de dos hombres que estén en el campo, uno será llevado y el otro será dejado; de dos mujeres que estén juntas moliendo trigo, una será tomada y la otra dejada.

Velen, pues, y estén preparados, porque no saben qué día va a venir su Señor. Tengan por cierto que si un padre de familia supiera a qué hora va a venir el ladrón, estaría vigilando y no dejaría que se le metiera por un boquete en su casa. También ustedes estén preparados, porque a la hora que menos lo piensen, vendrá el Hijo del hombre".

Palabra del Señor. ℟. **Gloria a ti, Señor Jesús.**

ORACIÓN SOBRE LAS OFRENDAS
Acepta, Señor, estas ofrendas que hemos tomado de tus mismos dones, y concédenos que esta Eucaristía que estamos celebrando, nos alcance la salvación eterna. Por Jesucristo, nuestro Señor.

ANTÍFONA DE LA COMUNIÓN   Sal 84, 13
El Señor nos mostrará su misericordia y nuestra tierra producirá su fruto.

ORACIÓN DESPUÉS DE LA COMUNIÓN
Por nuestra participación en esta Eucaristía, enséñanos, Señor, a no poner nuestro corazón en las cosas pasajeras, sino en los bienes eternos. Por Jesucristo, nuestro Señor.

8 de diciembre
Sábado

La Inmaculada Concepción de la Santísima Virgen María

(Blanco o azul)

ANTÍFONA DE ENTRADA   Is 61, 10

Con gozo intenso me gozaré en el Señor y en mi Dios se alegrará mi alma, pues me ha vestido una túnica de salvación y me ha cubierto con un manto de inocencia, como la novia se enjoya para su boda.

Se dice Gloria

ORACIÓN COLECTA

Dios todopoderoso, que por la inmaculada concepción de la Virgen María preparaste una morada digna para tu Hijo y, en atención a los méritos de la muerte redentora de Cristo, la preservaste de toda mancha de pecado, concédenos, por su maternal intercesión, vivir en tu presencia sin pecado. Por nuestro Señor Jesucristo...

El ángel saludó a María, diciéndole: "Alégrate, llena de gracia, el Señor está contigo" (EVANGELIO). María recibió plenamente la bendición con que Dios nos ha colmado en Cristo, "para que fuéramos –dice san Pablo– santos e irreprochables ante sus ojos por el amor" (SEGUNDA LECTURA). El libro del Génesis (PRIMERA LECTURA), anuncia la victoria de la descendencia de la Virgen, es decir, de Cristo sobre Satanás.

PRIMERA LECTURA
Pondré enemistad entre ti y la mujer, entre tu descendencia y la suya.

Del libro del Génesis
3, 9-15. 20

Después de que el hombre y la mujer comieron del fruto del árbol prohibido, el Señor Dios llamó al hombre y le preguntó: "¿Dónde estás?" Éste le respondió: "Oí tus pasos en el jardín y tuve miedo, porque estoy desnudo, y me escondí". Entonces le dijo Dios: "¿Y quién te ha dicho que estabas desnudo? ¿Has comido acaso del árbol del que te prohibí comer?"

Respondió Adán: "La mujer que me diste por compañera me ofreció del fruto del árbol y comí". El Señor Dios dijo a la mujer: "¿Por qué has hecho esto?" Repuso la mujer: "La serpiente me engañó y comí".

Entonces dijo el Señor Dios a la serpiente:
"Porque has hecho esto,
serás maldita entre todos los animales
y entre todas las bestias salvajes.
Te arrastrarás sobre tu vientre y comerás polvo
todos los días de tu vida.
Pondré enemistad entre ti y la mujer,
entre tu descendencia y la suya;
y su descendencia te aplastará la cabeza,
mientras tú tratarás de morder su talón".

El hombre le puso a su mujer el nombre de "Eva", porque ella fue la madre de todos los vivientes.

Palabra de Dios.   ℞. **Te alabamos, Señor.**

SALMO RESPONSORIAL
Del salmo 97

E. Estrella B.P. 1577

Can - te - mos al Se - ñor un can - to
nue - vo, pues ha he - cho ma - ra - vi - llas.

℞. Cantemos al Señor un canto nuevo,
   pues ha hecho maravillas.

Cantemos al Señor un canto nuevo,
pues ha hecho maravillas.
Su diestra y su santo brazo
le han dado la victoria. ℞.
      El Señor ha dado a conocer su victoria
y ha revelado a las naciones su justicia.
Una vez más ha demostrado Dios
su amor y su lealtad hacia Israel. ℞.
      La tierra entera ha contemplado
la victoria de nuestro Dios.
Que todos los pueblos y naciones
aclamen con júbilo al Señor. ℞.

SEGUNDA LECTURA
Dios nos eligió en Cristo, antes de crear el mundo.

De la carta del apóstol san Pablo a los efesios
1, 3-6. 11-12

Bendito sea Dios, Padre de nuestro Señor Jesucristo,
   que nos ha bendecido en él
con toda clase de bienes espirituales y celestiales.
Él nos eligió en Cristo, antes de crear el mundo,
para que fuéramos santos
e irreprochables a sus ojos, por el amor,
y determinó, porque así lo quiso,
que, por medio de Jesucristo, fuéramos sus hijos,
para que alabemos y glorifiquemos la gracia
con que nos ha favorecido, por medio de su Hijo amado.
      Con Cristo somos herederos también nosotros. Para esto está-
bamos destinados, por decisión del que lo hace todo según su voluntad: para que fuéramos una alabanza continua de su gloria, nosotros,
los que ya antes esperábamos en Cristo.

Palabra de Dios.   ℞. **Te alabamos, Señor.**

ACLAMACIÓN ANTES DEL EVANGELIO

Cfr Lc 1, 28

B.P. 1244 Sosa.

A - le - lu - ya, A - le - lu - ya, A - le - lu - ya.

℞. Aleluya, aleluya.
Dios te salve, María, llena de gracia, el Señor está contigo,
bendita tú entre las mujeres.
℞. Aleluya, aleluya.

EVANGELIO
Alégrate, llena de gracia, el Señor está contigo.

✠ Del santo Evangelio según san Lucas
1, 26-38

En aquel tiempo, el ángel Gabriel fue enviado por Dios a una ciudad de Galilea, llamada Nazaret, a una virgen desposada con un varón de la estirpe de David, llamado José. La virgen se llamaba María.

Entró el ángel a donde ella estaba y le dijo: "Alégrate, llena de gracia, el Señor está contigo". Al oír estas palabras, ella se preocupó mucho y se preguntaba qué querría decir semejante saludo.

El ángel le dijo: "No temas, María, porque has hallado gracia ante Dios. Vas a concebir y a dar a luz un hijo y le pondrás por nombre Jesús. Él será grande y será llamado Hijo del Altísimo; el Señor Dios le dará el trono de David, su padre, y él reinará sobre la casa de Jacob por los siglos y su reinado no tendrá fin".

María le dijo entonces al ángel: "¿Cómo podrá ser esto, puesto que yo permanezco virgen?" El ángel le contestó: "El Espíritu Santo descenderá sobre ti y el poder del Altísimo te cubrirá con su sombra. Por eso, el Santo, que va a nacer de ti, será llamado Hijo de Dios. Ahí tienes a tu parienta Isabel, que a pesar de su vejez, ha concebido un hijo y ya va en el sexto mes la que llamaban estéril, porque no hay nada imposible para Dios". María contestó: "Yo soy la esclava del Señor, cúmplase en mí lo que me has dicho". Y el ángel se retiró de su presencia.

Palabra del Señor. ℞. **Gloria a ti, Señor Jesús.**

Se dice Credo

ORACIÓN SOBRE LAS OFRENDAS

Acepta, Señor, el sacrificio de salvación que vamos a ofrecerte en esta festividad de la santísima Virgen María, a la que, desde su concepción, preservaste de todo pecado y, por su intercesión, concédenos el perdón de todas nuestras culpas. Por Jesucristo, nuestro Señor.

ANTÍFONA DE LA COMUNIÓN

Grandes cosas se cantan de ti, María, porque de ti ha nacido el Sol de Justicia, Cristo nuestro Dios.

ORACIÓN DESPUÉS DE LA COMUNIÓN

Que el Cuerpo y la Sangre de tu Hijo que hemos recibido, nos ayuden, Señor, a superar la debilidad que nos dejó el pecado original, del cual, por singular privilegio, preservaste a la santísima Virgen María en su inmaculada concepción. Por Jesucristo, nuestro Señor.

LO QUE ANA Y JOAQUÍN NO SABÍAN

♠ Ana y Joaquín –Dios lo sabía muy bien– eran de los pocos seres humanos de aquel entonces que no estaban enfermos de dinero ni de cosas ni de haberes.

♠ Y un día, toda la fuerza creadora de Dios bajó hasta Ana y Joaquín, y Ana y Joaquín, juntamente con el Padre y el Hijo y el Espíritu Santo, trajeron a la existencia algo que es inmensamente más grandioso que todo lo que creó Dios en aquellos siete días grandes del principio del mundo: María.

♠ Pero en el mundo todo parecía seguir igual, hasta que un día Ana vino con su primer gran secreto de esposa:
–¿Sabes, Joaquín? Creo que...

♠ Era verdad. Lo que no sabían Ana y Joaquín era que la serpiente del paraíso llevaba ya varios días comiéndose a sí misma por la cola.

♠ Tampoco sabían que las nubes llevaban ya varios días tocando las campanas, y que la tierra, vista desde el cielo, se veía toda azul, como se ve el cielo desde la tierra.

♠ No sabían que era por primera vez la fiesta de la Inmaculada Concepción.

9 de diciembre   2° Domingo de Adviento

(Morado)

Pueblo de Sión, mira que el Señor va a venir para salvar a todos los hombres y dejará oír la majestad de su voz para alegría del corazón de ustedes.

No se dice Gloria

ORACIÓN COLECTA

Que nuestras responsabilidades terrenas no nos impidan, Señor, prepararnos a la venida de tu Hijo, y que la sabiduría que viene del cielo, nos disponga a recibirlo y a participar de su propia vida. Por nuestro Señor Jesucristo...

El profeta Isaías (PRIMERA LECTURA) quiere encender en el pueblo de Israel la llama de la esperanza por la llegada del Mesías y para eso, describe un mundo lleno de justicia y de concordia. También san Pablo (SEGUNDA LECTURA) nos habla de la esperanza y nos dice que toda ella se funda en la bondad y la fidelidad de Dios. De igual manera, san Mateo (EVANGELIO) nos muestra la gran figura de Juan el Bautista, quien invita a sus contemporáneos a preparar "el camino del Señor" y a purificar su conducta porque ya es inminente la venida del Mesías.

PRIMERA LECTURA

Les hará justicia a los pobres.

Del libro del profeta Isaías
11, 1-10

En aquel día, brotará un renuevo del tronco de Jesé,
un vástago florecerá de su raíz.
Sobre él se posará el espíritu del Señor,
espíritu de sabiduría e inteligencia,
espíritu de consejo y fortaleza,
espíritu de piedad y temor de Dios.
   No juzgará por apariencias,
ni sentenciará de oídas;
defenderá con justicia al desamparado
y con equidad dará sentencia al pobre;
herirá al violento con el látigo de su boca,
con el soplo de sus labios matará al impío.
Será la justicia su ceñidor,
la fidelidad apretará su cintura.
   Habitará el lobo con el cordero,
la pantera se echará con el cabrito,
el novillo y el león pacerán juntos
y un muchachito los apacentará.
La vaca pastará con la osa
y sus crías vivirán juntas.
El león comerá paja con el buey.
   El niño jugará sobre el agujero de la víbora;
la criatura meterá la mano en el escondrijo de la serpiente.
No harán daño ni estrago por todo mi monte santo,
porque así como las aguas colman el mar,
así está lleno el país de la ciencia del Señor.
Aquel día la raíz de Jesé se alzará
como bandera de los pueblos,
la buscarán todas las naciones
y será gloriosa su morada.

Palabra de Dios.   ℟. **Te alabamos, Señor.**

SALMO RESPONSORIAL
Del salmo 71

W. Íñiguez B.P. 1503

Ven, Se-ñor, rey de jus-ti-cia y de paz.

℟. Ven, Señor, rey de justicia y de paz.

Comunica, Señor, al rey tu juicio,
y tu justicia al que es hijo de reyes;
así tu siervo saldrá en defensa de tus pobres
y regirá a tu pueblo justamente. ℟.
    Florecerá en sus días la justicia
y reinará la paz, era tras era.
De mar a mar se extenderá su reino
y de un extremo al otro de la tierra. ℟.
    Al débil librará del poderoso
y ayudará al que se encuentra sin amparo;
se apiadará del desvalido y pobre
y salvará la vida al desdichado. ℟.
    Que bendigan al Señor eternamente,
y tanto como el sol, viva su nombre.
Que él sea la bendición del mundo entero
y lo aclamen dichoso las naciones. ℟.

SEGUNDA LECTURA
Cristo salvó a todos los hombres.

De la carta del apóstol san Pablo a los romanos
15, 4-9

Hermanos: Todo lo que en el pasado ha sido escrito en los libros santos, se escribió para instrucción nuestra, a fin de que, por la paciencia y el consuelo que dan las Escrituras, mantengamos la esperanza.

    Que Dios, fuente de toda paciencia y consuelo, les conceda a ustedes vivir en perfecta armonía unos con otros, conforme al espíritu de Cristo Jesús, para que, con un solo corazón y una sola voz alaben a Dios, Padre de nuestro Señor Jesucristo.

    Por lo tanto, acójanse los unos a los otros como Cristo los acogió a ustedes, para gloria de Dios. Quiero decir con esto, que Cristo se puso al servicio del pueblo judío, para demostrar la fidelidad de Dios, cumpliendo las promesas hechas a los patriarcas y que por su misericordia los paganos alaban a Dios, según aquello que dice la Escritura: *Por eso te alabaré y cantaré himnos a tu nombre.*

Palabra de Dios. ℟. **Te alabamos, Señor.**

ACLAMACIÓN ANTES DEL EVANGELIO

Cfr Lc 3, 4. 6

B.P. 1034 - Palazón

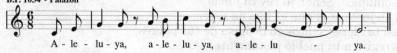

A - le - lu - ya,   a - le - lu - ya,   a - le - lu - ya.

℟.   Aleluya, aleluya.

Preparen el camino del Señor, hagan rectos sus senderos,
y todos los hombres verán la salvación de Dios.

℟.   Aleluya, aleluya.

EVANGELIO

Conviértanse, porque ya está cerca el Reino de los cielos.

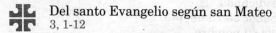 Del santo Evangelio según san Mateo
3, 1-12

En aquel tiempo, comenzó Juan el Bautista a predicar en el desierto de Judea, diciendo: "Conviértanse, porque ya está cerca el Reino de los cielos". Juan es aquel de quien el profeta Isaías hablaba, cuando dijo: *Una voz clama en el desierto: Preparen el camino del Señor, enderecen sus senderos.*

Juan usaba una túnica de pelo de camello, ceñida con un cinturón de cuero, y se alimentaba de saltamontes y de miel silvestre. Acudían a oírlo los habitantes de Jerusalén, de toda Judea y de toda la región cercana al Jordán; confesaban sus pecados y él los bautizaba en el río.

Al ver que muchos fariseos y saduceos iban a que los bautizara, les dijo: "Raza de víboras, ¿quién les ha dicho que podrán escapar al castigo que les aguarda? Hagan ver con obras su conversión y no se hagan ilusiones pensando que tienen por padre a Abraham, porque yo les aseguro que hasta de estas piedras puede Dios sacar hijos de Abraham. Ya el hacha está puesta a la raíz de los árboles, y todo árbol que no dé fruto, será cortado y arrojado al fuego.

Yo los bautizo con agua, en señal de que ustedes se han convertido; pero el que viene después de mí, es más fuerte que yo, y yo ni siquiera soy digno de quitarle las sandalias. Él los bautizará en el Espíritu Santo y su fuego. Él tiene el bieldo en su mano para separar el trigo de la paja. Guardará el trigo en su granero y quemará la paja en un fuego que no se extingue".

Palabra del Señor.   ℟. **Gloria a ti, Señor Jesús.**

ORACIÓN SOBRE LAS OFRENDAS

Que te sean agradables, Señor, nuestras humildes ofrendas y oraciones, y que tu misericordia supla la extrema pobreza de nuestros méritos. Por Jesucristo, nuestro Señor.

ANTÍFONA DE LA COMUNIÓN

Bar 5, 5; 4, 36

Levántate, Jerusalén, sube a lo alto, para que contemples la alegría que te viene de Dios.

ORACIÓN DESPUÉS DE LA COMUNIÓN

Como fruto de nuestra participación en este sacramento de vida eterna, enséñanos, Señor, a no sobrevalorar las cosas terrenales y a estimar las del cielo. Por Jesucristo, nuestro Señor.

ADVIENTO ES ARREPENTIRNOS

☆ de habernos olvidado de que en la vida matrimonial o nos queremos más cada día o cada día nos querremos menos, y ciertamente no es esto último lo que el Señor quiere de los esposos...

☆ de haber olvidado que "**vecino**" es otra manera de decir "prójimo", y de que los prójimos son para amarlos y no para dejarles bolsas de basura en las puertas, estacionar el auto frente a su cochera y para despreocuparnos olímpicamente de si están enfermos o necesitan que les echemos "una manita" de vez en cuando...

☆ de pensar que el hambre, el desempleo, la miseria y la falta de educación de los demás sólo es "su problema" y no también "**nuestro problema**"...

☆ de no darles a nuestros padres más respeto, más cariño y más ayuda de los que, quizá, les damos...

☆ de la poca instrucción religiosa que les damos a nuestros hijos o de los pocos ejemplos con que confirmamos esta instrucción...

Y HACER VER CON OBRAS NUESTRO ARREPENTIMIENTO.

12 de diciembre
Miércoles

Nuestra Señora de Guadalupe
(Blanco)

ANTÍFONA DE ENTRADA   Apoc 12, 1
Una gran señal apareció en el cielo: una mujer, vestida del sol, con la luna bajo sus pies y una corona de doce estrellas sobre su cabeza.

Se dice Gloria

ORACIÓN COLECTA
Padre de misericordia, que has puesto a este pueblo tuyo bajo la especial protección de la siempre Virgen María de Guadalupe, Madre de tu Hijo, concédenos, por su intercesión, profundizar en nuestra fe y buscar el progreso de nuestra patria por caminos de justicia y de paz. Por nuestro Señor Jesucristo…

Toda la Misa de hoy exalta a la Virgen María. La Iglesia acomoda un pasaje del libro del Eclesiástico a la Santísima Virgen, o bien, utiliza el mensaje profético de Isaías sobre la maternidad virginal de María (PRIMERA LECTURA). San Lucas nos señala a la Virgen María, escogida por Dios para ser la madre de su Hijo hecho hombre, como la mujer que tiene la misión de entregarnos al Redentor. Ya lo lleva en su seno y la presencia salvadora de su Hijo se manifiesta en Isabel y en Juan. Todo eso fue posible porque María creyó y respondió sin condiciones al llamado de Dios (EVANGELIO). San Pablo aclara la misión salvadora de Cristo (SEGUNDA LECTURA), como Hijo de Dios nacido de María, así como el papel del Espíritu Santo en la obra redentora.

PRIMERA LECTURA
He aquí que la virgen concebirá y dará a luz un hijo.

Del libro del profeta Isaías
7, 10-14

E n aquellos tiempos, el Señor le habló a Ajaz diciendo: "Pide al Señor, tu Dios, una señal de abajo, en lo profundo o de arriba, en lo alto". Contestó Ajaz: "No la pediré. No tentaré al Señor".

Entonces dijo Isaías: "Oye, pues, casa de David: ¿No satisfechos con cansar a los hombres, quieren cansar también a mi Dios? Pues bien, el Señor mismo les dará por eso una señal: He aquí que la virgen concebirá y dará a luz un hijo y le pondrán el nombre de Emmanuel, que quiere decir Dios-con-nosotros".

Palabra de Dios.   R. **Te alabamos, Señor.**

O bien:

Yo soy la madre del amor. Vengan a mí, los que me aman.

Del libro del Eclesiástico (Sirácide)
24, 23-31

Y o soy como una vid de fragantes hojas
   y mis flores son producto de gloria y de riqueza.
Yo soy la madre del amor, del temor,
del conocimiento y de la santa esperanza.
En mí está toda la gracia del camino y de la verdad,
toda esperanza de vida y de virtud.
   Vengan a mí, ustedes, los que me aman
y aliméntense de mis frutos.
Porque mis palabras son más dulces que la miel
y mi heredad, mejor que los panales.
   Los que me coman seguirán teniendo hambre de mí,
los que me beban seguirán teniendo sed de mí;
los que me escuchan no tendrán de qué avergonzarse
y los que se dejan guiar por mí no pecarán.
Los que me honran tendrán una vida eterna.

Palabra de Dios.   R. **Te alabamos, Señor.**

SALMO RESPONSORIAL
Del salmo 66

J. Sosa B.P. 1578

Que te_a-la - ben, Se - ñor,   to-dos los pue-blos de la tie - rra.

℞.   Que te alaben, Señor, todos los pueblos.

Ten piedad de nosotros y bendícenos;
vuelve, Señor, tus ojos a nosotros.
Que conozca la tierra tu bondad
y los pueblos tu obra salvadora. ℞.

　　Las naciones con júbilo te canten,
porque juzgas al mundo con justicia;
con equidad tú juzgas a los pueblos
y riges en la tierra a las naciones. ℞.

　　Que te alaben, Señor, todos los pueblos,
que los pueblos te aclamen todos juntos.
Que nos bendiga Dios
y que le rinda honor el mundo entero. ℞.

SEGUNDA LECTURA
Dios envió a su Hijo, nacido de una mujer.

De la carta del apóstol san Pablo a los gálatas
4, 4-7

Hermanos: Al llegar la plenitud de los tiempos, envió Dios a su
Hijo, nacido de una mujer, nacido bajo la ley, para rescatar a
los que estábamos bajo la ley, a fin de hacernos hijos suyos.

　　Puesto que ya son ustedes hijos, Dios envió a sus corazones el
Espíritu de su Hijo, que clama: "¡Abbá!", es decir, ¡Padre! Así que ya
no eres siervo, sino hijo; y siendo hijo, eres también heredero por voluntad de Dios.

Palabra de Dios.   ℞. **Te alabamos, Señor.**

ACLAMACIÓN ANTES DEL EVANGELIO
Lc 1, 47

B.P. 1032 - Sosa

A - le - lu - ya, a-le-lu - ya, a-le-lu - ya.

℟. Aleluya, aleluya.
Mi alma glorifica al Señor
y mi espíritu se llena de júbilo en Dios, mi salvador.
℟. Aleluya, aleluya.

EVANGELIO
Bendita tú entre las mujeres y bendito el fruto de tu vientre.

 Del santo Evangelio según san Lucas
1, 39-48

E n aquellos días, María se encaminó presurosa a un pueblo de las montañas de Judea y, entrando en la casa de Zacarías, saludó a Isabel. En cuanto ésta oyó el saludo de María, la criatura saltó en su seno.

Entonces Isabel quedó llena del Espíritu Santo y, levantando la voz, exclamó: "¡Bendita tú entre las mujeres y bendito el fruto de tu vientre! ¿Quién soy yo, para que la madre de mi Señor venga a verme? Apenas llegó tu saludo a mis oídos, el niño saltó de gozo en mi seno. Dichosa tú, que has creído, porque se cumplirá cuanto te fue anunciado de parte del Señor".

Entonces dijo María: "Mi alma glorifica al Señor *y mi espíritu se llena de júbilo en Dios mi salvador,* porque *puso sus ojos en la humildad de su esclava"*.

Palabra del Señor. ℟. **Gloria a ti, Señor Jesús.**

Se dice Credo

ORACIÓN SOBRE LAS OFRENDAS
Acepta, Señor, los dones que te presentamos en esta solemnidad de nuestra Señora de Guadalupe, y haz que este sacrificio nos dé fuerza para cumplir tus mandamientos como verdaderos hijos de la Virgen María. Por Jesucristo, nuestro Señor.

ANTÍFONA DE LA COMUNIÓN Cfr Sal 147, 20
No ha hecho nada semejante con ningún otro pueblo; a ninguno le ha manifestado tan claramente su amor.

ORACIÓN DESPUÉS DE LA COMUNIÓN

Que el Cuerpo y la Sangre de tu Hijo, que hemos recibido en este sacramento, nos ayuden, Señor, por intercesión de nuestra santísima Madre de Guadalupe, a reconocernos y amarnos todos como verdaderos hermanos. Por Jesucristo, nuestro Señor.

"ACORDAOS" GUADALUPANO

❀ Acuérdate, Señora y Niña nuestra, que un día nos dijiste a los mexicanos que era nada lo que nos afligía y asustaba, que no se turbara nuestro corazón y que no temiéramos ninguna enfermedad y angustia, porque tú, que eras nuestra Madre, estabas aquí y que nosotros estábamos en tu regazo.

❀ Animados con estas palabras, santa Madre de Dios y Madre nuestra, acudimos hoy a ti, seguros de que remediarás todas nuestras miserias, penas y dolores. Amén.

16 de diciembre   3ᵉʳ Domingo de Adviento

(Morado)

ANTÍFONA DE ENTRADA   Flp 4, 4. 5

Estén siempre alegres en el Señor, se lo repito, estén alegres. El Señor está cerca.

No se dice Gloria

ORACIÓN COLECTA

Mira, Señor, a tu pueblo, que espera con fe la fiesta del nacimiento de tu Hijo, y concédele celebrar el gran misterio de nuestra salvación con un corazón nuevo y una inmensa alegría. Por nuestro Señor Jesucristo...

Los deportados de Israel soñaban con su liberación e imaginaban el día maravilloso en que ya no habría penas ni enfermedades, como se lo anunciaba el profeta Isaías (PRIMERA LECTURA). El sueño se hizo realidad con Jesús, que pasó curando todas las enfermedades y anunciando la buena nueva del Reino (EVANGELIO). Pero tendrán que transcurrir miles de años antes de que los tiempos mesiánicos lleguen a su plenitud. Por eso nos recomienda Santiago (SEGUNDA LECTURA) esperar con paciencia la venida del Señor.

PRIMERA LECTURA

Dios mismo viene a salvarnos.

Del libro del profeta Isaías
35, 1-6. 10

Esto dice el Señor:
"Regocíjate, yermo sediento.
Que se alegre el desierto y se cubra de flores,
que florezca como un campo de lirios,
que se alegre y dé gritos de júbilo,
porque le será dada la gloria del Líbano,
el esplendor del Carmelo y del Sarón.

Ellos verán la gloria del Señor,
el esplendor de nuestro Dios.
Fortalezcan las manos cansadas,
afiancen las rodillas vacilantes.
Digan a los de corazón apocado:
'¡Ánimo! No teman.
He aquí que su Dios,
vengador y justiciero,
viene ya para salvarnos'.

Se iluminarán entonces los ojos de los ciegos,
y los oídos de los sordos se abrirán.
Saltará como un venado el cojo,
y la lengua del mudo cantará.

Volverán a casa los rescatados por el Señor,
vendrán a Sión con cánticos de júbilo,
coronados de perpetua alegría;
serán su escolta el gozo y la dicha,
porque la pena y la aflicción habrán terminado".

Palabra de Dios.   ℟. **Te alabamos, Señor.**

SALMO RESPONSORIAL
Del salmo 145

C. Gálvez B.P. 1504

Ven, Se - ñor, a sal - var - nos.

℟.   Ven, Señor, a salvarnos.

El Señor siempre es fiel a su palabra,
y es quien hace justicia al oprimido;
él proporciona pan a los hambrientos
y libera al cautivo. ℟.

Abre el Señor los ojos de los ciegos
y alivia al agobiado.
Ama el Señor al hombre justo
y toma al forastero a su cuidado. ℟.

A la viuda y al huérfano sustenta
y trastorna los planes del inicuo.
Reina el Señor eternamente,
reina tu Dios, oh Sión, reina por siglos. ℟.

SEGUNDA LECTURA
Manténganse firmes, porque el Señor está cerca.

De la carta del apóstol Santiago
5, 7-10

Hermanos: Sean pacientes hasta la venida del Señor. Vean cómo el labrador, con la esperanza de los frutos preciosos de la tierra, aguarda pacientemente las lluvias tempraneras y las tardías. Aguarden también ustedes con paciencia y mantengan firme el ánimo, porque la venida del Señor está cerca.

No murmuren, hermanos, los unos de los otros, para que el día del juicio no sean condenados. Miren que el juez ya está a la puerta. Tomen como ejemplo de paciencia en el sufrimiento a los profetas, los cuales hablaron en nombre del Señor.

Palabra de Dios.   ℟. **Te alabamos, Señor.**

ACLAMACIÓN ANTES DEL EVANGELIO
Isaías 61, 1

B.P. 1034 - Palazón

A - le - lu - ya,   a - le - lu - ya,   a - le - lu - ya.

℟.   Aleluya, aleluya.
El Espíritu del Señor está sobre mí.
Me ha enviado para anunciar la buena nueva a los pobres.
℟.   Aleluya, aleluya.

EVANGELIO

¿Eres tú el que ha de venir o tenemos que esperar a otro?

✠ Del santo Evangelio según san Mateo
    11, 2-11

En aquel tiempo, Juan se encontraba en la cárcel, y habiendo oído hablar de las obras de Cristo, le mandó preguntar por medio de dos discípulos: "¿Eres tú el que ha de venir o tenemos que esperar a otro?"

Jesús les respondió: "Vayan a contar a Juan lo que están viendo y oyendo: los ciegos ven, los cojos andan, los leprosos quedan limpios de la lepra, los sordos oyen, los muertos resucitan y a los pobres se les anuncia el Evangelio. Dichoso aquel que no se sienta defraudado por mí".

Cuando se fueron los discípulos, Jesús se puso a hablar a la gente acerca de Juan: "¿Qué fueron ustedes a ver en el desierto? ¿Una caña sacudida por el viento? No. Pues entonces, ¿qué fueron a ver? ¿A un hombre lujosamente vestido? No, ya que los que visten con lujo habitan en los palacios. ¿A qué fueron, pues? ¿A ver a un profeta? Sí, yo se lo aseguro; y a uno que es todavía más que profeta. Porque de él está escrito: *He aquí que yo envío a mi mensajero para que vaya delante de ti y te prepare el camino.* Yo les aseguro que no ha surgido entre los hijos de una mujer ninguno más grande que Juan el Bautista. Sin embargo, el más pequeño en el Reino de los cielos, es todavía más grande que él".

Palabra del Señor.   ℟. **Gloria a ti, Señor Jesús.**

ORACIÓN SOBRE LAS OFRENDAS

Te pedimos, Señor, que este sacrificio, signo de nuestra total entrega a ti, te sea ofrecido siempre para que realice la intención que tuviste al instituir este sacramento, y lleve a cabo plenamente en nosotros tu salvación. Por Jesucristo, nuestro Señor.

ANTÍFONA DE LA COMUNIÓN   Is 35, 4
He aquí que vendrá nuestro salvador, ya no tengan miedo.

ORACIÓN DESPUÉS DE LA COMUNIÓN

Que esta Eucaristía nos purifique, Señor, de toda mancha y nos prepare así a celebrar dignamente la Navidad ya próxima. Por Jesucristo, nuestro Señor.

"DICHOSO AQUEL QUE NO SE SIENTA DEFRAUDADO POR MÍ"

* porque –en primer lugar– Cristo no vino a hacernos ricos a los pobres: **"a los pobres se les anuncia el Evangelio"**, le dijo muy clarito a los enviados de Juan Bautista.

* tampoco vino a librar a los pueblos de los imperialismos terrenos, sino del imperialismo del demonio y del pecado.

* asimismo, no vino a liberarnos de la cruz –cualquiera que ésta sea– sino a darnos fuerzas para tomarla y echar andar tras él, con la **crucecita** o la **crucezota** a cuestas.

* de igual manera, no vino a que todos los cojos, ciegos, sordos, leprosos y muertos, anduvieran, oyeran, vieran, quedaran limpios y resucitaran, respectivamente, sino a que:

↗ todos los que no movemos un pie para ayudar a los demás, **anduviéramos**,

↗ todos los que tenemos cerrados los ojos a las necesidades ajenas, **viéramos**,

↗ y todos los que estamos sordos a los problemas que no son nuestros problemas, **oyéramos**,

↗ y todos los que estamos cubiertos por la lepra del pecado, **quedáramos limpios** y **resucitáramos** a una vida de verdaderos cristianos.

Por eso, DICHOSO EL QUE NO SE SIENTA DEFRAUDADO POR CRISTO.

23 de diciembre   4º Domingo de Adviento

(Morado)

ANTÍFONA DE ENTRADA   Is 45, 8
Destilen, cielos, el rocío, y que las nubes lluevan al justo; que la tierra se abra y haga germinar al salvador.

No se dice Gloria

ORACIÓN COLECTA
Derrama, Señor, tu gracia sobre nosotros, que hemos conocido por el anuncio del ángel la encarnación de tu Hijo, para que lleguemos, por su pasión y su cruz, a la gloria de la resurrección. Por nuestro Señor Jesucristo...

Ya viene la Navidad, y en la Misa de hoy se nos recomienda que descubramos en Jesús a aquel que habría de responder a la expectativa de los siglos. San Mateo (EVANGELIO) nos relata el anuncio del ángel a José y hace notar que el nacimiento de Jesús es el cumplimiento de la profecía de Isaías sobre el Emmanuel (PRIMERA LECTURA), porque el Hijo de María es el "Dios-con-nosotros". San Pablo (SEGUNDA LECTURA) subraya que Cristo resucitado es Dios hecho hombre; es el Hijo de Dios que nació como hombre de la estirpe de David.

PRIMERA LECTURA
He aquí que la virgen concebirá.

Del libro del profeta Isaías
7, 10-14

En aquellos tiempos, el Señor le habló a Ajaz diciendo: "Pide al Señor, tu Dios, una señal de abajo, en lo profundo o de arriba, en lo alto". Contestó Ajaz: "No la pediré. No tentaré al Señor".

Entonces dijo Isaías: "Oye, pues, casa de David: ¿No satisfechos con cansar a los hombres, quieren cansar también a mi Dios? Pues bien, el Señor mismo les dará por eso una señal: He aquí que la virgen concebirá y dará a luz un hijo y le pondrán el nombre de Emmanuel, que quiere decir Dios-con-nosotros".

Palabra de Dios. ℟. **Te alabamos, Señor.**

SALMO RESPONSORIAL
Del salmo 23

U. Ochoa B.P. 1505

Ya lle-ga el Se-ñor, ya lle-ga el Se-ñor, el rey de la glo-ria, ya lle-ga el Se-ñor.

℟. Ya llega el Señor, el rey de la gloria.

Del Señor es la tierra y lo que ella tiene,
el orbe todo y los que en él habitan,
pues él lo edificó sobre los mares,
él fue quien lo asentó sobre los ríos. ℟.

    ¿Quién subirá hasta el monte del Señor?
¿Quién podrá entrar en su recinto santo?
El de corazón limpio y manos puras
y que no jura en falso. ℟.

    Ése obtendrá la bendición de Dios,
y Dios, su salvador, le hará justicia.
Ésta es la clase de hombres que te buscan
y vienen ante ti, Dios de Jacob. ℟.

SEGUNDA LECTURA
Jesucristo, nuestro Señor, Hijo de Dios, nació del linaje de David.

De la carta del apóstol san Pablo a los romanos
1, 1-7

Yo, Pablo, siervo de Cristo Jesús, he sido llamado por Dios para ser apóstol y elegido por él para proclamar su Evangelio. Ese Evangelio, que, anunciado de antemano por los profetas en las Sagradas Escrituras, se refiere a su Hijo, Jesucristo, nuestro Señor, que nació, en cuanto a su condición de hombre, del linaje de David, y en cuanto a su condición de espíritu santificador, se manifestó con todo su poder como Hijo de Dios, a partir de su resurrección de entre los muertos.

Por medio de Jesucristo, Dios me concedió la gracia del apostolado, a fin de llevar a los pueblos paganos a la aceptación de la fe, para gloria de su nombre. Entre ellos, también se cuentan ustedes, llamados a pertenecer a Cristo Jesús.

A todos ustedes, los que viven en Roma, a quienes Dios ama y ha llamado a formar parte de su pueblo santo, les deseo la gracia y la paz de Dios, nuestro Padre, y de Jesucristo, el Señor.

Palabra de Dios.   ℟. **Te alabamos, Señor.**

ACLAMACIÓN ANTES DEL EVANGELIO
Mt 1, 23

B.P. 1034 - Palazón

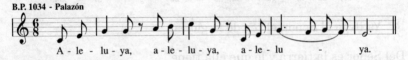

A - le - lu - ya,   a - le - lu - ya,   a - le - lu - ya.

℟.   Aleluya, aleluya.
He aquí que la virgen concebirá y dará a luz un hijo,
a quien pondrán el nombre de Emmanuel,
que quiere decir Dios-con-nosotros.
℟.   Aleluya, aleluya.

EVANGELIO
Jesús nació de María, desposada con José, hijo de David.

✠ Del santo Evangelio según san Mateo
1, 18-24

Cristo vino al mundo de la siguiente manera: Estando María, su madre, desposada con José, y antes de que vivieran juntos, sucedió que ella, por obra del Espíritu Santo, estaba esperando un hijo. José, su esposo, que era hombre justo, no queriendo ponerla en evidencia, pensó dejarla en secreto.

Mientras pensaba en estas cosas, un ángel del Señor le dijo en sueños: "José, hijo de David, no dudes en recibir en tu casa a María, tu esposa, porque ella ha concebido por obra del Espíritu Santo. Dará a luz un hijo y tú le pondrás el nombre de Jesús, porque él salvará a su pueblo de sus pecados".

Todo esto sucedió para que se cumpliera lo que había dicho el Señor por boca del profeta Isaías: *He aquí que la virgen concebirá y dará a luz un hijo, a quien pondrán el nombre de Emmanuel, que quiere decir Dios-con-nosotros.*

Cuando José despertó de aquel sueño, hizo lo que le había mandado el ángel del Señor y recibió a su esposa.

Palabra del Señor. ℟. **Gloria a ti, Señor Jesús.**

ORACIÓN SOBRE LAS OFRENDAS

Que el mismo Espíritu que cubrió con su sombra y fecundó con su poder el seno de la Virgen María, santifique, Señor, estas ofrendas que hemos depositado sobre tu altar. Por Jesucristo, nuestro Señor.

ANTÍFONA DE LA COMUNIÓN   Is 7, 14

He aquí que la Virgen concebirá y dará a luz un hijo, y le pondrán por nombre Emmanuel, que quiere decir Dios-con-nosotros.

ORACIÓN DESPUÉS DE LA COMUNIÓN

Tú que nos has dado en este sacramento la prenda de nuestra salvación, concédenos, Padre todopoderoso, prepararnos cada día con mayor fervor para celebrar dignamente el nacimiento de tu Hijo, que vive y reina por los siglos de los siglos.

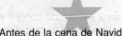

Antes de la cena de Navidad se reúne la familia junto al nacimiento.

★ **1 SE CANTA UN VILLANCICO** (o se escucha en algún casete o CD)*
★ **2 ACTO PENITENCIAL** (preside el papá o la mamá)
PAPÁ: Para prepararnos a recibir a Dios que se hizo hombre para salvarnos, reconozcamos que somos pecadores y que necesitamos su salvación.
TODOS: Yo confieso...
★ **3 LECTURA DEL EVANGELIO**
PAPÁ: Recordemos lo que pasó aquella noche bendita hace más de 2000 años (Se lee el Evangelio según san Lucas 2, 1-14, p. 382 de este Misal).
TODOS: Te alabamos, Señor.
★ **4 ACOSTAMIENTO DEL NIÑO**
PAPÁ: Antes de colocarlo en el nacimiento, "X" (el más pequeño de la familia) va a darnos a besar al Niño Dios.
★ **5 VILLANCICO** (Se canta o se escucha mientras se besa al niño)
★ **6 PETICIONES**
PAPÁ: Pidámosle al Niño Dios que así como es el centro de este nacimiento, sea todos los días el centro de nuestra familia y de nuestra vida.
TODOS: Te lo pedimos, Señor.
PAPÁ: Que él, que no vino a ser servido sino a servir, nos enseñe y ayude a ser serviciales unos con otros, dentro y fuera de casa.
TODOS: Te lo pedimos, Señor.
PAPÁ: Que Jesús, que quiso nacer pobre pudiendo ser rico, nos enseñe a no querer todo y a estar contentos con lo que tenemos.
TODOS: Te lo pedimos, Señor.
PAPÁ: Que Jesús, que vino a perdonarnos, nos enseñe y ayude a no ser rencorosos.
TODOS: Te lo pedimos, Señor.
PAPÁ: Que él, que vino a fundar la mejor familia del mundo, haga que en la nuestra reine el amor y el deseo de ayudarnos mutuamente.
TODOS: Te lo pedimos, Señor.

★ **7 VILLANCICO FINAL**

En BUENA PRENSA tenemos casetes con villancicos.

25 de diciembre
Martes

La Natividad del Señor
(Misa de medianoche)
(Blanco)

ANTÍFONA DE ENTRADA   Sal 2, 7
El Señor me dijo: Tú eres mi Hijo, hoy te engendré yo.

Se dice Gloria

ORACIÓN COLECTA

Dios nuestro, que hiciste resplandecer esta noche santísima con el nacimiento de Cristo, verdadera luz del mundo, concédenos que, iluminados en la tierra por la luz de este misterio, podamos también disfrutar de la gloria de tu Hijo, que vive y reina contigo…

El nacimiento que hacía gritar de alegría a Isaías: "Un niño nos ha nacido, un hijo se nos ha dado", tiene lugar esta noche (PRIMERA LECTURA). Aquello no era más que un lejano vaticinio del nacimiento que, al producirse, es gloria para Dios y paz para los hombres (EVANGELIO). Si la venida de Jesús es una prenda de paz para la tierra es porque en él, como dice san Pablo (SEGUNDA LECTURA), apareció la gracia de Dios, que trae la salvación para todos los hombres.

PRIMERA LECTURA
Un hijo se nos ha dado.

Del libro del profeta Isaías
9, 1-3. 5-6

E l pueblo que caminaba en tinieblas,
vio una gran luz;
sobre los que vivían en tierra de sombras,
una luz resplandeció.

Engrandeciste a tu pueblo
e hiciste grande su alegría.
Se gozan en tu presencia como gozan al cosechar,
como se alegran al repartirse el botín.
Porque tú quebrantaste su pesado yugo,
la barra que oprimía sus hombros y el cetro de su tirano,
como en el día de Madián.

Porque un niño nos ha nacido, un hijo se nos ha dado;
lleva sobre sus hombros el signo del imperio y su nombre será:
"Consejero admirable", "Dios poderoso",
"Padre sempiterno", "Príncipe de la paz";
para extender el principado con una paz sin límites
sobre el trono de David y sobre su reino;
para establecerlo y consolidarlo
con la justicia y el derecho, desde ahora y para siempre.
El celo del Señor lo realizará.

Palabra de Dios.   ℟. **Te alabamos, Señor.**

SALMO RESPONSORIAL
Del salmo 95

U. Ochoa B.P. 1508

Hoy nos ha na-ci-do el Sal-va-dor,____
hoy nos ha na-ci-do nues-tro Re-den-tor.

℟.   Hoy nos ha nacido el Salvador.

Cantemos al Señor un canto nuevo,
que le cante al Señor toda la tierra;
cantemos al Señor y bendigámoslo. ℟.

Proclamemos su amor día tras día,
su grandeza anunciemos a los pueblos;
de nación en nación, sus maravillas. ℟.

Alégrense los cielos y la tierra,
retumbe el mar y el mundo submarino.
Salten de gozo el campo y cuanto encierra,
manifiesten los bosques regocijo. ℟.
Regocíjese todo ante el Señor,
porque ya viene a gobernar el orbe.
Justicia y rectitud serán las normas
con las que rija a todas las naciones. ℟.

SEGUNDA LECTURA
La gracia de Dios se ha manifestado a todos los hombres.

De la carta del apóstol san Pablo a Tito
2, 11-14

Querido hermano: La gracia de Dios se ha manifestado para salvar a todos los hombres y nos ha enseñado a renunciar a la vida
sin religión y a los deseos mundanos, para que vivamos, ya desde
ahora, de una manera sobria, justa y fiel a Dios, en espera de la gloriosa venida del gran Dios y salvador, Cristo Jesús, nuestra esperanza. Él se entregó por nosotros para redimirnos de todo pecado y
purificarnos, a fin de convertirnos en pueblo suyo, fervorosamente
entregado a practicar el bien.

Palabra de Dios.   ℟. **Te alabamos, Señor.**

ACLAMACIÓN ANTES DEL EVANGELIO
Cfr Lc 2, 10-11

B.P. 1034 - Palazón

A - le - lu - ya,   a - le - lu - ya,   a - le - lu - ya.

℟.   Aleluya, aleluya.
Les anuncio una gran alegría:
Hoy nos ha nacido el Salvador,
que es Cristo, el Señor.
℟.   Aleluya, aleluya.

EVANGELIO
Hoy nos ha nacido el Salvador.

✠✠ Del santo Evangelio según san Lucas
2, 1-14

Por aquellos días, se promulgó un edicto de César Augusto, que ordenaba un censo de todo el imperio. Este primer censo se hizo cuando Quirino era gobernador de Siria. Todos iban a empadronarse, cada uno en su propia ciudad; así es que también José, perteneciente a la casa y familia de David, se dirigió desde la ciudad de Nazaret, en Galilea, a la ciudad de David, llamada Belén, para empadronarse, juntamente con María, su esposa, que estaba encinta.

Mientras estaban ahí, le llegó a María el tiempo de dar a luz y tuvo a su hijo primogénito; lo envolvió en pañales y lo recostó en un pesebre, porque no hubo lugar para ellos en la posada.

En aquella región había unos pastores que pasaban la noche en el campo, vigilando por turno sus rebaños. Un ángel del Señor se les apareció y la gloria de Dios los envolvió con su luz y se llenaron de temor. El ángel les dijo: "No teman. Les traigo una buena noticia, que causará gran alegría a todo el pueblo: hoy les ha nacido, en la ciudad de David, un Salvador, que es el Mesías, el Señor. Esto les servirá de señal: encontrarán al niño envuelto en pañales y recostado en un pesebre".

De pronto se le unió al ángel una multitud del ejército celestial, que alababa a Dios, diciendo: "¡Gloria a Dios en el cielo, y en la tierra paz a los hombres de buena voluntad!"

Palabra del Señor.   ℞. **Gloria a ti, Señor Jesús.**

ORACIÓN SOBRE LAS OFRENDAS
Acepta, Señor, las ofrendas que te presentamos esta noche de Navidad, a fin de que, al recibirlas nosotros convertidas en el Cuerpo y la Sangre de tu Hijo, nos transformes en él, en quien nuestra naturaleza está unida a la tuya. Por Jesucristo, nuestro Señor.

Prefacio de Navidad I-III

ANTÍFONA DE LA COMUNIÓN   Jn 1, 14
El Verbo se hizo hombre y hemos visto su gloria.

ORACIÓN DESPUÉS DE LA COMUNIÓN
Tú, Señor, que nos has concedido el gozo de celebrar esta noche el nacimiento de tu Hijo, ayúdanos a vivir según su ejemplo para llegar a compartir algún día con él, la gloria de su Reino. Por Jesucristo, nuestro Señor.

NO HUBO LUGAR PARA ELLOS

Esta noche, Señor, en la que recordamos que tuviste que nacer en un establo, porque no hubo lugar para ustedes en las casas de los hombres, queremos pedirte por tantos seres humanos para los que no hay lugar en el mundo:

✻ por esos niños ya concebidos que quizá no vayan a nacer nunca, porque sus mamás decidieron que en su casa... **no hay lugar para ellos...**

✻ por esos millones de padres de familia para quienes en este momento, en nuestro país, **no hay lugar para ellos** ni en los campos, ni en las fábricas ni en las oficinas...

✻ por todos esos ancianos para los que ya casi **no hay lugar** en las familias...

✻ por tantos hombres y mujeres que, por diversas razones, han tenido que salir de su patria y para quienes no parece **que haya lugar en ninguna parte...**

✻ por todos los indígenas, especialmente los de Chiapas, para los que parece que **tampoco hay lugar** en nuestra sociedad y en nuestro corazón...

25 de diciembre
Martes

La Natividad del Señor (Misa del día)
(Blanco)

ANTÍFONA DE ENTRADA   Is 9, 6

Un niño nos ha nacido, un hijo se nos ha dado. La insignia del poder está sobre sus hombros y se le llamará Ángel del Gran Consejo.

Se dice Gloria

ORACIÓN COLECTA

Dios nuestro, que de modo admirable creaste al hombre a tu imagen y semejanza, y de modo más admirable lo elevaste con el nacimiento de tu Hijo, concédenos participar de la vida divina de aquel que ha querido participar de nuestra humanidad. Por nuestro Señor Jesucristo…

La Misa de hoy nos lleva a ver en el pesebre de Jesús lo que está más allá de lo humano. Aquel niño recién nacido es la Palabra de Dios que "se hizo hombre" (EVANGELIO); es el Hijo, por medio del cual Dios hizo y conserva el mundo, y es el reflejo de la gloria de Dios (SEGUNDA LECTURA). Su venida a la tierra trae consigo la salvación de Dios, que habrá de llegar a todos los rincones del mundo (PRIMERA LECTURA).

PRIMERA LECTURA
La tierra entera verá la salvación que viene de nuestro Dios.

Del libro del profeta Isaías
52, 7-10

¡Qué hermoso es ver correr sobre los montes
al mensajero que anuncia la paz,
al mensajero que trae la buena nueva,
que pregona la salvación,
que dice a Sión: "Tu Dios es rey"!
    Escucha: Tus centinelas alzan la voz
y todos a una gritan alborozados,
porque ven con sus propios ojos al Señor,
que retorna a Sión.
    Prorrumpan en gritos de alegría, ruinas de Jerusalén,
porque el Señor rescata a su pueblo, consuela a Jerusalén.
Descubre el Señor su santo brazo
a la vista de todas las naciones.
Verá la tierra entera
la salvación que viene de nuestro Dios.
Palabra de Dios.   ℟. **Te alabamos, Señor.**

SALMO RESPONSORIAL
Del salmo 97

B. Carrillo B.P. 1510

To - da la tie - rra ha vis - to al Sal - va - dor.

℟.   Toda la tierra ha visto al Salvador.

Cantemos al Señor un canto nuevo,
pues ha hecho maravillas.
Su diestra y su santo brazo
le han dado la victoria. ℟.
    El Señor ha dado a conocer su victoria
y ha revelado a las naciones su justicia.
Una vez más ha demostrado Dios
su amor y su lealtad hacia Israel. ℟.
    La tierra entera ha contemplado
la victoria de nuestro Dios.
Que todos los pueblos y naciones
aclamen con júbilo al Señor. ℟.

[℟. Toda la tierra ha visto al Salvador.]

Cantemos al Señor al son del arpa,
suenen los instrumentos.
Aclamemos al son de los clarines
al Señor, nuestro rey. ℟.

SEGUNDA LECTURA
Dios nos ha hablado por medio de su Hijo.

De la carta a los hebreos
1, 1-6

En distintas ocasiones y de muchas maneras habló Dios en el pasado a nuestros padres, por boca de los profetas. Ahora, en estos tiempos, nos ha hablado por medio de su Hijo, a quien constituyó heredero de todas las cosas y por medio del cual hizo el universo.

El Hijo es el resplandor de la gloria de Dios, la imagen fiel de su ser y el sostén de todas las cosas con su palabra poderosa. Él mismo, después de efectuar la purificación de los pecados, se sentó a la diestra de la majestad de Dios, en las alturas, tanto más encumbrado sobre los ángeles, cuanto más excelso es el nombre que, como herencia, le corresponde.

Porque, ¿a cuál de los ángeles le dijo Dios: *Tú eres mi Hijo; yo te he engendrado hoy?* ¿O de qué ángel dijo Dios: *Yo seré para él un padre y él será para mí un hijo?* Además, en otro pasaje, cuando introduce en el mundo a su primogénito, dice: *Adórenlo todos los ángeles de Dios.*

Palabra de Dios.   ℟. **Te alabamos, Señor.**

ACLAMACIÓN ANTES DEL EVANGELIO

B.P. 1034 - Palazón

A - le - lu - ya, a - le - lu - ya, a - le - lu - ya.

℟. Aleluya, aleluya.
Un día sagrado ha brillado para nosotros.
Vengan, naciones, y adoren al Señor,
porque hoy ha descendido una gran luz sobre la tierra.
℟. Aleluya, aleluya.

EVANGELIO

Aquel que es la Palabra se hizo hombre y habitó entre nosotros.

✠ Del santo Evangelio según san Juan
1, 1-18

En el principio ya existía aquel que es la Palabra,
y aquel que es la Palabra estaba con Dios y era Dios.
Ya en el principio él estaba con Dios.
Todas las cosas vinieron a la existencia por él
y sin él nada empezó de cuanto existe.
Él era la vida, y la vida era la luz de los hombres.
La luz brilla en las tinieblas
y las tinieblas no la recibieron.

Hubo un hombre enviado por Dios, que se llamaba Juan.
Éste vino como testigo, para dar testimonio de la luz,
para que todos creyeran por medio de él.
Él no era la luz, sino testigo de la luz.

Aquel que es la Palabra era la luz verdadera,
que ilumina a todo hombre que viene a este mundo.
En el mundo estaba;
el mundo había sido hecho por él
y, sin embargo, el mundo no lo conoció.

Vino a los suyos y los suyos no lo recibieron;
pero a todos los que lo recibieron
les concedió poder llegar a ser hijos de Dios,
a los que creen en su nombre,
los cuales no nacieron de la sangre,
ni del deseo de la carne, ni por voluntad del hombre,
sino que nacieron de Dios.

Y aquel que es la Palabra se hizo hombre
y habitó entre nosotros.
Hemos visto su gloria,
gloria que le corresponde como a Unigénito del Padre,
lleno de gracia y de verdad.

Juan el Bautista dio testimonio de él, clamando:
"A éste me refería cuando dije:
'El que viene después de mí, tiene precedencia sobre mí,
porque ya existía antes que yo'".

De su plenitud hemos recibido todos gracia sobre gracia.
Porque la ley fue dada por medio de Moisés,
mientras que la gracia y la verdad vinieron por Jesucristo.

A Dios nadie lo ha visto jamás.
El Hijo unigénito, que está en el seno del Padre,
es quien lo ha revelado.

Palabra del Señor.　℟. **Gloria a ti, Señor Jesús.**

ORACIÓN SOBRE LAS OFRENDAS

Acepta, Señor, en la fiesta solemne de la Navidad, esta ofrenda que nos
reconcilia contigo de un modo perfecto, y encierra en sí la plenitud del culto
que los hombres podemos tributarte. Por Jesucristo, nuestro Señor.

Prefacio de Navidad I-III

ANTÍFONA DE LA COMUNIÓN　　　　　　　　Sal 97, 3
**Sobre toda la superficie de la tierra se ha contemplado
la salvación que viene de nuestro Dios.**

ORACIÓN DESPUÉS DE LA COMUNIÓN

Concédenos, Dios misericordioso, que el salvador del mundo, que hoy
nos ha nacido para comunicarnos su vida divina, nos dé también el don de
su inmortalidad. Él, que vive y reina por los siglos de los siglos.

DONDE DICE "JUAN", PONGA USTED SU NOMBRE

Antes de salir de la iglesia hoy o en algún ratito durante el día, tome el evangelio de esta Misa y reléalo así:

✿ **Hubo un hombre** (una mujer) **enviado** (enviada) **por Dios, que se llamaba...** (aquí es donde entra el nombre de usted, con sus dos apellidos). Vino como testigo para dar testimonio de la luz a fin de que todos **creyeran por él** (ella).

✿ Podemos hacer este cambio de nombre y de género sin faltar a la verdad, porque por el bautismo todos los cristianos somos enviados por Dios para dar testimonio de la luz (es decir, de Cristo), a fin de que todos crean en él por nuestro medio.

✿ Releamos el evangelio de hoy y preguntémonos con sinceridad cómo estamos cumpliendo esta misión de Dios de dar testimonio de Cristo:
– **en nuestro circulito familiar**
– en nuestro campo de trabajo
– en nuestro medio social

No nos contentemos hoy con celebrar el nacimiento de Cristo. Nuestra misión es ayudar a que nazca, por medio de nuestras palabras y testimonio efectivo, en todos los que nos rodean, especialmente en nuestros hijos.

30 de diciembre   La Sagrada Familia

(Blanco)

ANTÍFONA DE ENTRADA   Lc 2, 16

Fueron los pastores a toda prisa y encontraron a María y a José y, recostado en un pesebre, al niño.

Se dice Gloria

ORACIÓN COLECTA

Señor y Dios nuestro, tú que nos has dado en la Sagrada Familia de tu Hijo el modelo perfecto para nuestras familias, concédenos practicar sus virtudes domésticas y estar unidos por los lazos de tu amor, para que podamos ir a gozar con ella eternamente de la alegría de tu casa. Por nuestro Señor Jesucristo...

El Señor estima mucho la vida familiar, que se basa en la obediencia y el respeto a los padres (PRIMERA LECTURA). San Pablo exhorta a los cristianos a vivir una vida familiar centrada en la paz y en el amor (SEGUNDA LECTURA). El EVANGELIO narra ciertos episodios de la vida de la Sagrada Familia, junto con la intervención providencial de Dios y la varonil y perfecta obediencia de san José a los planes de Dios sobre su familia.

PRIMERA LECTURA

El que teme al Señor, honra a sus padres.

Del libro del Eclesiástico (Sirácide)
3, 3-7. 14-17

El Señor honra al padre en los hijos
y respalda la autoridad de la madre sobre ellos.
El que honra a su padre queda limpio de pecado;
y acumula tesoros, el que respeta a su madre.

Quien honra a su padre,
encontrará alegría en sus hijos
y su oración será escuchada;
el que enaltece a su padre, tendrá larga vida
y el que obedece al Señor, es consuelo de su madre.

Hijo, cuida de tu padre en la vejez
y en su vida no le causes tristeza;
aunque se debilite su razón, ten paciencia con él
y no lo menosprecies por estar tú en pleno vigor.
El bien hecho al padre no quedará en el olvido
y se tomará a cuenta de tus pecados.

Palabra de Dios.   ℟. **Te alabamos, Señor.**

SALMO RESPONSORIAL
Del salmo 127

B. Carrillo B.P. 1511

Di - cho - so   el   que   te - me   al   Se - ñor.

℟. Dichoso el que teme al Señor.

Dichoso el que teme al Señor
y sigue sus caminos:
comerá del fruto de su trabajo,
será dichoso, le irá bien. ℟.

Su mujer, como vid fecunda,
en medio de su casa;
sus hijos, como renuevos de olivo,
alrededor de su mesa. ℟.

Ésta es la bendición del hombre que teme al Señor:
"Que el Señor te bendiga desde Sión,
que veas la prosperidad de Jerusalén
todos los días de tu vida". ℟.

SEGUNDA LECTURA

La vida en familia, de acuerdo con el Señor.

De la carta del apóstol san Pablo a los colosenses
3, 12-21

Hermanos: Puesto que Dios los ha elegido a ustedes, los ha consagrado a él y les ha dado su amor, sean compasivos, magnánimos, humildes, afables y pacientes. Sopórtense mutuamente y perdónense cuando tengan quejas contra otro, como el Señor los ha perdonado a ustedes. Y sobre todas estas virtudes, tengan amor, que es el vínculo de la perfecta unión.

Que en sus corazones reine la paz de Cristo, esa paz a la que han sido llamados, como miembros de un solo cuerpo. Finalmente, sean agradecidos.

Que la palabra de Cristo habite en ustedes con toda su riqueza. Enséñense y aconséjense unos a otros lo mejor que sepan. Con el corazón lleno de gratitud, alaben a Dios con salmos, himnos y cánticos espirituales; y todo lo que digan y todo lo que hagan, háganlo en el nombre del Señor Jesús, dándole gracias a Dios Padre, por medio de Cristo.

Mujeres, respeten la autoridad de sus maridos, como lo quiere el Señor. Maridos, amen a sus esposas y no sean rudos con ellas. Hijos, obedezcan en todo a sus padres, porque eso es agradable al Señor. Padres, no exijan demasiado a sus hijos, para que no se depriman.

Palabra de Dios.   ℟. **Te alabamos, Señor.**

ACLAMACIÓN ANTES DEL EVANGELIO
Col 3, 15. 16

B.P. 1034 - Palazón

A - le - lu - ya,   a - le - lu - ya,   a - le - lu - ya.

℟.   Aleluya, aleluya.
Que en sus corazones reine la paz de Cristo;
que la palabra de Cristo habite en ustedes con toda su riqueza.
℟.   Aleluya, aleluya.

EVANGELIO
Toma al niño y a su madre y huye a Egipto.

✠   Del santo Evangelio según san Mateo
2, 13-15. 19-23

D espués de que los magos partieron de Belén, el ángel del Señor
se le apareció en sueños a José y le dijo: "Levántate, toma al niño y a su madre, y huye a Egipto. Quédate allá hasta que yo te avise,
porque Herodes va a buscar al niño para matarlo".

José se levantó y esa misma noche tomó al niño y a su madre y
partió para Egipto, donde permaneció hasta la muerte de Herodes.
Así se cumplió lo que dijo el Señor por medio del profeta: *De Egipto
llamé a mi hijo.*

Después de muerto Herodes, el ángel del Señor se le apareció
en sueños a José y le dijo: "Levántate, toma al niño y a su madre y
regresa a la tierra de Israel, porque ya murieron los que intentaban
quitarle la vida al niño".

Se levantó José, tomó al niño y a su madre y regresó a tierra de
Israel. Pero, habiendo oído decir que Arquelao reinaba en Judea en
lugar de su padre, Herodes, tuvo miedo de ir allá, y advertido en sueños, se retiró a Galilea y se fue a vivir en una población llamada Nazaret. Así se cumplió lo que habían dicho los profetas: *Se le llamará
nazareno.*

Palabra del Señor.   ℟. **Gloria a ti, Señor Jesús.**

ORACIÓN SOBRE LAS OFRENDAS
Acepta, Señor, este sacrificio de reconciliación y, por intercesión de la
Virgen Madre de Dios y de san José, concede a nuestras familias vivir siempre en tu amistad y en tu paz. Por Jesucristo, nuestro Señor.

Prefacio de Navidad I-III

ANTÍFONA DE LA COMUNIÓN   Bar 3, 38
Nuestro Dios apareció en el mundo y convivió con los hombres.

ORACIÓN DESPUÉS DE LA COMUNIÓN
Padre lleno de amor, concede a los que acabamos de alimentarnos con
este sacramento celestial, imitar siempre los ejemplos de la Sagrada Familia, para que, después de las pruebas de esta vida, podamos gozar eternamente con ellos en el cielo. Por Jesucristo, nuestro Señor.

HONRARÁS A TU PADRE Y A TU MADRE

☞ Todos sabemos que uno de los mandamientos de Dios –el cuarto, para más señas– nos ordena: "**Honrarás a tu padre y a tu madre**".

☞ Todos sabemos que honrar a nuestros padres (a aquel y a aquella que nos amaron antes de conocernos y que nos siguen amando después de conocernos, lo cual tiene más chiste) es agradable a Dios.

☞ Pero lo que quizá no todos sabíamos es qué tan agradable le es a Dios el cumplimiento de este precepto del decálogo, hasta que escuchamos la primera lectura de hoy, en la que se explica la recompensa que le está prometida al que lo cumpla.

☞ En beneficio de aquellos que llegaron un poco tarde a Misa o que por la mala acústica de su iglesia no oyeron bien la lectura, hagamos un breve resumen de ella:

a) El que honra a su padre, queda limpio de pecado.

b) El que respeta a su madre, acumula tesoros.

c) Quien honra a sus padres, encontrará alegría en sus hijos.

d) El que enaltece a sus padres, tendrá larga vida.

e) El bien hecho a los padres no quedará en el olvido y se tomará a cuenta de nuestros pecados.

Nada más pero nada menos.
Y eso es **PALABRA DE DIOS.**

SANTO ROSARIO

El que guía: Por la señal… Señor mío Jesucristo… *(Acto de contrición)*
El que guía: ¡Abre, Señor, mis labios y publicaré tu alabanza!
Todos: ¡Atiende a mí sin tardanza, dame tu auxilio y favor!

(Un Padrenuestro, diez Avemarías y Gloria. Así en todos los misterios).

Misterios Gozosos:

(Lunes y sábados)

1o. La Anunciación.

2o. La Visitación.

3o. El Nacimiento del Niño Dios.

4o. La Presentación.

5o. El hallazgo del Niño Jesús.

Misterios Luminosos:

(Jueves)

1o. El Bautismo de Jesús en el Jordán.

2o. La autorrevelación del Señor en las bodas de Caná.

3o. El anuncio del Reino de Dios y la invitación a la conversión.

4o. La Transfiguración del Señor.

5o. La institución de la Eucaristía.

Misterios Dolorosos:

(Martes y viernes)

1o. La Oración en el huerto.

2o. La Flagelación.

3o. La Coronación de espinas.

4o. Jesús con la cruz a cuestas.

5o. Crucifixión y muerte de Jesús.

Misterios Gloriosos:

(Miércoles y domingos)

1o. La Resurrección.

2o. La Ascensión.

3o. La venida del Espíritu Santo.

4o. La Asunción de María.

5o. La Coronación de María.

Letanía:

Señor, ten piedad de nosotros.
Cristo, ten piedad de nosotros.
Señor, ten piedad de nosotros.
Jesucristo, óyenos.
Jesucristo, escúchanos.

Señor, ten piedad de nosotros.
Cristo, ten piedad de nosotros.
Señor, ten piedad de nosotros.
Jesucristo, óyenos.
Jesucristo, escúchanos.

Dios, Padre celestial,   ten piedad de nosotros.
Dios Hijo, Redentor del mundo,   ten piedad de nosotros.
Dios Espíritu Santo,   ten piedad de nosotros.
Santísima Trinidad, que eres un solo Dios,   ten piedad de nosotros.

Santa María,	Vaso precioso de la gracia,
Santa Madre de Dios,	Vaso de verdadera devoción,
Santa Virgen de las vírgenes,	Rosa mística,
Madre de Jesucristo,	Torre de David,
Madre de la Iglesia,	Torre de marfil,
Madre de la divina gracia,	Casa de oro,
Madre purísima,	Arca de la alianza,
Madre castísima,	Puerta del cielo,
Madre virgen,	Estrella de la mañana,
Madre sin mancha,	Salud de los enfermos,
Madre inmaculada,	Refugio de los pecadores,
Madre amable,	Consoladora de los afligidos,
Madre admirable,	Auxilio de los cristianos,
Madre del buen consejo,	Reina de los ángeles,
Madre del Creador,	Reina de los patriarcas,
Madre del Salvador,	Reina de los profetas,
Virgen prudentísima,	Reina de los apóstoles,
Virgen digna de veneración,	Reina de los mártires,
Virgen digna de alabanza,	Reina de los confesores,
Virgen poderosa,	Reina de las vírgenes,
Virgen clemente,	Reina de todos los santos,
Virgen fiel,	Reina concebida sin pecado original,
Espejo de justicia,	Reina llevada al cielo,
Trono de la eterna Sabiduría,	Reina del santísimo Rosario,
Causa de nuestra alegría,	Reina de las familias,
Vaso espiritual de elección,	Reina de la paz,

ruega por nosotros.

Cordero de Dios, que quitas el pecado del mundo,   perdónanos, Señor.
Cordero de Dios, que quitas el pecado del mundo,   óyenos, Señor.
Cordero de Dios, que quitas el pecado del mundo,   ten piedad de nosotros.

Bajo tu amparo nos acogemos, Santa Madre de Dios; no desprecies las súplicas que te hacemos en nuestras necesidades, antes bien líbranos de todos los peligros, ¡oh Virgen gloriosa y bendita! Ruega por nosotros, Santa Madre de Dios, **para que seamos dignos de alcanzar las divinas gracias y promesas de nuestro Señor Jesucristo.**

Señor, que por el anuncio del ángel nos has hecho conocer la encarnación de tu Hijo, infunde tu gracia en nosotros y concédenos, por la intercesión de la Santísima Virgen María, que podamos alcanzar, por la virtud de la pasión y de la cruz de tu Hijo Jesucristo, la gloria de su resurrección. Por el mismo Jesucristo, nuestro Señor. **Amén.**

En el nombre del Padre, y del Hijo, y del Espíritu Santo. Amén.

VIACRUCIS

Introducción

- En el nombre del Padre y del Hijo y del Espíritu Santo.
R. Amén.
- Señor, que esta breve meditación de tu pasión nos anime y ayude a tomar la cruz de nuestra vida y a seguirte.
R. Amén.

1 ESTACION

- *Jesús es condenado a muerte.*
Por la envidia de los fariseos y la debilidad de Pilato, Jesús fue juzgado injustamente y condenado a muerte. Porque yo también te he juzgado y condenado en mis hermanos o he dejado, con mi silencio, que otros lo hagan...
R. Perdón, Señor, perdón.

2 ESTACION

- *Jesús carga con la cruz.*
Simplemente se la echaron encima sin ninguna consideración, y él no la rechazó. Por las veces que yo he dejado caer la cruz de mis obligaciones diarias y he renegado de la de mis penas y enfermedades...
R. Perdón, Señor, perdón.

3 ESTACION

- *Jesús cae por primera vez.*
No es fácil llevar la cruz. Muchas veces cae uno vencido bajo su peso. Por las ocasiones en que he tardado tanto en levantarme y por todos mis hermanos que ya no se han levantado...
R. Perdón, Señor, perdón.

4 ESTACION

- *Jesús se encuentra con su Madre.*
Hay muchas ocasiones en que lo único que se puede hacer por otro es acompañarlo en su viacrucis. Por las veces en que he dejado a tantos enfermos y ancianos solos en ese penoso camino...
R. Perdón, Señor, perdón.

5

ESTACION

Simón de Cirene ayuda a Jesús.

• No quería, claro que no; era como muchos de nosotros que no queremos ayudar. Por haber dejado solos con sus cruces de hambre, de desnudez, de abandono a tantos hermanos, cuando podía haberlos ayudado a llevarla...

R. Perdón, Señor, perdón.

6

ESTACION

La Verónica limpia el rostro de Jesús.

• Aquella mujer supo descubrir el rostro de Cristo bajo aquella capa de sudor, polvo y salivazos. Por no haberte descubierto en tantos rostros sudorosos de obreros y campesinos y no haberte enjugado tantas lágrimas...

R. Perdón, Señor, perdón.

7

ESTACION

Jesús cae por segunda vez.

• ¿Fue un tropezón con una piedra esta vez o un empujón? No lo sabemos. Por las veces que con nuestro ejemplo hemos hecho que los demás tropiecen y por las veces, quizás, que deliberadamente los hemos empujado...

R. Perdón, Señor, perdón.

8

ESTACION

Jesús habla a las hijas de Jerusalén.

• En medio de su propio dolor, Cristo no deja de preocuparse por la pena de aquellas mujeres. Por las veces en que mis problemas me han hecho olvidarme de los sufrimientos de los que me rodean.

R. Perdón, Señor, perdón.

9
ESTACION

Jesús cae por tercera vez.
• Y por tercra vez hace un esfuerzo supremo y se levanta. Por esas ocasiones en las que, ante las dificultades, no he perseverado en la obra emprendida en favor de los demás.

R. Perdón, Señor, perdón.

10
ESTACION

Jesús es despojado de sus vestiduras.
• Antes de ponerlo en la cruz lo despojaron de sus vestiduras. Por las veces en que yo he despojado a los otros de su fama, de sus bienes, de sus derechos, de su inocencia, de sus ilusiones...

R. Perdón, Señor, perdón.

11
ESTACION

Jesús es clavado en la cruz.
• Y desde la cruz pidió a su Padre que nos perdonara. Por tantos perdones que yo he negado, por tantas represalias y venganzas que he tomado...

R. Perdón, Señor, perdón.

12
ESTACION

Jesús muere en la cruz.
No hay amor mayor que dar la vida por los amigos. Por la facilidad con que me olvido de lo que me quisiste y de lo que me quieres y de lo que te costaron mis pecados...

R. Perdón, Señor, perdón.

13
ESTACION

Jesús es bajado de la cruz.
• Y su cuerpo es puesto en brazos de su madre. Por ese tierno Niño que tú nos diste una Nochebuena y que una mala tarde te devolvimos muerto por nuestros pecados...

R. Perdón, Señora, perdón.

14 ESTACION

Jesús es sepultado.

• Aquel que los judíos esperaban que fuera el libertador de Israel ha sido sepultado. Por las veces en que he olvidado, como los discípulos de Emaús, que es necesario pasar por todas estas cosas para entrar en la gloria...

R. Perdón, Señor, perdón.

15 ESTACION

Y al tercer día resucitó.

• Esta estación no está en el viacrucis tradicional, pero es la esencial. Si Cristo no resucitó, vana es nuestra fe. Por las veces en que olvido que si no muero con Cristo, no podré resucitar con él...

R. Perdón, Señor, perdón.

ORACION FINAL

Señor mío Jesucristo, que con tu pasión y muerte diste vida al mundo, líbranos de todas nuestras culpas y de todo mal, concédenos vivir apegados a tus mandamientos y jamás permitas que nos separemos de ti, que vives y reinas por los siglos de los siglos.

R. Amén.